● 西藏自治区教育厅、西藏民族大学资助出版

论知识霸权及其应对

以TRIPS、TRIPS-plus协议中的专利相关制度为中心

雷朝霞　著

中国社会科学出版社

图书在版编目（CIP）数据

论知识霸权及其应对：以 TRIPS、TRIPS-plus 协议中的专利相关制度为中心／雷朝霞著 . —北京：中国社会科学出版社，2017. 1
ISBN 978 - 7 - 5161 - 9373 - 0

Ⅰ. ①论… Ⅱ. ①雷… Ⅲ. ①知识产权 – 国际条约 – 研究
Ⅳ. ①D997. 1

中国版本图书馆 CIP 数据核字（2016）第 280682 号

出 版 人	赵剑英
责任编辑	梁剑琴
责任校对	季　静
责任印制	何　艳

出　　　版	中国社会科学出版社
社　　　址	北京鼓楼西大街甲 158 号
邮　　　编	100720
网　　　址	http：//www. csspw. cn
发 行 部	010 - 84083685
门 市 部	010 - 84029450
经　　　销	新华书店及其他书店

印刷装订	北京市兴怀印刷厂
版　　　次	2017 年 1 月第 1 版
印　　　次	2017 年 1 月第 1 次印刷

开　　　本	710×1000　1/16
印　　　张	15. 25
插　　　页	2
字　　　数	243 千字
定　　　价	58. 00 元

摘　　要

　　随着知识经济社会的到来和全球化进程的加快，知识开始成为社会中最重要的财产，控制知识的规则——知识产权制度出现全球一体化的趋势。发达国家为了维护自己的经济利益，将有关全球化的各种模式和标准尤其是知识产权保护标准强加给发展中国家，要求这些国家对知识产权实施高水平保护。发达国家积极推动 TRIPS 协议的缔结，为知识产权保护建立了全球一体化标准。此后，发达国家又得陇望蜀，通过双边贸易协定、区域贸易协定等方式，推出了比 TRIPS 协议标准更高、范围更广、效力更强的知识产权保护要求。知识霸权在全球恣意横行。与此同时，法学理论界从人权的视角关注 WTO 法，并对其正当性提出了质疑。因此，本书试图从知识霸权的角度对 TRIPS、TRIPS-plus 协议进行研究，希望能为发展中国家寻找出因应对策。

　　全书由绪论、正文和结论组成。

　　第一章为"绪论"，介绍了全书的研究背景、研究意义、国内外研究现状、全书的基本结构、研究方法、创新点等内容。

　　第二章是"知识霸权的凸现及其基本问题解读"。该章首先对全球化背景下知识产权扩张导致知识霸权进行了阐述，指出 TRIPS 协议是知识霸权的起点，TRIPS-plus 协议是知识霸权的继续发展。然后对知识霸权的基本问题加以解读，包括界定知识霸权的概念，分析其特征，辨析其与知识产权滥用、知识产权弊端、知识产权垄断等相近概念的联系与区别。

　　第三章为"国际知识产权制度正当性的标准"。该章通过梳理近代西方两大法学流派——自然法学派和实证法学派对正当性问题的认识，阐明了正当性概念的历史流变，进而对正当性概念进行诠释，指出"正当性主要通过合法性来体现，正当性是终极意义上的合法性"。接着确定正当性的主观和客观标准，在此基础上，从认识论的角度对国际知识产权制度正当性的标准进行探讨，最终确立国际知识产权制度正当性的主观标准是民主协商必须满足代表性、透明度和非支配性三个条件；国际知识产权制度正当性的客观标准是全球信息正义。

第四章是"知识霸权的非正当性表现（Ⅰ）——以国际知识产权制度正当性的主观标准为分析视角"。该章首先概述了 TRIPS 协议的缔结过程，接着以国际知识产权制度正当性的主观标准衡量 TRIPS 的协商过程，发现 TRIPS 谈判根本不具有代表性，谈判过程建立在错误的信息和支配性的基础之上。在对 TRIPS-plus 协议的缔结加以概述的基础上，再以国际知识产权制度正当性的主观标准衡量 TRIPS-plus 的协商过程，发现发达国家凭借其权力优势及全球影响力扮演支配性的角色，运用强权谈判模式所签订的 FTAs 既不透明，也未满足代表性和非支配性的要求。TRIPS 和 TRIPS-plus 协议的缔结过程不符合国际知识产权制度正当性的主观标准。

第五章是"知识霸权的非正当性表现（Ⅱ）——以国际知识产权制度正当性的客观标准为分析视角"。本章以全球信息正义为分析视角，对 TRIPS、TRIPS-plus 协议中与专利相关制度的非正义事实进行了深入的剖析。TRIPS 协议将专利权的客体延及药品，以知识产权保护植物新品种，用模糊性的语言表述有利于发展中国家的内容以及使发展中国家的优势资源游离于知识产权保护之外，这些都是知识霸权的集中表现。而美式 FTAs 则削减了 TRIPS 的弹性机制，增加知识产权保护的条款，将知识产权保护扩大到新领域，这些更是知识霸权的继续。

第六章是"中国对知识霸权的应对"。该章首先分析了知识霸权对中国知识产权立法的干预和对中国知识产权执法的干涉，然后站在中国的立场，从国际、国内两个层面提出了应对知识霸权的相应措施。在国际层面，提出中国应坚持的基本原则、基本主张，采取的战略方针、具体策略等；在国内层面，提出应建立国家、企业、学界三位一体的防御体系；加快中国传统资源保护的立法步伐；加强知识产权执法机制的长效性。

最后是结论，对全书的主要观点进行了总结。

关键词：知识产权　知识霸权　TRIPS 协议　TRIPS-plus 协议　正当性

ABSTRACT

With arrival of knowledge-based economy society and acceleration of globalization, knowledge becomes to be the most important property in the society. There is a trend towards global integration of rules of knowledge control, i. e. the system of intellectual property rights. The developed countries, so as to protect its own economic interests, impose various models and standards regarding globalization, especially the protection standards of intellectual property rights, upon the developing countries. And the developed countries require the developing countries to exercise high-level protection on intellectual property rights. The developed countries actively promoted the execution of TRIPS and set the standards of global integration for intellectual property rights protection. Afterwards, the developed countries are insatiable and, by the means of bilateral trade agreements and regional trade agreements, etc. , they set requirements on intellectual property rights protection with higher standards, wider scope and stronger validity than TRIPS. Intellectual hegemony sweeps globally. In the meantime, the circle of legal theory pays attention on WTO laws from the perspective of human rights and questions its legitimacy. Therefore, the author tries to research on TRIPS and TRIPS-plus from the perspective of intellectual hegemony and hopes to find out countermeasures for developing countries.

This book is divided into exordium, main body and conclusion. It is made up of seven parts.

The first part is exordium which introduces research background, research significance, status quo of research at home and aboard, basic structure of this dissertation, research means, innovative points, etc.

The second part is Intellectual Hegemony Protrudes and Interpretation on its Basic Issues. Firstly, this part discusses expansion of intellectual property rights under the background of globalization resulting in intellectual hegemony and points out that TRIPS is the starting point of intellectual hegemony and TRIPS-plus is further development of intellectual hegemony. Then, this part interprets the basic issues of intellectual hegemony, including defining the intellectual hegemony, analyzing its characteristics, discriminating between intellectual hegemony and similar definitions, such as intellectual property rights misuse, intellectual property rights malpractice, intellectual property rights monopoly, etc.

The third part is Standards of Legitimacy on International Intellectual Property Right System. Via combing through standpoints on legitimacy by two modern western jurisprudential schools, i. e. natural law school and positive law school, this part illustrates historical transformation of the definition of legitimacy, interprets on legitimacy and puts forwards that legitimacy is mainly embodied by legality and legitimacy is legality in ultimate meaning. Then, this part sets the subjective criterion and objective criterion of legitimacy. On the basis of such criterion, this part discusses the legitimacy criterion of international intellectual property rights system from the perspective of epistemology. This part finally concludes that the subjective criterion of legitimacy of international intellectual property rights system is that democratic consultation must meet three conditions, that is, representativeness, transparency and non-dominance. And the objective criterion of legitimacy of international intellectual property rights system is global information justice.

The fourth part is Manifestations of Illegitimacy of Intellectual Hegemony (I) —Discuss from the Perspective of Subjective Criterion of Legitimacy of International Intellectual Property Rights System. This part outlines the execution process of TRIPS, evaluates such execution process by the subjective criterion of legitimacy of international intellectual property rights system and finds out that there is no representativeness during the negotiation on TRIPS and the negotiation process is on basis of wrong information and dominance. Based on outlining of execution of TRIPS-plus, this part evaluates such negotiation process by the subjective criterion of legitimacy of international intellectual property rights system. The author finds out that the developed countries play a dominant role, taking advantage of its power and global influence. And the FTAs executed under negotiation dominated by power are not transparent and fails to satisfy the requirements of representativeness and non-domi-nance. Execution of TRIPS and TRIPS-plus fails to meet the subjective criterion of legitimacy of international intellectual property rights system.

The fifth part is Manifestations of Illegitimacy of Intellectual Hegemony (II) —Discuss from the Perspective of Objective Criterion of Legitimacy of International Intellectual Property Rights System. From the perspective of global information justice, the author deeply analyzes the illegitimacy of the relevant system regarding patent under TRIPS and TRIPS-plus. TRIPS puts medicine under protection, protects new varieties of plants by the means of intellectual property rights, ambiguously stipulates the protected objects which are advan-tageous to the developing countries and does not protect superior resources of the developing countries. All of above is the concentrated expression of intellec-tual hegemony. U. S. FTAs reduces mechanism elasticity of TRIPS, adds stipu-lations regarding protection of intellectual property rights and expands the intel-lectual property rights protection to new areas, all of which is further develop-ment of intellectual hegemony.

The sixth part is China Copes with Intellectual Hegemony. This part firstly analyzes interventions in legislation on and enforcement of intellectual property rights in China. Then, this part puts forwards according countermeasures a-gainst intellectual hegemony from the standpoint of China and from international and domestic aspects. From international aspects, the author points out the fundamental principles and basic views which shall be adhered to, strategic policies and specific strategies which shall be taken, etc. From domestic as-pects, the author puts forwards that trinity defense system by nation, enterpri-ses and academic circle shall be built; the legislation in Chinese traditional re-sources protection shall be speeded up; effectiveness of enforcement system of intellectual property rights shall be strengthened.

The last part is conclusion which summarizes the main viewpoints of this book.

Key Words：Intellectual Property Right；Intellectual Hegemony；TRIPS；TRIPS-plus；Legitimacy

缩略词简表

英文缩写	英文全称	中文名称
GATT	*General Agreement on Tariffs and Trade*	《关税与贸易总协定》
TRIPS	*Agreement on Trade-Related Aspects of Intellectual Property Rights*	《与贸易有关的知识产权协议》
WTO	World Trade Organization	世界贸易组织
UNDP	United Nations Development Programme	联合国开发计划署
UNCTAD	United Nations Conference on Trade and Development	联合国贸易与发展会议
ICTSD	The International centre for Trade and Sustainable Development	贸易与可持续发展国际研究中心
WHO	World Health Organization	世界卫生组织
WIPO	World Intellectual Property Organization	世界知识产权组织
OHCHR	The office of the United Nations High Commissioner for Human Rights	联合国人权事务高级专员办事处
TPP	*Trans-Pacific Partnership Agreement*	《跨太平洋伙伴关系协定》
OECD	Organization for Economic Co-operation and Development	经济合作与发展组织
FTAs	Free Trade Agreements	自由贸易协定
BITs	Bilateral Investment Treaties	双边投资条约
ACTA	*Anti-Counterfeiting Trade Agreement*	《反假冒贸易协定》
NGO	Non-governmental Organization	非政府组织
IIPA	TheInternational Intellectual Property Alliance	国际知识产权联盟
MPAA	The Motion Picture Association of America	美国电影协会
IBM	International Business Machinery	美国国际通用机械公司
IPC	Intellectual Property Committee	知识产权委员会
USTR	United States Trade Representative	美国贸易代表办公室
USPTO	United States Patent and Trademark Office	美国专利与商标局
ACTN	Advisory Committeeon Trade Negotiations	贸易谈判顾问委员会

续表

英文缩写	英文全称	中文名称
MTN	The Multilateral Trade Negotiation	多边贸易谈判
GSP	Generalized System of Preferences	普惠制
BTAs	Bilateral Trade Agreements	双边贸易协定
RTAs	Regional Trade Agreements	区域贸易协定
TPAs	Trade Promotion Agreements	贸易促进协定
SACU	Southern African Customs Union	南非洲关税联盟
APEC	Asia-Pacific Economic Cooperation	亚太经合组织
PhRMA	The Pharmaceutical Research and Manufacturers of America	美国药品研究与制造商协会
PCT	*Patent Cooperation Treaty*	《专利合作条约》
EPC	*European Patent Convention*	《欧洲专利公约》
NAFTA	*North America Free Trade Agreement*	《北美自由贸易协定》
ICESCR	*International Covenant on Economic, Social and Cultural Rights*	《经济、社会和文化权利国际公约》
UPOV	International Union for the Protection of New Varieties of Plants	保护植物新品种国际联盟
CBD	*Conventionon Biological Diversity*	《生物多样性公约》
FDA	U. S. Food and Drug Administration	美国食品药品管理局
DSB	Dispute Settlement Board	争端解决机构
GATS	*General Agreement on Trade in Service*	《服务贸易总协定》

目　录

第一章 绪论

第一节 研究背景和研究意义

一 研究背景

在农业社会，土地作为社会中最重要的财产，被认为是"所有财富由此产生的源泉和质料"①。工业社会以降，机器取代了土地成为社会中最重要的财产。② 随着知识经济③的到来，土地、机器等有形财产在社会总财产中的比重不断下降，知识财产的比重不断上升，知识成为最重要的资本，知识决定着社会的发展，因此人类不得不围绕着知识展开一轮又一轮的较量和角逐，因为谁控制着知识，谁就能控制国际社会；谁能制定知识规则，谁就拥有国际经济中的支配地位。这个知识规则就是知识产权保护制度。

随着各国经济的发展和经济全球化，知识产权保护制度从国内保护扩大到国际保护、全球保护。在知识产权立法的一体化进程中，发达国家出于保护自己经济利益的需要，对正在努力适应全球化挑战的发展中国家不断施加各种政治、经济的压力，将有关全球化的各种概念框架、

---

① ［爱尔兰］理查德·坎蒂隆：《商业性质概论》，余永定、徐寿冠译，商务印书馆1986年版，第3页。

② 参见齐爱民《土地法、动产法到信息法的社会历史变迁》，《河北法学》2005年第2期。

③ 知识经济是"以知识为基础的经济"的简称。按照经济合作与发展组织（Organization for Economic Cooperation and Development，OECD）的定义，知识经济是包括以现代科学技术为核心的，建立在知识、信息的生产、存储、使用和消费之上的经济。因此，知识经济是一种以高新技术产业为主要产业支柱，以智力资源为首要依据的可持续发展的新型经济。

模式、标准等兜售给蒙昧无知的发展中国家，要求这些国家对知识产权实施保护并不断加大保护力度。《关税与贸易总协定》（General Agreement on Tariffs and Trade，GATT）乌拉圭回合谈判的重要成果之一就是《与贸易有关的知识产权协议》（Agreement on Trade-Related Aspects of Intellectual Property Rights）（以下简称 TRIPS 协议）的签署。TRIPS 协议为知识产权保护建立了一个规范的框架，要求所有的成员国共同遵守一套知识产权保护的统一标准，这个统一标准的大多数条款是根据发达国家的标准来设计和制定的，因此比较符合发达国家的经济发展需要，但却背离了广大发展中国家的经济发展水平。知识产权保护标准的一体化对发展中国家而言意味着需要提高本国的知识产权保护水平，使其逐渐达到和发达国家相同的保护水准。但是发展中国家面临的困境是：由于研发水平比较低，太强的知识产权保护对于国内企业的创新所起的促进作用在短期内不是那么明显，反而提高了跨国企业在本国销售产品的价格，降低了本国居民的福利水平，并且使大量利润向跨国企业转移；如果知识产权保护的强度太低，跨国企业因为害怕自己的技术知识流失而得不到相应的研发回报，又不愿意进行跨国直接投资，不愿意加大在东道国的产品研发力度，并阻止最新的技术向外转移。

对于发展中国家来说，并不是保护的程度越强就越好，而是存在着与其本国的收入水平、研发能力、获取外国技术的渠道相适应的合理的知识产权保护水平，而这个合理的知识产权保护水平也不会是全球统一的。① 但发达国家并不满足于此。在 TRIPS 协议缔结和生效之后，以美国为首的发达国家通过双边安排、区域贸易安排等，又提出了比 TRIPS 协议标准更高、范围更广、效力更强的知识产权保护要求。上述情形就是全球化的基本特征之一——全球知识霸权。② 知识霸权在世界范围内的推行，削弱了缺乏足够知识的普通民众的批判能力，制造了发展中国家对发达国家日益加剧的知识依附状态。全球知识霸权已经成了发达国家的主要工具之一，它被发达国家用来直接或间接地对发展中国家施加

---

① 参见吴郁秋《与贸易相关的知识产权保护摩擦的政治经济学分析》，博士学位论文，华中科技大学，2009 年，第 2 页。

② 参见［南斯拉夫］布拉尼斯拉夫·高索维奇《全球知识霸权与国际发展议题》，祝东力译，《国际社会科学杂志》（中文版）2001 年第 4 期。

影响。"发展中国家的许多人士已认识到，全球知识霸权已成为当前在南方政治、经济、社会和文化领域，以及地缘政治领域的新殖民主义浪潮的主要表现之一。"①

而另一方面，在法学理论界，人权的国际保护与国际法的一些亚部门法之间的关系正日益受到关注，如世界贸易组织（World Trade Organization，WTO）法与人权、国际投资法与人权、国际知识产权法与人权②等。人权理念的影响和相关问题的研究已经成为 WTO 法研究的新的学术视角。自进入后 TRIPS 时代，国际社会十分关注知识产权与基本人权的关系问题，国际贸易领域的知识产权问题和国际政治领域的人权问题被誉为当代国际关系的两大热点问题。国际人权宪章中的有关条款与 WTO 协议之间的关系成为一个引起激烈争论的话题，这些问题导致了对 WTO 法（包括 TRIPS 协议等）正当性的质疑。

知识霸权在世界范围内推行这样的现实背景以及学术界对 WTO 法正当性的质疑这样的学术背景引起了笔者的思考，促使笔者从知识霸权的角度对 WTO 三大支柱协定之一的 TRIPS 协议和超越 TRIPS 标准的 TRIPS-plus 协议进行深入、系统的研究。

二　研究意义

从知识霸权的角度对 TRIPS、TRIPS-plus 协议进行深入、系统的研究具有重大的理论意义和实践意义。

首先，可以丰富和拓展对 WTO 法的研究，引发我们对国际法价值和理念的深入思考。WTO 运行十多年来取得了巨大的成功，但同时来自外部的批评也是空前的激烈，反对 WTO 的团体提出：以欧美等发达国家为首的世界贸易组织之多边贸易体系是一个不民主的组织，是仅为

---

① ［南斯拉夫］布拉尼斯拉夫·高索维奇：《全球知识霸权与国际发展议题》，祝东力译，《国际社会科学杂志》（中文版）2001 年第 4 期。

② Paul, L. C. Torrenmans, *Copyright and Human Rights: Freedom of Expression, Intellectual Property, Privacy*, New York: Kluwer Law International, 2004; Jonathan, Griffiths & Uma, Suthersanen, *Copyright and Free Speech: Comparative and International Analyses*, Oxford: Oxford University Press, 2005; D. Vaver and L. Bently, *Intellectual Property in the New Millennium: Essays in Honor of William R. Cornish*, Cambridge: Cambridge University Press, 2004.

跨国公司谋求利益的工具，是剥削劳工、践踏人权、提高失业率、造成环境严重污染、无视全球正义和公平、侵害国家主权等现象的主要元凶，并且 WTO 是导致发展中国家和最不发达国家贫困加深、南北贫富差距加大的主要原因，甚至是杀人的工具。① 面对如此众多的非议、批评和责难，我们对 WTO 法和国际法的价值产生了怀疑。而 TRIPS 协议是 WTO 的三大支柱协定之一，对其进行思辨和深入的分析、检讨，无疑可以丰富、拓展对 WTO 法的研究，有助于我们对国际法的价值和理念进行深层次剖析。

其次，可以促进我国国际法学和知识产权法学的理论建设，丰富其理论体系。TRIPS、TRIPS-plus 协议是重要的国际法律文件，TRIPS 协议又是知识产权领域的全球规则，对二者进行深入研究，不仅可以使我们从更宏观的视野、更广阔的视角来研究国际法律问题，推动国际法研究，而且从国际视角研究知识产权问题，可以丰富知识产权学的理论体系，推动知识产权法学的理论建设。

最后，对我国及其他发展中国家制定、修改知识产权方面的国内立法，为在 WTO 及双边、区域领域的未来谈判中制定相关的知识产权政策及策略提供指导。TRIPS 协议作为 WTO 一揽子协议的一部分，是所有 WTO 成员方都必须加入的国际知识产权条约，而大多数发展中国家的知识产权保护水平远未达到 TRIPS 协议的要求，发展中国家负有按照 TRIPS 协议的要求广泛制定或修改国内法并使这些法律得到有效实施的义务。对 TRIPS 协议进行系统研究，可以发现并充分利用该协议中存在的弹性与空间，以本国经济发展现状和政策环境为基础，为维护国家现实利益为导向，调整相关的国内立法，制定符合国情的合理的知识产权政策。对 TRIPS-plus 协议的研究则可为双边、区域领域的未来谈判制定相关的知识产权政策及策略提供指导。

---

① Global Exchange, *Top Reasons to Oppose the WTO*, www. globalexchange. org/campaigns/wto/Oppose WTO. html.

第二节　国内外研究现状综述

一　国内研究现状综述

（一）关于知识霸权的研究

国际政治、国际关系方面的学者对知识霸权问题的关注比法学界更早、更多。国际政治、国际关系领域关于知识霸权的研究主要有：黄凤志指出当代国际关系中知识霸权凸现，美国凭借其信息技术优势企图在世界上构筑以美国为主导的国际新秩序，而知识霸权为美国称雄世界和推行国际新秩序提供了新的能量，开辟了新的通道。他认为知识霸权是知识发达国家依靠知识力量对比的优势对知识弱势国家的一种统治，也是一种知识交往实践的非均衡结构。产生知识霸权的重要原因在于民族国家知识地位的两极分化。[1] 石贤泽则分析了国际关系学的美国知识霸权的生成机理、维持机制，并对美国知识霸权的影响进行了评估。[2]

法学领域与知识霸权相关的研究主要有：李扬指出知识产权霸权主义是国际领域中继人权之后出现的另一个霸权主义现象，分析了知识产权霸权主义在实体法和司法层面的表现，认为反对知识产权发展与变革过程中的霸权主义行径就必须重提并强调知识产权的本土化，最后阐明了实现知识产权本土化的途径。[3] 魏森认为法律文化帝国主义在中国的表现以知识产权领域最为典型。从宏观上看，法律文化帝国主义表现为西方主要国家强迫中国建立起一套产生并主要存在于西方法律文化中的知识产权制度；从微观上看，法律文化帝国主义则表现为西方主要国家强迫中国知识产权立法在具体内容上符合西方国家的"文明"标准。[4]第一次对知识霸权进行系统的理论分析，将知识霸权制度化的是齐爱民

---

[1]　参见黄凤志《知识霸权与美国的世界新秩序》，《当代亚太》2003 年第 8 期。
[2]　参见石贤泽《国际关系的美国知识霸权：生成机理、维持机制及影响评估》，《国际论坛》2007 年第 6 期。
[3]　参见李扬《知识霸权与本土化应对》，《法商研究》2005 年第 5 期。
[4]　参见魏森《法律文化帝国主义研究——以中国知识产权立法为中心》，《法商研究》2009 年第 3 期。

教授。他界定了知识霸权的概念，分析了其法律特征，认为从国际政治和经济原因分析，知识霸权的产生主要是不同国家的知识地位的两极分化和发达国家企业追求最大收益；从法律上看，是知识产权的权能被界定得过于笼统；最后提出应通过建立国际经济新秩序的路径消灭知识霸权的观点。①

（二）关于 TRIPS 协议的研究

自 1994 年 4 月 15 日 WTO 协定签署之日起，作为其重要组成部分的 TRIPS 协议便成为我国法学界持续的研究热点，至今十几年的时间中，围绕 TRIPS 协议的相关研究成果颇为丰富。理论界对 TRIPS 协议的研究主要集中在以下几个方面：

对 TRIPS 协议的内容进行整体性介绍、研究，将我国知识产权制度与 TRIPS 协议进行比较，分析其差距，提出完善我国相关立法的建议。TRIPS 协议是知识产权国际保护制度方面最为重要的多边协议，所以对已经成为现实的 TRIPS 协议的内容进行研究的成果非常之多，主要涉及其基本原则、基本内容、组织制度、实施机制等方面。② 由于 TRIPS 协议规定了成员国知识产权保护的最低标准，作为成员国负有义务使自己国内的知识产权立法水平不低于 TRIPS 协议所规定的标准，所以在 TRIPS 协议实施的十几年中，国内学术界结合我国加入 WTO 和修改主要知识产权法律的现实需要，对我国知识产权制度与 TRIPS 协议进行比较，分析其差距，提出完善我国立法的相关建议，这方面的学术论文、学位论文比较多，③ 在此不一一赘述。

---

① 参见齐爱民《论知识霸权——以国家知识产权战略的制定和实施为视角》，《苏州大学学报》（哲学社会科学版）2009 年第 2 期。

② 参见郑成思《关贸总协定与世界贸易组织中的知识产权》，中国人民大学出版社 1994 年版；古祖雪《国际知识产权法》，法律出版社 2002 年版；张乃根《TRIPS 协定：理论与实践》，上海人民出版社 2005 年版；吴汉东主编《知识产权国际保护制度研究》，知识产权出版社 2007 年版；唐广良、董炳和《知识产权的国际保护》，知识产权出版社 2007 年版；等等。

③ 这方面有代表性的学术论文和学位论文主要有：郑成思《中国现有知识产权法律分别与 TRIPS 的差距》，《电子知识产权》2000 年第 3 期；李顺德《TRIPS 与我国知识产权法律制度》（上、下），《中国律师》2000 第 3、4 期；刘远山《我国知识产权法律制度与 TRIPS 协议存在的差距及其完善综述》，《河北法学》2002 年第 6 期；吴友明《与贸易有关的知识产权协议（TRIPS）研究》，博士学位论文，武汉大学，2001 年；等等。

对 TRIPS 协议中规定的某一方面的具体问题进行研究，提出修改、完善 TRIPS 协议相关条款的建议。TRIPS 协议签署、实施后，发展中国家逐渐认识到协议的不平衡性，学术界也开始关注 TRIPS 协议中对发展中国家非常不利的内容，对此进行研究并提出相应的修正与完善的设想。代表性成果有：林秀芹教授详细地阐述了国际专利保护制度的发展历程及国外法律经济学对专利保护负面作用的分析，并根据 TRIPS 协议的条文和我国的国情，对于我国专利制度的现状和改革提出了深刻见解。[①] 叶志华的博士学位论文《TRIPS 框架下药品专利强制许可之修法趋势研究》分析了 TRIPS 协议关于药品专利强制许可的规范背景，在审视各主要国家与地区发生公共健康危机的实际情形及它们关于强制许可的规定的基础上，对 TRIPS 协议有关公共健康的条款进行检讨并提出了法律建议。[②] 钟立松的硕士学位论文《TRIPS 协议第 13 条的理论考察》在透析 TRIPS 协议第 13 条含义的基础上，对该条所提出的合理使用"合理性三标准"进行了理论探讨，并对其运作机制进行了研究，最后提出了该条在法律适用上存在的缺陷。[③]

从人权的视角研究 TRIPS 协议对健康权、发展权、环境权等基本人权的影响。TRIPS 协议对知识产权保护的国际立法产生了始料未及的影响，知识产权的国际保护对基本人权实现的影响成为法学界所共同关注的问题。国内最早对知识产权与人权的关系进行探讨的是吴汉东教授，他在《知识产权的私权与人权属性——以〈知识产权协议〉与〈世界人权公约〉为对象》一文中阐明的《知识产权协议》宣示知识产权为私权，《世界人权公约》赋予知识产权以人权意义，他认为私权与人权在本质上是统一的，应该在私权与人权的统一范畴中理性地把握和认识知识产权。[④] 此后，学界对这一问题进行了探讨。学者的研究主要集中

① 参见林秀芹《TRIPs 体制下的专利强制许可制度研究》，法律出版社 2006 年版。

② 参见叶志华《TRIPs 框架下药品专利强制许可之修法趋势研究》，博士学位论文，中国政法大学，2006 年。

③ 参见钟立松《TRIPS 协议第 13 条的理论考察》，硕士学位论文，湖南师范大学，2003 年。

④ 参见吴汉东《知识产权的私权与人权属性——以〈知识产权协议〉与〈世界人权公约〉为对象》，《法学研究》2003 年第 3 期。

于 TRIPS 协议对人权的影响。代表性成果有：冯洁菡的博士学位论文
《公共健康危机与 WTO 知识产权制度的改革——以 TRIPS 协议为中心》
以全球公共健康危机为例，从国际法的视角就知识产权国际保护的发展
特点、规则制定、发展中国家的弱势地位等问题进行考察，对 TRIPS 协
议关于保护公共健康与促进技术转让的条款进行系统分析，探讨国际社
会及中国在知识产权保护上面临的问题及合理定位。① 周超的博士学位
论文《论 TRIPS 协定与公共利益》通过对 TRIPS 协定达成的历史背景
和利益较量进行探究，指出 TRIPS 协定存在私人利益与公共利益失衡的
冲突，利益均衡是解决问题的关键，并提出我国对 TRIPS 协定进行公平
适用的建议。② 衣淑玲的博士学位论文《国际人权法视角下〈TRIPS 协
定〉的变革研究》通过分析认为知识产权不是人权，而是促进人权实
现的工具；通过纵向的历史考察，认为知识产权与人权国际保护制度长
期以来的隔离发展是 TRIPS 协定与健康权、文化权等人权的实现相冲突
的原因，对 TRIPS 协定进行制度变革是解决冲突的有效途径，并提出了
变革的基本设想和中国在变革中的基本立场和谈判策略。③

　　对 TRIPS 协议形成过程的分析研究。TRIPS 协议是必然的还是偶然
的？它是如何形成的？是什么力量推动了它的形成？它为什么是目前的
结构和内容？这些 TRIPS 协议形成过程中的问题不仅没有得到很好的回
答，甚至还没有引起学术界太多的注意。近年来，有学者从程序的视角
动态地综合分析 TRIPS 协议的具体立法过程和内在机理。王太平、熊琦
在《TRIPS 协议的立法动力学分析》一文中运用动力学的分析方法对
TRIPS 协议谈判和签署的具体过程进行了分析，认为 TRIPS 协议的形成
具有一定的历史必然性，也具有很大的偶然性。④

---

　　① 参见冯洁菡《公共健康危机与 WTO 知识产权制度的改革——以 TRIPS 协议为中心》，
博士学位论文，武汉大学，2003 年。

　　② 参见周超《TRIPS 协定与公共利益》，博士学位论文，中国政法大学，2007 年。

　　③ 参见衣淑玲《国际人权法视角下〈TRIPS 协定〉的变革研究》，博士学位论文，厦门
大学，2008 年。

　　④ 参见王太平、熊琦《TRIPS 协议的立法动力学分析》，《知识产权》2008 年第 1 期。这
方面的相关文章还有：熊琦、王太平：《知识产权国际保护立法中私人集团的作用》，《法学》
2008 年第 3 期；熊琦：《谁在左右知识产权国际化的利益棋局》，《电子知识产权》2007 年第
12 期。

（三）关于 TRIPS-plus 协议的研究

美国自 2000 年后陆续签订 TRIPS-plus 协议，国内对 TRIPS-plus 协议的研究成果基本出现在 2008 年前后。张建邦在其数篇论文中对 TRIPS-plus 协定的缘起与根据、TRIPS-plus 义务的不平等性、发展中国家的立场与对策及对我国的影响等问题进行了缜密的分析。[①] 揭捷的硕士学位论文《"TRIPs-plus"协定研究》对 TRIPs-plus 协定的产生背景、特征、法律基础及其对国际知识产权制度的影响进行了研究，并提出了我国的因应对策。[②] 杨静的《美国自由贸易协定研究——以生物技术内容为视角》一文阐述了美国自由贸易协定中维护生物技术利益集团利益的具体内容，分析了对签约国家和地区的影响及对我国的启示；[③] 她在《美国自由贸易协定中 TRIPS-plus 规则的立法动力分析》一文中对美国 FTA 中 TRIPs-plus 规则的宏观环境、参与主体、形成机制等立法动力学要素进行了分析，揭示了美国 FTA 中 TRIPs-plus 条款的成因，并针对性地提出了应对策略。[④] 吴雪燕在《TRIPS-plus 条款的扩张及中国的应对策略——以药品的专利保护为视角》一文中分析了药品专利保护领域中 TRIPS-plus 条款对 TRIPS 协议的拓展和限制，以约旦和澳大利亚为实例，论证了 TRIPS-plus 条款对药品可及性的负面影响，最后提出中国应当对 TRIPS-plus 条款保持高度警惕。[⑤] 余敏友等对 TRIPS-plus 知识产权执法的特征及合法性进行了分析，指出发展中国家应探索新的方式对此

---

①　参见张建邦《"TRIPS-递增"协定的发展与后 TRIPS 时代的知识产权国际保护秩序》，《西南政法大学学报》2008 年第 2 期；张建邦《"TRIPS-递增"协定：类型化与特征分析（上）——基于后 TRIPS 时代知识产权国际保护制度发展趋势的一种考察》，《世界贸易组织动态与研究》2008 年第 5 期；张建邦《"TRIPS-递增"协定：类型化与特征分析（下）——基于后 TRIPS 时代知识产权国际保护制度发展趋势的一种考察》，《世界贸易组织动态与研究》2008 年第 6 期；张建邦《WTO 发展中成员在 TRIPS-plus 协定下的知识产权保护义务研究》，《武大国际法评论》2009 年第 1 期。

②　参见揭捷《"TRIPs-plus"协定研究》，硕士学位论文，厦门大学，2009 年。

③　参见杨静《美国自由贸易协定研究——以生物技术内容为视角》，《河北法学》2009 年第 4 期。

④　参见杨静《美国自由贸易协定中 TRIPS-plus 规则的立法动力分析》，《知识产权》2011 年第 7 期。

⑤　参见吴雪燕《TRIPS-plus 条款的扩张及中国的应对策略——以药品的专利保护为视角》，《现代法学》2010 年第 5 期。

进行应对。① 除以上研究成果外，还有学者就双边投资协定中的 TRIPS-plus 标准、自由贸易协定中知识产权保护的南北矛盾等问题②进行了论述和分析。

通过对国内学者相关研究成果的梳理，我们发现这样的研究特点：国内学者对知识霸权的关注还不够。在 TRIPS 协议签署的最初几年之内，国内学者主要关注于对该协议本身内容的研究、我国知识产权法律如何与 TRIPS 协议对接的问题以及对 TRIPS 协议中具体条款的研究，之后从公共利益、公共健康、人权角度就 TRIPS 协议对公共利益、人权的影响进行了关照，近几年开始有学者对 TRIPS 协议的具体立法过程进行关注。概言之，国内学者最初的焦点主要集中在对 TRIPS 协议的制度和框架的认识方面，偏重于静态研究，近几年才偏向动态研究。而除了少数几篇文献提及 TRIPS 协议是知识霸权的体现之外，笔者尚未见到有学者从知识霸权的角度对 TRIPS 协议所进行的研究。对 TRIPS-plus 协议的研究虽然有静态和动态的考量，也有从药品专利保护视角所做的分析，但也没有从知识霸权角度对其进行深刻的剖析。现有的研究由于没能对 TRIPS、TRIPS-plus 协议所涉及的国际关系、国际政治背景给予应有的重视，直接的后果就是我们无法清晰地勾勒出其未来的发展方向，不能结合自身国情提出有针对性的应对策略。

二　国外研究现状综述

（一）有关知识霸权的研究

国外学者关于知识霸权的研究成果有：布拉尼斯拉夫·高索维奇（Branislav Gosovic）在《全球知识霸权与国际发展议题》一文对北方国家推行知识霸权的手段、知识霸权对发展中国家及联合国的挑战、反抗

---

① 参见余敏友、廖丽《简评 TRIPS-Plus 知识产权执法及其合法性》，《法学杂志》2011 年第 12 期。

② 其他相关的研究参见衣淑玲《亚太地区新双边 FTA 与中国的应对策略》，《甘肃社会科学》2006 年第 1 期；张建邦《论"TRIPS-递增"协定在 WIPO 公约体系和 WTO 法律框架下的制度空间与适用关系》，《政法论丛》2008 年第 2 期；杨静《自由贸易协定：美国在东盟国家推行知识产权高标准保护的新手段》，《云南大学学报》（法学版）2009 年第 1 期；李凤琴《双边投资协定中的 TRIPS-plus 标准研究》，《世界贸易组织动态与研究》2009 年第 3 期；杨静《自由贸易协定中知识产权保护的南北矛盾及其消解》，《知识产权》2011 年第 10 期；等等。

知识霸权的策略进行了鞭辟入里的剖析。① 澳大利亚的彼得·达沃豪斯
（Peter Drahos）和约翰·布雷斯韦特（John Braithwaite）在《信息封建
主义》一书中揭示了知识产权规则是如何被纳入世界贸易组织的谈判体
系中以及这些规则的最终受益者和输家是谁。② Andreas Rahmatian 在
《全球知识产权保护方面的新殖民主义》一文指出 TRIPS 协议的实施是
推动新经济殖民主义前进的主要力量，这反映在制定这一条约的历史及
知识产权执法的方法上，文章分析了 TRIPS 协议及其他知识产权国际条
约对非西方国家的殖民影响。③

（二）与 TRIPS 协议有关的研究成果及学术活动

从 20 世纪 90 年代开始，由于 TRIPS 协议的制定和实施，国外学者
开始关注知识产权与人权之间的关系，从人权的视角来审视知识产权国
际保护制度及其发展。

有关国际机构、非政府组织（Non-governmental Organization，NGO）
对 TRIPS 协议相关的人权与发展问题进行了高度关注。联合国开发计划
署（United Nations Development Programme，UNDP）提出应当对 TRIPS
协议进行全面的审查和修改，UNDP 在 1999—2005 年连续七年的人类
发展报告中，对公共健康、药品可及性及传统知识等问题给予了持续关
注。④ 2000 年 7 月，几个国际 NGO 向联合国促进和保护人权小组委员
会（Sub-Commission on the Protection and Promotion of Human Rights）（以
下简称人权小组会）提交了一份名为"WTO/TRIPS 协议与人权"的声
明，直接指责 TRIPS 协议对健康权、食物权、土著人民和当地社区的文

---

① 参见［南斯拉夫］布拉尼斯拉夫·高索维奇《全球知识霸权与国际发展议题》，祝东
力译，《国际社会科学杂志》（中文版）2001 年第 4 期。

② 参见［澳］彼得·达沃豪斯、约翰·布雷斯韦特《信息封建主义》，刘雪涛译，知识
产权出版社 2005 年版。

③ Andreas Rahmatian, "Neo-Colonial Aspects of Global Intellectual Property Protection", *The Journal of World Intellectual Property* , Vol. 12, No. 1, 2009.

④ Human Development Report, 1999, 2000, 2001, 2002, 2003, 2004, 2005, http: // hdr. undp. org/en/reports/global/hdr1999, 2000, 2001, 2002, 2003, 2004, 2005.

化参与权、自决权等的保护和实现产生了不利影响。① 2000 年 8 月，人权小组会一致通过关于知识产权与人权的决议，指出在实施 TRIPS 协议与实现经济、社会、文化权利之间存在着现实或潜在的冲突。2001 年 8 月，人权小组会又通过了一份同样主题的决议，阐明知识产权对人权的消极影响，并敦促有关方面采取必要的措施。2002 年 1 月，联合国贸易与发展会议（United Nations Conference on Trade and Development, UNCTAD）与国际 NGO 贸易与可持续发展国际研究中心（The International Centre for Trade and Sustainable Development，ICTSD）启动了关于"知识产权与可持续发展的能力建设"的研究项目，其目标在于通过更多地分析和更好地理解 TRIPS 协议对可持续发展目标的影响，增强发展中国家的分析和谈判能力，以便它们能够更充分地参加与知识产权有关的谈判。② 世界卫生组织（World Health Organization，WHO）分析了 TRIPS 协议对药品可及性的影响。③ 知识产权与人权的关系已成为这些政府间国际组织倍受关注的问题。

各研究机构举办的关于知识产权与人权关系的学术活动也非常多。1998 年 11 月 9 日，世界知识产权组织（World Intellectual Property Organization，WIPO）与联合国人权事务高级专员办事处（The office of the United Nations High Commissioner for Human Rights，OHCHR）共同举办了"知识产权与人权关系"的专题研讨会，与会的学者们对知识产权的人权属性以及知识产权与健康权、文化权、传统知识等的关系问题进行了探讨。2002 年，美国国际法学会的研究项目"人权与国际贸易"的主要部分之一即"知识产权与人权的关系"。学者们就 TRIPS 协议、知识产权与健康权、食物权等人权之间的关系进行了探讨。在 2004 年和 2005 年，国际 NGO "3D-Trade，Human Rights，and Equitable Econo-

① Lutheran World Federation，Habitat International Coalition，the International NGO Committee on Human Rights in Trade and Investment，这几个国际 NGO 发挥了重要作用，E/CN. 4/Sub. 2/2000/NGO/14，http：//documents. in. org/results. asp。

② The Capacity Building Project on Intellectual Property Rights （IPRs） and Sustainable Development，http：//www. iprsonline. org/unctadictsd/description. htm。

③ *Globalization*，*TRIPS and Access to Pharmaceuticals*，*WHO Policy Perspectives on Medicines*，No. 3，March 2001，http：//www. who. int/medicines/publications/policyperspectives/en.

my"组织了有关知识产权与人权问题的学术会议，不同国家的知识产权和人权两个法律领域的学者们开始进行建设性的学术交流。2006 年 3 月，美国加利福尼亚大学戴维斯法学院举办了名为"知识产权和社会正义"的专题研讨会，与会学者们从健康权、受教育权等人权乃至整体的人类处境的角度对现行的以 TRIPS 协议为核心的知识产权国际保护制度进行了审视，并就其未来的发展提出了"知识产权国际保护制度的人权框架"的建议。同年 3 月 7 日，荷兰乌特列支大学（Utrecht University）知识产权法中心也举办了名为"知识产权法中的人权矛盾"（The Human Rights Paradox in Intellectual Property Law）的研讨会，专门探讨了专利法和版权法与人权的关系问题。2007 年 4 月，德海姆大学（Fordham University）法学院举行的第 15 届 2007 年度国际知识产权与政策会议上，一些学者就人权和知识产权专题进行了讨论。[1]

当然在这些活动中也涌现了大量的学术成果。代表性成果有：Peter M. Gerhart 从政治经济学角度对国际知识产权法制定的不平衡性进行了分析，对知识产权保护从一国走向多国而保护水平不变甚至有所增强提出了质疑。[2] 美国的苏姗·K. 塞尔（Susan K. Sell）在《私权、公法——知识产权的全球化》一书中以美国 12 家跨国公司代表对 TRIPS 协议的推动作用为切入点，阐述了私权和公法相互影响的循环以及机构、制度和体系三个要素在循环的不同阶段所起到的作用，展示了权力是如何日益为私人利益而不是由政府所行使的，阐明了 TRIPS 协议背后的政治活动和其产生之后的争论。[3] Donald Harris 经过分析认为 TRIPS 协议是成功的还是失败的还不清楚，在它实施的这 15 年中可以说是喜忧参半，既有积极的进展又有极具争议的方面，但放弃它为时尚早。[4] 除此之外，还有很多学者所撰写的文章就 TRIPS 协议的相关问题进行探

---

① 参见衣淑玲《国际人权法视角下〈TRIPS 协定〉的变革研究》，博士学位论文，厦门大学，2008 年。

② Peter M. Gerhart, "Why Lawmaking for Global Intellectual Property is Unbalanced", *European Intellectual Property Review*, Vol. 7, 2000.

③ 参见［美］苏姗·K. 塞尔《私权、公法——知识产权的全球化》，董刚、周超译，王传丽审校，中国人民大学出版社 2008 年版。

④ Donald Harris, "TRIPS after Fifteen Years: Success or Failure, as Measured by Compulsory Licensing", *J. Intell. Prop. L.*, Vol. 18, Spring 2011.

讨，但基本上都是批评性的。

（三）有关 TRIPS-plus 协议的研究

近年来，各种机构、政策制定者以及 NGO 都强调 TRIPS 中弹性机制（特别是在公共健康和人权方面）的重要性，呼吁 WTO 成员捍卫行使弹性机制的权利以对抗自由贸易协定中规定的 TRIPS-plus 义务。国外学术界对知识产权条约的批评可分为两种情形：TRIPS 协议是一个"公平交易"，TRIPS-plus 条约"走得太远"；TRIPS 协议不利于发展中国家，TRIPS-plus 协议更糟。Beatrice Lindstrom 对美国、日本、欧盟签订的自由贸易协定中的 TRIPS-plus 条款进行了详尽的比较分析，并对美国的贸易战略进行了评价。他认为 TRIPS-plus 条款有益于美国产业集团的利益，提高知识产权保护水平的双边贸易协定的出现打破了 TRIPS 确立的权利与义务的平衡关系，存在严重的问题，需要众多的全球行动者采取协调一致的行动。[①] Matthew Turk 的观点与众多学者相反，他认为 TRIPS 的谈判过程是有缺陷的，而 TRIPS-plus 的谈判过程并不存在信息不对称和胁迫的情形。[②]

总之，国外对知识霸权问题加以关注的学者虽然不多，但研究的视角却涵盖了政治学和法学。国外学者关注的与 TRIPS 协议有关的问题包括：TRIPS 协议及知识产权对人权保护的影响；人权视角下知识产权国际保护制度（以 TRIPS 协议为核心）的变革问题；TRIPS 协议背后的政治活动。国外学者的研究视角、研究方法和研究结论无疑是我们进一步研究的极好素材，对我们进行深入研究很有启发，但他们仅提出解决知识产权与人权冲突的方法是对 TRIPS 协议进行变革，在人权公约框架下建立知识产权国际保护制度，但对于如何进行变革、如何进行具体的制度设计，还缺乏细致、深入的讨论。国外学者对 TRIPS-plus 协议的研究成果较少，现有研究观点分为两派：一派认为 TRIPS-plus 协议的谈判过程不存在缺陷，另一派认为 TRIPS-plus 协议和 TRIPS 协议一样不利于发

---

① Beatrice Lindstrom, "Scaling back TRIPS-plus: an Analysis of Intellectual Property Provisions in Trade Agreements and Implications for Asia and Pacific", *N. Y. U. J. Int'l L. &Pol.*, Vol. 42, Spring 2010.

② Matthew Turk, "Bargaining and Intellectual Property Treaties: the Case for a Pro-development Interpretation of Trips but not TRIPS-plus", *N. Y. U. J. Int'l L. & Pol.*, Vol. 42, Spring 2010.

展中国家，甚至更糟，但并未提出具体的应对方略。

第三节　基本结构与研究方法

一　基本结构

本书从结构上共分为七部分：第一章为绪论，叙明研究的背景、意义、国内外研究现状，本书的基本结构、研究方法、创新与不足。第二章则是提出问题，首先对全球化背景下知识霸权的凸现进行阐述，阐明TRIPS、TRIPS-plus 协议与知识霸权的关系，并对知识霸权的概念、特征、知识霸权与相关概念的辨析等关于知识霸权的基本问题进行交代。第三章从法哲学的角度探讨国际知识产权制度正当性的标准。第四章至第五章是以第三章确立的标准来对知识霸权的非正当性进行度量。第四章是以主观标准对知识霸权的非正当性进行度量，第五章是以客观标准对知识霸权的非正当性度量。第六章是以中国的立场，分析知识霸权对中国知识产权制度的影响，并提出应对知识霸权的国际、国内措施。最后一部分为结论。

二　研究方法

本书在研究过程中，主要采用了以下研究方法：

（一）历史分析方法

历史分析方法是运用发展、变化的观点分析客观事物和社会现象的方法。任何矛盾或问题的出现，总有它的历史根源，在分析和解决某些问题的时候，只有追根溯源，弄清它的来龙去脉，才能提出符合实际的解决办法。① TRIPS、TRIPS-plus 协议已经是既成事实，本书中对 TRIPS、TRIPS-plus 协议的缔结概述是还原历史、还原真实的历史分析方法的运用。

（二）规范分析方法

"规范分析方法是法学特有的方法。"② TRIPS、TRIPS-plus 协议是以

---

① http://baike.baidu.com/view/2113358.htm.

② 谢晖：《论规范分析方法》，《中国法学》2009 年第 2 期。

国际法律规范的形式存在的，本书中对 TRIPS 协议中有关药品专利相关规定及弹性机制、《TRIPS 协议与公共健康多哈宣言》（以下简称《多哈宣言》）、《关于实施多哈公共健康宣言第 6 段的决议》（以下简称《总理事会决议》）、美国所签订之自由贸易协议中 TRIPS-plus 条款等的分析都是规范分析方法的运用。

（三）多学科分析方法

法学不是自足的学科，法学与经济学、政治学、哲学、社会学等其他学科之间的互通有无、互相借鉴已是普遍存在的现象。采用多学科分析方法、进行跨学科研究是为了避免单一的、教条的解读。在探讨国际知识产权制度正当性的标准时，对正当性的历史流变、正当性概念的正确诠释借鉴了法哲学、政治哲学的分析方法，对国际知识产权制度正当性标准的确定是从哲学中的认识论角度出发的。探讨应对知识霸权的措施时，相应地使用了国际关系学、政治学以及国际经济学的分析方法。

第四节　创新及不足

一　创新点

本书的创新点主要表现在以下三个方面：

第一，首次从知识霸权的角度对 TRIPS、TRIPS-plus 协议中的专利相关制度进行了系统的研究，通过对其非正当性的质疑、分析，从而提出了应对知识霸权的相应措施，突破了仅针对 TRIPS 协议中单个、具体条款或仅针对 TRIPS-plus 协议的既有研究范式。

第二，将知识产权国际保护制度的实体问题和关于知识产权国际保护制度形成的程序问题结合起来进行分析，二者相辅相成，这种"实体/程序"并重的研究进路不同于现有研究中重点关注知识产权国际保护的实体部分的情形。

第三，设定了国际知识产权制度正当性的主观、客观标准，并以此主、客观标准为准绳，对知识霸权的非正当性进行深入分析。

二　不足之处

由于笔者学术修养有限，本书难免存在这样那样的不足之处：

（一）研究范围的局限性

本书仅仅是以 TRIPS、TRIPS-plus 协议中的专利相关制度为中心，对如何应对发达国家的知识霸权进行了粗浅的研究。实际上，不止在与专利相关的制度中，在知识产权的其他领域如著作权、商标权领域等都存在着知识霸权现象。另外，由于知识产权国际保护水平的提升一直与发达国家的经济增长方式相挂钩，这决定了知识霸权的形式不会是一成不变的，必然会不断更新，如《跨太平洋伙伴关系协定》（*Trans-Pacific Partnership Agreement*，TPP①），美国、欧盟、日本等发达国家正在或将来与发展中国家签订的双边自由贸易协定、双边投资协定中的 TRIPS-plus 条款等，本书无法就相关问题一一加以探讨，也无法涵盖知识霸权所有的新发展。

（二）实证分析的缺乏

学术研究中的实证分析是非常难能可贵的。知识霸权对发展中国家的负面影响究竟有多大？发展中国家遭受的利益损失究竟有多少？对于这些问题，本书尚缺少相应的实证分析进行支撑。

（三）外文资料的不足

知识霸权所涉及的发展中国家众多，其研究成果、相关资料并非均以英语呈现，而笔者仅掌握英语这门外语，所以本书仅能依据英语文献资料作为分析的基础，而缺少其他语种的资料作为支撑，在外文资料的收集与利用方面存在不足。

上述这些不足也正是笔者在进行后续研究时需要特别加以关注和改进之处。

---

①　TPP 最初源于新加坡、文莱、新西兰和智利四个国家的自由贸易区谈判。2015 年 10 月 5 日，美国、日本、澳大利亚等 12 个国家已结束谈判，11 月协定文本公布。2016 年 2 月 4 日，TPP 的 12 个成员方（马来西亚、美国、日本、新加坡、澳大利亚、新西兰、加拿大、智利、文莱、秘鲁、越南、墨西哥）在新西兰奥克兰市正式签署协定。

第二章 知识霸权的凸现及其基本问题解读

　　全球化背景下凸现的知识霸权尽管在当前的国际体系中举足轻重，却一直没有得到正视，甚至没有引起公众和政策部门应有的注意。因此，人们对它的性质、特征等知之甚少。知识霸权与历史上出现的其他形式的霸权迥然不同，它是霸权行径在知识产权领域的集中体现。探讨知识霸权问题，首先必须对知识霸权以及相关概念进行分析与界定，对其特征进行归纳与梳理。

第一节　全球化背景下知识霸权的凸现

一　全球化概说

　　发源于西方的现代化从一开始就呈现出明显的扩张态势。随着资本主义生产方式在世界各地的传播，之前分散的社会和独立的民族国家逐渐卷入"现代世界体系"中。① 各个民族国家之间政治分立、恶性竞争、战乱频繁，所以早在18世纪末，康德就希望通过"自由国家的联盟"的方式打破民族国家的壁垒，结束世界的"自然状态"，实现"永久和平"。② 在1848年的《共产党宣言》中，马克思和恩格斯断定，资本会无限扩张空间，跨越国家的疆界，因为"不断扩大产品销路的需要驱使资产阶级奔走于全球各地"，世界市场的开拓"使一切国家的生产

---

① 参见［美］伊曼纽尔·沃勒斯坦《现代世界体系》（第1卷），尤来寅等译，高等教育出版社1998年版，第97—99、194、461—464页。
② 参见［德］伊曼努尔·康德《永久和平》，何兆武译，上海世纪出版集团2005年版，第13—41页。

和消费都成为世界性的了"，"民族的片面性和局限性日益成为不可能"。① 凡此种种，都是全球化的早期预言，也在很大程度上暗示着"现代性正在经历着全球化的过程"②。

全球化有广义和狭义之分。广义的全球化是指与现代化同步发生的现象。在时间上，世界标准时间的确认，把世界各地带入了共时性的轨道，地方性社会空间"去地域性"，成为全球的组成部分。在空间上，伴随着美洲的发现和西方列强的殖民主义扩张，人类族群不管身在何处，都被卷入了全球体系之中，成为这个体系的组成部分。西方现代化过程中实行资本主义经济，而资本从产生之初就跨越国界的限制，向全球扩张。现代交通和通信技术的发展又为世界各地的联系和交流提供了极大便利，进一步从技术层面推进了全球化的进程。狭义的全球化则主要是指 20 世纪 90 年代以来经济、技术和法律的全球流动和传播。狭义的全球化进程历经三个时期：第二次世界大战之后，美国成为世界霸权，此为酝酿时期；20 世纪 80 年代，英、美出现了新自由主义的转向，此时为启动时期；高峰时期则是 20 世纪 90 年代，冷战结束，苏联和东欧等社会主义国家纷纷解体、重建，《华盛顿共识》中体现的新自由主义经济风靡全球，世界体系出现了全面资本主义化的趋势。③ 本书所说的全球化意指狭义的全球化。20 世纪 90 年代，联合国秘书长加利宣布"世界进入了全球化时代"。到底什么是全球化？对此，可以说是仁者见仁，智者见智。经济合作与发展组织（Organization for Economic Co-operation and Development，OECD）有一个定义：全球化是指不同国家的市场和生产，借助服务和贸易的机制，通过资本和技术的流动，越来越互相依赖的过程。学者斯考尔特（Jan Aart Scholte）曾依据不同学者的说法将全球化定义区分为五种基本类型：全球化即国际化；全球化即自由化；全球化即世界化；全球化即西化或现代化；全球化即去地域

---

① 《马克思恩格斯选集》（第 1 卷），人民出版社 1972 年版，第 254—255 页。

② ［英］安东尼·吉登斯：《现代性的后果》，田禾译，黄平校，译林出版社 2000 年版，第 56 页。

③ 参见高鸿钧《美国法全球化：典型例证与法理反思》，《中国法学》2011 年第 1 期。

化（deterritoriality）或超地域性（supraterritoriality）。① 这五种类型定义的侧重点各不相同，但能看到一些共同的趋势或潮流："人类相互联系性的增强，不管这种相互联系是基于跨境信息、人口等流动的增强，不同事物的全球传播还是西方化的影响；某些限制或控制的放松，尤其是源自民族国家的控制；某种程度的一体化趋向和与之相关的某些结构性变化"。②

全球化涉及的内容十分广泛，它包括政治、经济、文化、法律等各个领域全面的一体化，但学术界普遍承认全球化首先是经济的全球化。经济全球化包括投资、贸易、市场、分工等的全球化、一体化，核心是资本的全球化。文化的全球化来源于技术革命和经济全球化，而政治的全球化是前两种全球化的结果。③ 西方学者认为法律的全球化就是全球分散的法律体系向全球法律一体化的运动，是将全球范围内的法律整合为一个法律体系的过程。葡萄牙学者桑托斯教授（Boaventura de Sousa Santos）指出，法律全球化的主要范式有两种：一是全球化的地方主义（globalized localism），即地方法律得以全球化，而这些地方法基本上是世界体系中心区域国家之法；二是地方化的全球主义（localized globalism），在中心区域国家支配下的全球法或跨国法的压力下，半边缘或边缘区域国家被迫调整自己的法律，接受全球法或跨国法。桑托斯还根据全球化的压力的程度，把法律全球化分为低强度全球化与高强度全球化。④

总之，全球化是一种征候，也是一种渐变的过程。全球化有政治、经济、文化、法律等不同的维度。

---

① 参见袁鹤龄《全球化世界的治理》，台中若水堂股份有限公司 2004 年版，第 18—19 页。

② 韦洪发：《法律全球化的理论与实践探究》，博士学位论文，吉林大学，2008 年，第 20 页。

③ 参见［美］斯坦利·霍夫曼《全球化的冲突》，刘慧华译，《世界经济与政治》2003 年第 4 期。

④ 参见［葡］博温托·迪·苏萨·桑托斯《迈向新的法律常识——法律、全球化和解放》，刘坤轮、叶传星译，中国人民大学出版社 2009 年版，第 221—225、391 页。

二　全球化背景下知识霸权的凸现：TRIPS、TRIPS-plus 协议的缔结

全球化对知识产权制度产生了巨大的影响。因为经济全球化建立在知识经济发展的基础之上，经济全球化不仅是指有形商品、资本的流通，更重要的是知识、信息的流通。知识财产以知识产权的形式转化为无形资产投入经济运行。当今世界范围内的经济合作，无论是生产领域、贸易领域，还是货物贸易、服务贸易，无一不是以知识产权为核心，知识产权已经成为当今社会推动各国经济发展的重要动力。经济全球化是发达国家主导下的全球化，由发达国家倡导、推动并主要由发达国家控制，这些国家掌握着资金、科技、人力等各方面的资源，在国际经济体制的变革和经济结构的调整中占据着主动地位，主导着世界银行、国际货币基金组织、WTO 等国际机构，是世界经济"游戏规则"的主要制定者。[1] 经济全球化导致法律全球化，知识产权制度作为法律制度，不可避免地呈现出全球化的趋势。知识产权全球化导致知识产权扩张的步伐加快，这种扩张不同于军事扩张和经济扩张，后两者的扩张总是有边界的，但在知识产权保护下的技术力量的本性在于总是给自己不断提供扩张的动力，只要科技还在进步，领导世界科技进步的力量决心保持这种优势，那么保护技术优势的努力就不会停止。在发达国家的主导下，知识产权制度既有地方化的全球主义，又有全球化的地方主义，知识产权随之不断进行非理性扩张，形成知识霸权。"发展中国家的许多人士已认识到，全球知识霸权已成为当前在南方政治、经济、社会和文化领域，以及地缘政治领域的新殖民主义浪潮的主要表现之一。"[2] 但知识霸权的机制和内在逻辑隐约诡秘，常常难以察觉。对于发展中国家而言，这是一个需要首先承认和应对的问题。

知识霸权是继军事霸权、经济霸权等霸权之后出现的一种新型霸权形式。知识霸权是知识产权全球保护时期的产物。知识产权保护的历史

---

① 参见李学勇《经济全球化背景下的中国知识产权保护》，人民法院出版社 2005 年版，第 32 页。

② ［南斯拉夫］布拉尼斯拉夫·高索维奇：《全球知识霸权与国际发展议题》，祝东力译，《国际社会科学杂志》（中文版）2001 年第 4 期。

大致被分为三个阶段：国内保护时期、国际保护时期、全球保护时期。[①] 19 世纪末以前，知识产权保护严格说还是一国的国内事务，各国自己通过本国制定的法律，而这些法律不具有域外效力。19 世纪末期，书刊行业兴盛的国家和一些国家的发明家们都在寻求国际规则来跨越国境地保护他们的著作权和专利权，要求制定国际统一法典的呼声日益高涨。分散的各国国内立法受到的压力越来越大，于是通过了 1883 年《保护工业产权巴黎公约》（以下简称《巴黎公约》）和 1886 年《保护文学艺术作品伯尔尼公约》（以下简称《伯尔尼公约》）作为回应。这一时期各国有权自由通过其立法，但是必须将这些立法提供的保护扩大到其他成员国的国民。总之，在知识产权国内保护时期和国际保护时期，各国政府有权自由制定能够反映本国经济发展水平和在创新、模仿方面的比较优势的法律。自 20 世纪七八十年代起，发达国家国内已经蠢蠢欲动，意图将它们的文化、价值观、法律思想和行为规则等统统带给其他国家。TRIPS 协议的缔结完全颠覆了旧有体制。TRIPS 协议明确了知识产权保护的范围、内容和期限，并首次设立了执行机制，对知识产权保护推行"一刀切"的方式，认为一套统一的标准对所有国家和行业都适用。知识产权全球保护时期的体制相当缺乏弹性，各国决定其国内知识产权保护水平的自主权范围大幅缩减。在知识经济时代，这种无视各国经济发展水平和技术创新能力、无视国家经济主权而要求所有国家适用同一套知识产权保护标准的现象是典型的知识霸权。

　　然而，"TRIPS 协议只是起点而并非终点"[②]。知识产权国际规则随着全球知识产权治理的进行而不断调整与变革。发达国家并未满足于TRIPS 协议，在 TRIPS 协议缔结之后，美国及欧盟等发达国家得陇望蜀，利用 TRIPS 的弹性条款，以市场准入及跨国投资为诱惑，迫使发展中国家与之签订一系列的自由贸易协定（Free Trade Agreements，FTAs）、双边投资条约（Bilateral Investment Treaties，BITs）等，并以此重新确定知识产权的保护标准。这些协议所确立的保护标准都超过了

---

　　① Drahos, Peter, "Thinking Strategically about Intellectual Property Rights", *Telecommunications Policy*, Vol. 21, No. 3, Apr. 1997.

　　② Susan K. Sell, "TRIPS was never Enough: Vertical Forum Shifting, FTAS, ACTA, and TPP", *J. Intell. Prop. L.*, Vol. 18, Spring 2011.

TRIPS 所规定的保护水准。这些协议的签订，不但没有使发展中国家达到预期的提高社会福利的目的，反而让发展中国家在技术革新、技术转移等方面受到了发达国家的重重限制，在公共健康方面（如艾滋病治疗药品的应用）陷入了严重的危机。这些超过 TRIPS 所规定的保护标准的协议是知识霸权的新形式，是知识霸权在知识产权全球保护时期的继续发展。西方学者将其称为"TRIPS-plus"协议，国内学者将其译为"超TRIPS"[①]、"TRIPS-递增"[②]、"TRIPS 附加"[③] 等。

　　"-plus"是"递增""附加""超"的意思，WTO 建立后，相关学者即提出"WTO-plus"。有学者认为"WTO-plus"（超 WTO 义务）是超出 WTO 多边贸易协定要求的义务，"超 WTO 义务"兼有积极和消极的影响。积极影响在于给相关成员国施加了更为严格的约束标准，加强了 WTO 的纪律，为 WTO 法填补了某些空白，解决了基于 WTO 体制所不能解决的问题；消极影响是破坏了 WTO 规则的统一性，因为保持 WTO 法律体制的统一完整性的意义远远超过施加给特定成员的附加规则所可能带来的额外的贸易利益。[④] 此观点强调 WTO 的法治精神，认为原则上不应对任何成员施加"超 WTO 义务"。另有学者认为"WTO-plus"条款涵盖两方面意思：一是解决当前 WTO 规则尚未解决的问题，二是优于 WTO 体制的处理方法。[⑤] 此观点强调"WTO-plus"条款对 WTO 体

---

　　① 余敏友、廖丽等：《知识产权边境保护——现状、趋势与对策》，《法学评论》2010 年第 1 期；余敏友、廖丽：《欧盟〈知识产权执法指令〉述评》，《欧洲研究》2009 年第 6 期；朱工宇：《与公共健康有关的 TRIPS-plus 条款研究——兼论国际知识产权立法的双边趋势》，《世界贸易组织动态与研究》2010 年第 2 期。

　　② 张建邦：《"TRIPS-递增"协定的发展与后 TRIPS 时代的知识产权国际保护秩序》，《西南政法大学学报》2008 年第 2 期。

　　③ 衣淑玲：《国际人权法视角下〈TRIPS 协定〉的变革研究》，博士学位论文，厦门大学，2008 年，第 88 页。

　　④ Julia Ya Qin, "WTO-plus Obligations and Their Implications for the World Trade Organization Legal System: An Appraisal of the China Accession Protocol", *Journal of World Trade*, Vol. 37, 2003.

　　⑤ Andrew L. Stoler, *The Future of "WTO-plus" Provisions in Preferential Trade Agreements*, 2010 International Trade Law Symposium, Canberra, September 2010; S. M. Thangavelu and Toh Mun Heng, "Bilateral 'WTO-plus' Free Trade Agreements: The WTO Trade Policy Review of Singapore", *The World Economy*, Vol. 28, 2005.

制的积极意义，即解决了 WTO 体制不能解决的问题。这里的 "-plus" 是指 "附加" 的意思。

TRIPS 协议缔结后也产生 "-plus"（递增）问题。TRIPS 协议的实体规范广泛吸收了世界知识产权组织（WIPO）四大公约即《巴黎公约》《伯尔尼公约》《保护表演者、录音制品制作者和广播组织公约》（以下简称《罗马公约》）、《关于集成电路的知识产权条约》（以下简称《华盛顿公约》）的某些原则和制度，同时又增加了若干新的规定。例如，TRIPS 协议在《巴黎公约》基本实体条款的基础上加上了一些全新条款，如对所有技术领域给予专利保护；在《伯尔尼公约》实体条款的基础上增加保护计算机程序、数据库、出租权等新内容；在《华盛顿公约》的基础上也增加了一些新的内容，形成了国际知识产权界通常所说的 "巴黎—递增"（Paris-plus）、"伯尔尼—递增"（Berne-plus）、"华盛顿—递增"（Washington-plus）保护模式。[①] 很显然，这里的 "-plus" 均是针对 TRIPS 协议确立的保护标准而言的，指的是 TRIPS 协议确立的比 WIPO 四大公约的保护水平更高、范围更广的知识产权保护标准。[②]

WHO 曾对 "TRIPS-plus" 条款下过一个定义，认为它是一个非技术名词，是指目的在于将专利有效期延长超过 TRIPS 协议规定的 20 年最低期限；以 TRIPS 协议未规定的方式限制强制许可；并限制便利进口仿制药品（generics drugs）例外的条款。[③] "TRIPS-plus" 针对的是 TRIPS 协议所规定的最低保护和执法标准，是指在 TRIPS 协议缔结和生效之后，一些双边安排、区域贸易安排或多边法律框架中提供了比 TRIPS 协议标准更高、范围更广、效力更强的任何知识产权保护承诺。"TRIPS-

---

① TRIPS 协议对《罗马公约》的处理更复杂一些，它只是将《罗马公约》的部分重要条款［如第七条 1（a）（b）（c）、第 10 条、第 13 条］直接纳入协议的文本，某些条款（如第 8 条、第 9 条、第 11 条、第 12 条）则未纳入其中，因此，还不能完全断言 TRIPS 协议确立了 "罗马—递增"（Rome-plus）模式。参见郭寿康《TRIPS 协议与国际知识产权四公约》，载陶鑫良主编《上海知识产权论坛》（第 1 辑），上海大学出版社 2002 年版，第 5—6 页。

② 参见张建邦《"TRIPS-递增" 协定：类型化与特征分析（上）——基于后 TRIPS 时代知识产权国际保护制度发展趋势的一种考察》，《世界贸易组织动态与研究》2008 年第 5 期。

③ *Globalization, TRIPS and Access to Pharmaceuticals, WHO Policy Perspectives on Medicines*, No. 3, Mowch 2001, http://www.who.int/medicines/publications/policyperspectives/en.

plus" 既包括旨在提高权利持有人保护水平和扩展专有权保护范围的、高于或者超过 TRIPS 协议最低保护标准的任何要求和条件，也包括旨在缩减权利限制和例外的范围或者削弱 TRIPS 协议变通性规定的一切措施。① 归纳起来，"TRIPS-plus" 主要包括三个方面的含义：一是增加知识产权的领域，二是实施比 TRIPS 协议更高的知识产权保护标准，三是限制 TRIPS 协议的选择性或灵活性规定。②

"TRIPS-plus" 协议并非哪一个具体的国际协议的名称，不是像 WTO 协议那样的一揽子协议，也不是 TRIPS 协议的附加议定书或补充协议，它是对包含 "TRIPS-plus" 知识产权标准或能够产生 "TRIPS-plus" 效果的各种条约（包括自由贸易协定、投资条约、知识产权协定等）的统称。就其与 TRIPS 协议的关系而言，这些双边或多边框架内缔结的各种类型的条约被称为 "TRIPS-plus" 协议，协议中包含 "TRIPS-plus" 知识产权标准或能够产生 "TRIPS-plus" 效果的条款被称为 "TRIPS-plus" 条款。从条约法的角度看，"TRIPS-plus" 协议只能是 TRIPS 协议的嗣后协议，即 1994 年 TRIPS 协议之后缔结的、包含 "TRIPS-plus" 标准的各类条约，显然它不是自成一类的条约类型。虽然在 TRIPS 协议之前缔结的某些双边性或区域性协定已经包含了高于 TRIPS 协议的知识产权保护标准，但这些协定只能视为 "TRIPS-plus" 标准的来源协议。就其性质和内容而言，"TRIPS-plus" 协议通常是商务类或者法律类条约，而并不是政治条约，尽管有些条约中包含有政治合作的内容。③ "TRIPS-plus" 协议有广义和狭义之分。广义的 "TRIPS-plus" 协议既包括双边性和区域性协议，也包括 WIPO 体制内缔结的新协议（如版权条约、表演和录音制品条约、专利法条约等）和 WTO 框架内的协议（如 WTO 加入协议），但其主体部分是双边性和区域性协

---

① Sisule F. Musungu and Graham Dutfield, *Multilateral Agreements and a TRIPS-plus World: The World Intellectual Property Organization (WIPO)*, http：//www. iprsonline. org/ictsd/docs/ WIPO_ Musungu_ Dutfield. pdf.

② Bryan Mercurio, "TRIPS-plus Provisions in FTAs: Recent Trends", in Lorand Bartels & Federico Ortino（eds.）, *Regional Trade Agreements and the WTO Legal System*, Oxford: Oxford University Press, 2006, p. 219.

③ 参见张建邦《"TRIPS-递增"协定：类型化与特征分析（上）——基于后 TRIPS 时代知识产权国际保护制度发展趋势的一种考察》,《世界贸易组织动态与研究》2008 年第 5 期。

议。狭义的"TRIPS-plus"协议则仅指 WIPO 和 WTO 体制外的双边、区域和多边协议。从外延上看，狭义的"TRIPS-plus"协议既包括美国、欧盟、日本与其他发展中国家签订的一系列双边和区域自由贸易协定，也包括由知识产权强国制定的诸边（plurilateral）协定①——《反假冒贸易协定》（*Anti-Counterfeiting Trade Agreement*，ACTA）。在过去十多年的时间里，美国、欧盟、日本与其他发展中国家都签订有双边和区域FTAs，但以美国所签订的 FTAs 最具代表性，美国签订的 FTAs 中涉及公共健康问题的 TRIPS-plus 条款也最广泛、详细且影响深远，所以本书中所说的"TRIPS-plus"协议仅指美国所签订的 FTAs，不涉及其他的TRIPS-plus 协议。

第二节　知识霸权的基本问题解读

一　知识霸权的概念界定

（一）与知识霸权相关术语的选择

与知识霸权相关的术语有信息封建主义、法律文化帝国主义、知识产权霸权主义。

信息封建主义是澳大利亚学者彼得·达沃豪斯与约翰·布雷斯韦特在《信息封建主义》一书中所提出来的。在该书中"将信息封建主义描写成是一个不完善的规划。代表这一规划的那些梦想家和企业家们处于世界权力的中心。我们曾采访过其中的许多人，他们都希望知识产权保护的世界标准越严格、越强大越好。他们在传达着一个非常简单的信息——创造越来越多的知识产权将会带来更多的投资和创新。……由于

---

① WTO 框架中，多边协定被进一步划分为诸边协定（plurilateral agreement）（又称复边协定）和狭义的多边协定（multilateral agreement）。狭义的多边协定要求世贸成员"一揽子"接受，只要加入世界贸易组织，就要受其约束。而对于诸边协定，世贸成员可自愿加入，加入诸边协定并不是成为世贸成员的必需条件。而诸边协定只对签字国有效，其所确立的权利与义务并不当然及于世贸组织的所有成员。从这个角度来看，ACTA 是一个典型的诸边协定，只对自愿签署的缔约国生效，并不当然地对其他 WTO 国家生效。参见袁真富、郑舒姝等《〈反假冒贸易协定〉的主要特点及其现实影响》，《电子知识产权》2011 年第 8 期。

信息封建主义规划与中世纪的封建主义都涉及产权的重新分配问题，所以我们这里所述的信息封建主义规划就与中世纪的封建主义发生了联系。在中世纪封建主义时代，封建地主与封建农奴处于严重的不平等地位，大部分卑微的封建农奴受制于封建地主的私有权，而这种私有权来源于封建地主对土地的所有权。当封建地主建立包含有税收、法庭和监狱的封建采邑制度时，这种私有权实际上成为统治权。信息封建时代，产权的重新分配包括作为智力公共财物的知识财产转移到私人手中。所谓私人，就是指传媒联合大企业及综合性的生命科学公司，而不是单个科学家和作者们。我们认为，这样做的结果就是将私有垄断权提高到一个危险的全球化的高度，而此时，全球化的力量从某种程度上削弱了国家的作用；降低了国家保护其公民免受行使私有垄断权影响的能力。正因为古罗马丧失了保护其公民的能力，才为社会关系封建化提供了重要条件"①。

　　法律文化帝国主义是魏森教授提出来的。魏森教授针对近年来国内外理论界对文化帝国主义的研究盛行但又缺乏对其含义统一界定的这一现象，提出"无论对'文化'一词做何理解，一国既存的各种社会制度都难以被排除在'文化'的范畴之外。法律制度作为这些具体制度之一，同样应作为一国文化的重要组成部分。因而，法律文化帝国主义是指在法律领域存在的各种文化帝国主义现象。事实上，文化帝国主义现象在法律领域不仅存在，而且表现得十分露骨"②。

　　"知识产权霸权主义是指以美国为首的西方发达国家以发端于西欧的知识产权观念为基础，并且往往依托知识产权国际公约，与其在全球范围内推行的霸权主义政策相呼应，对外特别是对发展中国家和落后国家强制推行高水平、高强度的知识产权保护政策，并据此展开法律、经济、贸易和其他领域内的强制行动。知识产权霸权主义是国际领域中继人权之后出现的又一个不容忽视的霸权主义现象。"③

---

　　①　[澳]彼得·达沃豪斯、约翰·布雷斯韦特：《信息封建主义》，刘雪涛译，知识产权出版社 2005 年版，第 2—3 页。

　　②　魏森：《法律文化帝国主义研究——以中国知识产权立法为中心》，《法商研究》2009年第 3 期。

　　③　李扬：《知识产权霸权主义与本土化应对》，《法商研究》2005 年第 5 期。

　　本书认为：用信息封建主义来指称知识产权领域的霸权现象有过于严厉之嫌：其一，信息封建主义并不能准确地描述知识产权起核心作用的现代知识经济社会；其二，即便是当代全球的知识产权保护标准存在过高的嫌疑和现实，但这并不能把我们带回到欧洲中世纪的封建奴役时代。对于法律文化帝国主义这一术语，因为"'文化'这一概念的内涵难以界定，理论界也缺乏对'文化帝国主义'含义的统一界定……但国内外理论界对文化帝国主义现象的关注点还是颇为集中的，即主要关注文学艺术、娱乐消费以及与此密切相关的传播媒介领域的帝国主义现象"①。分开来看，"文化"与"帝国主义"本身就是复杂而争议颇大的词，"文化"与"帝国主义"连用，进一步扩张了原来就难以界定的意义。文化帝国主义是属概念，法律文化帝国主义是种概念，属概念的含义没有统一的界定，种概念本身的含义也就难以厘清，如果使用了这样一个本身含义模糊不清的术语，必定会造成学术讨论和研究的混乱。知识产权霸权主义以"主义"结尾，以"某某主义"的形式出现的名词更多地意味着一种信念或意识形态，而不是简明直接的事务状态。② 霸权主义是指"使用强权胁迫及其损害他国利益的手段追求霸权、维持霸权的指导思想、行为和政策"③。综上所述，本书摒弃信息封建主义、法律文化帝国主义、知识产权霸权主义这三个术语，而选择使用知识霸权这一术语。

（二）知识霸权的内涵界定

　　霸权是国际关系和国际政治中的概念。霸权观念与行为由来已久，美国著名国际战略问题专家兹比格纽·布热津斯基（Zbigniew Kazimierz Brzezinski）认为"霸权像人类一样古老"④。《辞源》对"霸"字追根溯源："古代诸侯之长：天子衰，诸侯兴，故曰霸"，"有天下者为王，

---

① 魏森：《法律文化帝国主义研究——以中国知识产权立法为中心》，《法商研究》2009年第3期。

② James Caporaso, "International Relations Theory and Multilateralism: The Search for Foundations", *International Organization*, Vol. 46, No. 3, 1992.

③ 王辑思：《美国霸权的逻辑》，《美国研究》2003年第3期。

④ ［美］兹比格纽·布热津斯基：《大棋局——美国的首要地位及其地缘战略》，中国国际问题研究所译，上海人民出版社1998年版，第3页。

诸侯之长为霸"。① 春秋时期的管子从霸权运作的体系环境进行了分析：
"强国众，合强以攻弱，以图霸。强国少，合小以攻大，以图王。"② 研
究当代国际关系的中国学者认为战国时期的荀子已经根据国家的性质将
国家分为王权、霸权与强权三种类型，并认为"霸权是低于王权的一种
国际权力，是在君主道义达不到王者水平时通过强大实力和战略诚信而
努力获得的国际主导权"③。根据《现代汉语词典》的定义，霸权是
"在国际关系中以实力操纵或控制别国的行为"④。美国出版的《韦氏新
世界大辞典》将霸权（hegemony）界定为："领导、权威或影响，常指
在联盟或邦联中一个国家或政府的政治支配地位。"⑤

　　霸权一词在中西方语境中是有语义差异的。在中国人眼中，霸权首
先是一种"行为"，一种主观决定的政策，而不是指一种客观态势，于
是有"称霸""争霸"的说法。霸权一词含有强烈的贬义，让人联想到
称王称霸、专横霸道、倚强凌弱的做法。将霸权当作"主义"来推行，
就带有更加严重、恶劣的性质。所以，我们常常声明，无论将来中国如
何强大，"中国永远不称霸"⑥。英文中的 hegemony 则是源于古希腊语
hegemonia，没有明显的贬义，常作为中性词使用，原意指的是城邦联盟
的领导者，这种领导地位意味着可以组织动员联盟财力和指挥联盟军
队，但并不包含对联盟成员内政的永久政治权力。后来指某个国家、国
家集团或政权所处的超群的优势地位或能力，而不是指一种行为或政
策。hegemony 有"支配"的含义，但很难体会出"横行霸道"的味道。
一般英文词典上没有"霸权主义"（hegemonism）的词条，西方学术专
著也很少使用"霸权主义"这个概念。⑦ 美国学者约瑟夫·奈（Joseph
S. Nye）在其《美国实力的悖论：为什么世界上唯一的超级大国无法单
独行动》（*The Paradox of American Power*：*Why the World's Only Superpower*

---

① 《辞源》（修订本），商务印书馆 1979 年版，第 1818—1819 页。

② 龙汉宸等编著：《管子·霸言二十三》，燕山出版社 1995 年版，第 120 页。

③ 阎学通、徐进等：《王霸天下思想及启迪》，世界知识出版社 2009 年版，第 14 页。

④ 中国社会科学院语言研究所词典编辑室编：《现代汉语词典》，商务印书馆 2002 年版，第 21 页。

⑤ *Webster's New Universal Unabridged Dictionary*，New York：Dorset & Baber，1979，p. 841.

⑥ 王辑思：《美国霸权的逻辑》，《美国研究》2003 年第 3 期。

⑦ 同上。

Can't Go It Alone）这本著作中谈道："'霸权'是俄罗斯、中国、中东、法国和一些其他国家的政治领导人不时使用的一个责骂用词。在美国的软实力影响大的国家里，这个词不经常使用，使用中也没有那么多的贬义。如果霸权意味着有能力强行制定或者至少支配国际关系中所使用的规则和安排的话，那么今天的美国很难说是霸主。……如果更谨慎一点，把霸权界定为一个国家比其他国家拥有多得多的资源及能力的一种局面，那么它仅仅表示美国的优势，而并非一定表示支配和控制。"① 可见，约瑟夫·奈也把霸权描述为一种能力或地位，而不是一种愿望或政策，他认为"霸权"不一定是贬义。本书是在中国语境下研究知识霸权问题，当然是遵照中文语境的习惯使用霸权一词，认为霸权指的是一个或数个国家有能力强行制定或者支配国际关系中所使用的规则和安排的行为。

　　知识霸权是与以往的军事霸权、经济霸权、政治霸权、文化霸权等相对应的。知识霸权这个概念是方兴东首先提出的，他将"信息时代知识霸权的典型形象"界定为："完全是基于自己、在市场上的强大控制权，而竭力谋求自己利益的结果，无须顾及需求方（用户）的要求和竞争（整个市场和产业）的存在。……用一句话来说，霸权的本质就是掠夺，尤其是对弱小者的掠夺。"② 但是对知识霸权从法学角度进行界定和系统理论分析的是齐爱民教授。齐爱民教授认为："'知识霸权'是指在一个或者数个国家或者国际组织的影响下，由知识产权国际规则或者国内立法所确立的、超出正当性界限的知识产权及其权能……简单一句话，知识霸权就是通过法律规则形式确认的不具有正当性的知识产权内容。"③ 综合以上观点，本书将知识霸权的内涵界定为：一个或数个发达国家依托知识产权国际条约的形式，将自己的意志、原则或规则强制性地推行，迫使发展中国家和落后国家接受高水平、高强度的、超出正当性界限的知识产权内容，并使其相关国内立法与之相适应的霸权行为。从这个意义上讲，在一个国家范围内，并不存在知识霸权。

---

　　① 参见王缉思《美国霸权的逻辑》，《美国研究》2003 年第 3 期。

　　② 方兴东：《"维纳斯"计划的台前幕后》，《南方周末》1999 年 3 月 12 日第 12 版。

　　③ 参见齐爱民《论知识霸权——以国家知识产权战略的制定和实施为视角》，《苏州大学学报》（哲学社会科学版）2009 年第 2 期。

二 知识霸权的法律特征

特征是一事物区别于其他事物的标志。法律特征是具有法学意义的特征。知识霸权的法律特征，是指从法律视角、用法律规则审视知识霸权所做出的特征揭示。知识霸权具有两个明显的法律特征[①]：

(一) 形式上的合法性

这里的合法性是"'合法律性'，即狭义的合法性，是指行为或状态的存在符合法律的规定"[②]。"合法性（legality）是一个法律实证主义的概念，是以符合实定法的规范原则为标准，在一般情况下为社会生活提供着特定意义上的正当性证明。……合法性观念追求的则是现实的确定性、稳定性、可操作性，唯一的和最后的依据就是实在法规范。"[③]知识霸权是通过制定规则的形式来确认知识产权内容的，这种形式在国际层面体现为双边条约和多边条约，尤其是多边条约，在国内层面体现为各国的知识产权国内立法。1986 年 3 月 21 日签订的《关于国家和国际组织间或国际组织相互间条约法的维也纳公约》第 2 条规定："条约"是指（1）一个或一个以上国家和一个或一个以上的国际组织间，或（2）国际组织相互间，所缔结的以国际法为准的国际书面协议，不论其载于一项单独的文书或两项或两项以上相互有关的文书内，亦不论其特定的名称为何。西方发达国家通过双边和多边条约这种以国际法为准的国际书面协议的形式推行其知识产权制度。TRIPS 协议的通过和实施就是西方国家以多边条约为手段在知识产权领域推行霸权的集中体现。国家参加或缔结了国际条约后，就成为条约的缔约国，就承担相应的条约义务，就要根据条约的规定，进行相应的立法或修法活动，使本国的国内法与条约的规定、精神相一致。所以从形式上看，知识霸权是没有任何非法因素的，是完全合法的。

(二) 实质上的非正当性

正当性（legitimacy）是一个法哲学、政治哲学的概念，来源于自然

---

① 参见齐爱民《论知识霸权——以国家知识产权战略的制定和实施为视角》，《苏州大学学报》（哲学社会科学版）2009 年第 2 期。

② 参见刘杨《正当性与合法性概念辨析》，《法制与社会发展》2008 年第 3 期。

③ 同上。

法传统，一般是为法律、法治及统治秩序寻求道德论证。正当性要求追问的彻底性，因而具有彻底的批判精神，在自然法背景下，正当性往往将其来源和根据指向某种超验的存在：logos、自然、理性、上帝、道德、正义，这些都是正当性的符号。对于正当性来说，重要的是其如何有效证明或辩护的问题，侧重于理性反思的层面。① 虽然知识霸权从形式上看没有非法因素，但探究其具体内容，就会发现它实质上是非正当的。知识霸权表现为知识产权权利内容的无限扩张，这种扩张要么是超过知识产权的正当性界限，要么是将非知识产权权利内容纳入知识产权中。

合法但不正当，隐含着知识霸权存在严重的正当性危机。也正是由于知识霸权形式上合法、实质上非正当，所以它与政治、经济、军事、文化霸权相比具有相当程度的隐蔽性、欺骗性和侵略性。知识霸权的侵略性使对抗知识霸权尤为必要和紧迫，知识霸权的隐蔽性和欺骗性使对抗知识霸权变得更加困难。

三　知识霸权与相关概念之辨析

（一）知识霸权与知识产权滥用

虽然知识产权滥用这个术语使用的频率很高，但不论在国际法中，还是在世界各国的国内法中，这个概念还没有非常特定的内涵。在我国现有的知识产权有关法律、法规中，没有专门的知识产权滥用概念，学者对此有相关的论述，但并未形成统一的认识。由郑成思先生起草的《民法典·知识产权篇（专家意见稿）》第 22 条规定："知识产权的权利持有人不得滥用权利，尤其不得借助知识产权在转让中实施不合理的限制贸易行为。""本条来自世界贸易组织《与贸易有关的知识产权协议》第 8 条第 2 款。该条第 1 款是国际组织对成员的一种希望、愿望的语气，难以搬入国内法。而第 2 款关于禁止知识产权权利人滥用权利，则是各国立法中均应注意到的。"② 可见，该条所指的知识产权滥

---

① 参见刘杨《正当性与合法性概念辨析》，《法制与社会发展》2008 年第 3 期。

② 郑成思：《民法典（专家意见稿）知识产权篇第一章逐条论述》，《环球法律评论》2002 年秋季号。

用主要是指知识产权许可合同中的滥用。吴汉东教授认为：知识产权滥用的产生，应是权利行使方式的不当所导致的，这是知识产权法本身所无法解决的问题，而应由反不正当竞争法来调整。知识产权滥用是以享有知识产权为前提的，故而滥用行为是行为方式违法，并非权利内容违法。① 王先林教授认为："知识产权滥用，是相对于知识产权的正当行使而言的，它是指知识产权的权利人在行事权利时超出了法律所允许的范围或者正当的界限，导致对该权利的不正当利用，损害他人和社会公共利益的情景。"② 知识产权滥用，是知识产权人在行使知识产权时对外界造成了非法影响，无关知识产权本身。知识产权权利本身是法定的，不存在滥用的可能，如果权利本身不合理，就会在权利限制部分加以明确规定，这就是为什么在知识产权法中没有专门规定知识产权滥用的内容，而仅规定"禁止权利滥用"的原则。知识产权滥用，其实是民法中禁止权利滥用原则的下位原则，是禁止权利滥用原则在知识产权领域的体现。③

本书认为知识产权滥用就是知识产权权利人在行使知识产权权利时，虽然没有超出知识产权本身的界限，但却违背了知识产权制度的主旨，危害了其他人的正当权益和社会公共利益，被认定为违法或无效，应当予以禁止，权利人应受处罚或应对受害人赔偿的行为。由于知识产权权利包含实体性权利和程序性权利，所以知识产权滥用也包含实体性权利的滥用和程序性权利的滥用。知识产权滥用行为的成立条件，应当包括：行为人享有合法的知识产权；行为人的行为超出了知识产权制度的主旨范围；行为人的行为造成了对他人合法权益或社会公共利益的损害；行为人的行为违反了法律的规定或被司法机构认定为不合理；行为人的行为应当被禁止，行为人应受处罚或对受害人赔偿。④

---

① 参见吴汉东等《知识产权基本问题研究》，中国人民大学出版社 2005 年版，第821 页。

② 王先林：《知识产权与反垄断法——知识产权滥用的反垄断问题研究》，法律出版社2001 年版，第 92 页。

③ 参见武长海《论知识产权滥用的法律规制——以民法基本原则之权利不得滥用为视角》，博士学位论文，对外经济贸易大学，2007 年，第 58 页。

④ 同上。

知识霸权和知识产权滥用是比较容易混淆的一组概念。这两个概念之间是既有联系又有区别的。二者的相互联系表现在：二者的前提相同。不管是知识霸权还是知识产权滥用，都是以合法有效的知识产权存在为前提的。另外，二者的终极目的相同。知识产权滥用和知识霸权的终极目的都是想要通过知识产权这个桥梁控制市场，追求高额的垄断利润。但二者的区别是十分明显的，具体体现在：首先，二者的表现形式不同。知识霸权以双边条约、诸边条约、多边条约的合法形式存在，行使知识霸权的行为不构成侵权；而知识产权滥用行为是非法的，各国都有相应的法律制度来规制知识产权滥用行为。其次，二者的防范方式不同。防范知识霸权主要是国家的任务。国家应该积极争取制定国际知识产权规则的领导权，通过制定新的具备正当性的知识产权国际规则逐步消除已经存在的知识霸权，并防止新的知识霸权的形成。而对于知识产权滥用之禁止，则是当事人的责任，受到权利滥用侵害的当事人依照自己的判断，实施一定的行为对抗权利滥用或者通过私力救济和公力救济获得补偿。最后，二者的法律后果不同。由于知识霸权形式上合法，因此对知识霸权的行使，在个案中行为人不承担不利法律后果；对于知识产权滥用，知识产权权利人必须承担不利法律后果。[①]

（二）知识霸权与知识产权弊端

"知识产权弊端是指知识产权制度本身带来的风险或者不利因素。"[②] 知识产权和物权不同，它有可能会引发社会风险。知识产权弊端具体表现在两个方面：一是市场乃至政府被"劫持"。知识产权制度通过对有疑问的资源的确权，将权利人置于支配市场的地位，结果是竞争受到损害，所以如果互联网上交易的基本方法受制于专利，那么无论是通过缴纳专利许可费，还是在现有的专利基础上进行发明或者使用效率较低的方法，都会增加交易成本，因为市场被垄断了。并且我们看到，存在政府被"俘获"的现象。[③] 物权是对物的支配，知识产权在一

---

① 参见齐爱民《论知识霸权——以国家知识产权战略的制定和实施为视角》，《苏州大学学报》（哲学社会科学版）2009 年第 2 期。

② 齐爱民：《知识产权法总论》，北京大学出版社 2010 年版，第 220—221 页。

③ 参见［澳］彼得·达沃豪斯、约翰·布雷斯韦特《信息封建主义》，刘雪涛译，知识产权出版社 2005 年版，第 3 页。

定程度上是对思想的法律控制；物是确定的，物的存在与不存在，价值有无和大小，一般而言都比较容易确定，而知识产权往往是经过几个专家评议后，国家对此进行确认，将这种表达出来的"思想"赋予财产的地位。也就是说，如果评审专家的评审出了偏差，那么被确认的财产实际上并不是真正的财产，或许是他人的，或许是公共的，等等。在这种情况下对市场进行的控制，显然是对正常经济秩序的损害，于是，对社会而言，知识产权是一种有风险的权利，它可能劫持市场乃至政府。二是威胁自由。如果由于围绕所要使用的蛋白质分子周围有太多的知识产权，而使科学家们不再去研究蛋白质分子的时候，此时基本的自由，即研究的自由就受到了干涉。由于我们大多数人并不研究蛋白质，可能知识产权带来的牺牲自由的代价对我们而言似乎很遥远。[①] 但公共研究项目关注的是有关疾病和健康等关涉人类生存的重大事项，能够使健康权、获得食物权等具体的基本人权得以实现，是人类战胜疾病和获得粮食等都必需的。当拥有庞大专利组合的公司向从事公共研究项目的科学家们发出专利战的威胁而迫使他们放弃了这些研究项目时，这种对专利的保护就减少了公众的自由权；当著作权人威胁音像技术的生产商们要提高图书馆和大学教材的价格时，当著作权人通过超长的著作权保护期限而使公众无法得到更多的资料时，公众能够交换、获得和讨论信息的自由和利益就受到干预。知识产权制度本身对基本权利和自由的威胁不是显而易见的，这些威胁建立在不断积累的限制基础上，而这些限制又都隐藏在专业的技术规则、高深的法学理论以及复杂的政治体制的背后，非常不容易被察觉到，而且这些限制都被保护发明人、作者的权利及促进技术创新的需要等这些表面上似乎非常具有说服力的理由所掩盖了。[②] 从这一点上看，知识产权有可能带来威胁自由并从而威胁人类生活的风险。

　　知识霸权不同于知识产权弊端，所以我们对待二者的方式截然不同。知识产权弊端根植于知识产权制度本身，有知识产权制度就有知识

---

① 参见［澳］彼得·达沃豪斯、约翰·布雷斯韦特《信息封建主义》，刘雪涛译，知识产权出版社2005年版，第3页。

② 同上书，第3—4页。

产权弊端，知识产权弊端永远是伴随着知识产权制度的。因此，我们必须正视知识产权弊端不会清除的现实，我们应该通过完善知识产权法律制度和执法环节，尽量减少弊端发挥作用的机会。而对于知识霸权，我们是绝对不能容忍的，是应该坚决予以消除的，并且是可以消除的。因为知识霸权是极少数国家刻意追求的结果。消除知识霸权的基本途径就是修改法律，包括国际法和国内法。

（三）知识霸权与知识产权垄断、不正当竞争

垄断一词源于孟子"必求垄断而登之，以左右望而网市利"。"原指站在市集的高地上操纵贸易，后来泛指把持和独占。"① 经济学上的垄断是指在市场经济条件下，一个或多个企业对于特定市场的独占。经济学主要关注垄断作为市场结构的方面。正是从这个意义上，微观经济学一般将市场结构分为完全竞争市场、完全垄断市场、不完全竞争市场（垄断竞争市场）和寡头垄断市场。而法学上定义垄断则是要明确应予禁止的行为的范围以及执法机关应如何操作。各国反垄断法中并没有关于垄断的一般性定义，而是根据各自需要解决的主要问题侧重从某个方面或者角度对相关问题加以规定。但是受到法律禁止或限制的垄断肯定是实质性限制竞争且具有违法性的那些状态或行为，这是各国法律的共通点。"垄断是指企业或其他组织单独或者联合起来采取经济的或者非经济的手段，在特定市场实行排他性控制，从而限制或阻碍竞争的状态或行为。它不仅表现为实质性限制竞争的状态（垄断状态），而且更多地表现为各种实质性限制竞争的行为（垄断行为）；它可以是单个企业的单独行为，也可以是两个或两个以上企业之间的联合或者默契行为；它可以是企业或者其他市场经营主体以经济手段追求或滥用垄断地位的行为，即所谓的经济性垄断，也可以是非市场经营主体以非经济手段（超经济手段）从事的垄断行为，即所谓的行政性垄断。"② 从各国实际情况来看，垄断行为是反垄断法的主要规制对象，在多数国家还是唯一的规制对象。我国《反垄断法》规制的也是垄断行为，而不是支配地位。所以，本书将知识产权垄断界定为：知识产权优势企业或知识产权

---

① http：//baike. baidu. com/view/34988. htm.

② 漆多俊主编：《经济法学》，高等教育出版社2007年版，第112页。

人单独或联合起来采取经济的或者非经济的手段，在特定市场实行排他性控制，从而限制或阻碍竞争的行为。从某种程度上而言，知识产权就是法律赋予权利人的"法定垄断"，和不正当地获得市场地位的"垄断"不能等同。本书所说的知识产权垄断指的是不正当地获得市场地位的垄断。

不正当竞争是一个内容广泛、性质不易确定的概念，因而众说纷纭，莫衷一是，被外国一些学者比喻为外形千变万化的"海神"或"模糊而变幻不定的云彩"。无论是从学界使用概念的情况还是从各国立法的情况来看，不正当竞争的概念都存在广义和狭义之分。广义上的不正当竞争包括垄断在内，而狭义上的不正当竞争则是与垄断并列的。目前在狭义上理解和运用不正当竞争的概念已逐渐成为共识。

1883年的《巴黎公约》在其1925年的海牙修订本第10条之二规定："凡在工商业活动中违反诚实经营的竞争行为即构成不正当竞争行为。"这已成为公认的关于不正当竞争的经典性定义。在《WIPO1996年关于反不正当竞争保护的示范规定》中，其第1条第1款除规定其基本保护之外，还仿效《巴黎公约》的第10条之二第2款，对不正当竞争行为规定了总定义："凡在工商业活动中违反诚实的习惯做法的行为或做法构成不正当竞争行为。"① 各国立法对不正当竞争的界定在表述方式和侧重上不完全一致，一些国家的法学理论中关于不正当竞争的定义是多种多样的，但是它们在实质内容和基本精神上是基本一致的，都包含了与以诚实信用为核心的商业道德相悖这样的基本要素。

通过比较、分析国内外的立法和学说，特别是根据我国《反不正当竞争法》的有关规定，可对不正当竞争做如下界定，即不正当竞争是指在市场交易中，采取一切违反诚实信用原则或其他公认的商业道德的手段，损害其他经营者、消费者合法权益或者社会公共利益，扰乱市场竞争秩序的行为。因此，不正当竞争的范围比较广泛，既包括其他法律、法规中已有明文规定的行为，也包括其他有关法律、法规中没有明文规定的行为，只要它在实质内容和基本精神上是与诚实信用原则或其他公

---

① 郑成思主编：《知识产权研究》（第六卷），中国方正出版社1998年版，第276、287页。

认的商业道德相违背的。①

知识霸权与知识产权垄断、不正当竞争既有联系又有区别。它们的联系表现在：

第一，对待它们的态度是基本相同的。知识霸权对发展中国家产生的负面影响是巨大的，是危害发展中国家技术进步和发展的最大危险，所以对知识霸权是应该坚决予以反对和抵制的。知识产权垄断会限制和阻碍竞争，对其他市场主体的经济利益和市场竞争秩序造成损害，也是受到法律禁止或限制的。不正当竞争行为的具体表现是多种多样的，但这些行为的实质都是不劳而获，与市场经济中诚实信用原则和其他公认的商业道德的要求相背离。不正当竞争行为不仅对竞争对手的利益会造成损害，而且会损害交易相对人尤其是消费者的利益，还使公平竞争的市场秩序受到破坏，也是受到法律禁止的行为。

第二，都以经济利益为驱动。知识霸权就是在发达国家利益集团的积极推动下产生的，是为了维护发达国家以知识产权为基础的企业的经济利益。知识产权垄断是知识产权优势企业或知识产权人为了攫取高额利润而实施限制或阻碍竞争的行为。市场主体采取不正当竞争行为也是为了获取经济利益。所以知识霸权与知识产权垄断、不正当竞争都是在经济利益的驱动下所为的。

知识霸权会导致垄断，但它却不同于垄断，也不同于不正当竞争：

首先，它们的性质不同。知识霸权是国际或国内立法上确立的知识产权内容，是以合法形式存在的，行使知识霸权的行为不构成非法；而不正当地获得市场地位的垄断则是各国法律中都明确禁止的，是非法的。不正当竞争则不但违反法律，还违反诚实信用原则或其他公认的商业道德。

其次，它们的主要表现形式不同。知识霸权的主要表现形式有两种：一是将非知识产权权利内容作为知识产权权利内容加以规定；二是将知识产权权利内容进行夸大，超过正当性界限。而知识产权垄断则主要表现为具有排除、限制竞争效果的经营者集中或经营者滥用市场支配地位。不正当竞争的典型行为有假冒仿冒行为、商业贿赂行为、虚假宣

---

① 参见漆多俊主编《经济法学》，高等教育出版社 2007 年版，第 147 页。

传行为、侵犯商业秘密行为、不当有奖销售行为、商业诋毁行为。①

最后，它们所属的范畴不同。知识霸权主要是国际法中所涉及的问题，其和国际政治有很大的关联，当然其在国内立法中也有体现，所产生的危害也主要是及于主权国家层面的；而知识产权垄断、不正当竞争则完全是国内立法和司法中涉及的问题，所产生的损害也是对其他市场经营主体以及消费者经济利益的损害。

举一个例子也许更能浅显易懂地说明知识产权、知识霸权、知识产权滥用、知识产权垄断、不正当竞争之间的关系。比如：美国高通公司利用其在 CDMA 技术领域享有知识产权获得丰厚的利润，属于知识产权的正当行使；如果高通公司为了获取额外的利润而主张所有的 CDMA 手机的生产都必须由其"监制"，并提出知识产权"监制权"，进而通过游说美国政府而使"监制权"成为 TRIPS 协议规定的专利权中的一项内容，则此情形为知识霸权；如果高通公司凭借其知识产权人地位，在向电信设备制造商发放 CDMA 专利许可时肆意决定显失公平的高额专利使用费用，就是知识产权滥用；② 如果高通公司与市场上其他的 CDMA 手机生产商联合起来达成协议，对 CDMA 手机实施固定的销售价格、划分 CDMA 手机的销售市场、限制 CDMA 手机的产量、排挤其他手机生产商，就是垄断；如果高通公司在向电信设备制造商出售 3G 芯片时违背它们的意愿，搭售高通公司生产的其他数字无线通信产品，这就属不正当竞争行为。

小　结

全球化是一种渐变的过程。全球化首先是经济全球化，经济全球化导致知识产权全球化，并进而导致知识产权非理性扩张，形成知识霸权。TRIPS 协议是知识霸权的起点，TRIPS-plus 协议是知识霸权的继续发展。用信息封建主义来指称知识产权领域的霸权现象有过于严厉之

---

① 参见漆多俊主编《经济法学》，高等教育出版社 2007 年版，第 158—167 页。
② 参见齐爱民《论知识霸权——以国家知识产权战略的制定和实施为视角》，《苏州大学学报》（哲学社会科学版）2009 年第 2 期。

嫌，而法律文化帝国主义本身含义模糊不清，知识产权霸权主义则更多地意味着一种信念或意识形态，而只有知识霸权这一术语能够阐明知识产权领域中的霸权现象。知识霸权指一个或数个发达国家依托知识产权国际条约的形式，将自己的意志、原则或规则强制性地推行，迫使发展中国家和落后国家接受高水平、高强度、超出正当性界限的知识产权内容，并使其相关国内立法与之相适应的霸权行为。从法律视角对知识霸权做出的特征揭示表明，它形式上合法但实质上不具有正当性，与政治、经济、军事、文化霸权相比，它具有相当程度的隐蔽性、欺骗性和侵略性，也使我们反对它的任务变得相当艰巨。知识霸权与知识产权弊端不同，与知识产权滥用行为不可同日而语，更不能将其和知识产权垄断、不正当竞争画上等号。

第三章 国际知识产权制度正当性的标准

正当性的评价对象范围极为广泛，并不局限于某一具体学科。"正当性问题作为政治学的中心问题，并不是排斥任何其他学科的专有物。哲学、政治科学、法律、社会学和政治人类学都把它作为一个特别的研究对象。"① 本部分意在从法哲学的角度对国际知识产权制度的正当性进行分析，以便确立一个标准来对知识霸权的非正当性进行度量。

第一节 正当性的概念解析

正当性对应的英文是 legitimacy，它来源于拉丁文 legitimare，反义词是 illegitimacy（非正当性）。据高鸿钧先生在其著作《现代法治的出路》中分析，古语中，"正""当"二字通常分别使用，"正"的词义有"不高不下""不歪不斜""公平合理"等含义；"当"则有"对等""适宜""应该"等含义。"正"与"当"二字组成并列词"正当"，意指"相当相称""正确适宜"等。正当一词的现代用法除了有古义的方面，其新意指人们基于特定价值尺度对社会秩序、政治法律制度以及人的思想行为等所做的正面判断。即符合某种价值标准的制度或行为是具有正当性的。②

正当性概念极其复杂，一则是因为它有庞大的相近或相关的概念群，正当性的同义词或近义词有正确性、恰当性、合理性、理性、正义、证成性、合法性、有效性、权威性等，正当性的关联词有可接受

---

① Jean-Marc Coicaud, *Legitimacy and Politics*: *A Contribution to the Study of Political Right and Political Responsibility*, Cambridge: Cambridge University Press, 2002, p. 10.

② 参见高鸿钧《现代法治的出路》，清华大学出版社 2003 年版，第 67 页。

性、稳定性、强制性等；二则是因为这些概念之间的关系是深嵌到学术史中的。① 美国著名学者罗尔斯（John Rawls）曾企图简化概念，一统天下，他建议以他所定义的"正义"概念代替以往的各种正当性观念。② 简单地以正义概念替代正当性概念，从理论上来说或许有一定的优越性，但是却不能解释正当性概念的各种流变，因此不足为取。正当性概念是贯穿法哲学主要问题的一条重要线索，随着法哲学的发展，正当性概念也经历了从古代自然法到近代理性法、道德法以及法律实证主义的合法性观念的演变。

一　自然法中的正当性

在西方思想传统中，法的正当性问题一向都是由自然法进行说明的。自然法被称为法学中的"不死鸟"（phoenix），它是西方文明的一个根本性的观念。德国法学家拉德布鲁赫（Gustav Radbruch）说："从其发端到 19 世纪初叶，所有的法哲学理论都是自然法学说。"③ 自然法思想对西方、对整个人类的历史都产生了巨大而深远的影响。自然法自古希腊时代就开始发展，其后经过古罗马、中世纪，19 世纪中期在西方大多数国家处于低潮，20 世纪初再度复兴。它与西方现代以来兴起的实证主义思潮一直处于争论状态中，但始终不曾退出历史舞台，至今仍对法律的发展起着举足轻重的作用。就连一生致力于抨击自然法思想的学者 Karl Bergbohm 也不得不承认："一切人，生来都是自然法学者。原因无它，正是因为自然法是人类希望追求的绝对正义与真理。"④

与苏格拉底（Socrates）同时代的智者学派明确地讨论了"自然说"和"约定说"。"自然"是来自自然哲学的本原观念，特指人类本性。自然说认为人应当按照自己本性决定自己命运，不应受外在法律和习俗

---

① 参见刘杨《法律正当性观念的转变——以近代西方两大法学派为中心的研究》，北京大学出版社 2008 年版，第 46 页。

② ［美］罗尔斯：《正义论》，何怀宏译，中国社会科学出版社 1988 年版，第 105—106 页。

③ ［德］拉德布鲁赫：《法哲学》，王朴译，法律出版社 2005 年版，第 17 页。

④ 参见李志贤《欧洲自然法之演变：以圣汤玛斯·阿奎纳斯为中心》，硕士学位论文，南华大学欧洲研究所，2003 年，第 1 页。

的约束。约定说强调人和动物、社会和自然物的区分，主张用社会力量约束和改善人的本性。智者学派认为道德、法律都是约定性的，法是由弱者、大多数人制定的，用来约束强者的东西，这是与自然正义原则相对立的。因此应当遵循自然行事，依据自然法规。① 智者学派激发了人们的思想，要求哲学、宗教、习俗、道德以及建立在它们之上的制度来辨明自己的合理性。古希腊时期的亚里士多德（Aristotle）认为"自然"概念是追求真实、至善的本质，而人的自然本性则是寻求自我满足与幸福，所以人类世界的法律是一种有助于朝向良善生活的正当标准。② 对"自然"概念的深刻理解，开始显示出对国家、法律的正当性的思考和批判态度。罗马法学家西塞罗（Cicero）深受斯多葛学派观点的影响，主张真正的法律是一种放之四海皆准的正义理性，不合正义的法律，难称其为法律。欧洲中世纪时期，自然法观念与基督教神学相结合，托马斯·阿奎那（St. Thomas Aquinas）是这一时期最伟大的代表人物。他建构了一套具有阶层关系的法律体系，即将法律划分为永恒法、自然法、神法和人法，人法不得与道德理性或自然法相抵触，否则根本不具备法律的性质。③ 自16世纪起，自然法转而以人的理性或自然权利为依据。格劳秀斯（Hugo Grotius）主张自然法是产生于人的社会本性，自然法的规范原则就是具有永久性和普遍性的正义原则。④ 总之，传统自然法⑤理论认为法律的目的就是实现自然的正义，是道德与理性的体现，其元素包括自由、权利、理性、秩序等，都表明法律是经由客观道德价值推演而得的规范，法律本身必须符合道德才具备正当性。可见，传统自然法总的思想观念是倾向于诉诸"自然""宇宙"来解释人类事务的正当性，借助从"是"到"应当"的推导完成实定法的正当性论证，即人定法来源于、符合自然法，因而是正当的。

---

① 参见刘杨《法律正当性观念的转变——以近代西方两大法学派为中心的研究》，北京大学出版社2008年版，第81页。

② 参见颜厥安《再访法实证主义》，载《法理学论丛——纪念杨日然教授》，元照出版有限公司1999年版，第544—554页。

③ 参见〔美〕E. 博登海默《法理学：法律哲学与法律方法》，邓正来译，中国政法大学出版社1999年版，第28—31页。

④ 同上书，第42页。

⑤ 传统自然法指自然法的古代形态，包括古希腊、古罗马和中世纪的自然法思想。

正当性作为一种理论体系，则是西方步入近现代社会以来的事情。"近现代以来的西方哲学家关于道德价值、社会建制的正当性的思考，实质都是从'休谟问题'开始的。"① 近代西方哲学以"休谟问题"②为开端，正当性的自然法观念受到挑战和质疑。"休谟问题"从形式逻辑的角度证明传统自然法的正当性解释进路存在谬误，近代哲学世界观出现了价值与事实、人与自然、自由性与因果性的断裂，随即提出了一个严峻的问题：人类还能否以及怎样建立法律、政治等一切社会建制的正当性？这时，道德法成为近代以来占主流地位的正当性解释根据，大致有两种思想倾向，其一是以洛克（John Locke）为代表的由自然法转而求助自然权利（或天赋人权），侧重于从经验的角度阐述新秩序的正当性；其二则是以德国哲学家康德（Immanuel Kant）为代表的，康德对西方传统上古已有之的理性概念作出了根本性的改造和全新的创造性理解，奠定了道德、自由的理性根基，从而为政治、法律的正当性确立了新的基础。康德的理性概念有广义和狭义两种理解。广义的理性概念代表全部心灵能力，包括感性、知性和（狭义的）理性。感性是接受表象的能力，感性的形式是空间和时间；知性是思维的能力，其作用在于判断；而理性是人的一种先验的认识结构和能力。广义的理性即康德所称的"纯粹理性"。康德的狭义的理性概念是指思考无限者、无条件事物即自在之物（thing-in-itself）的能力。"康德已证明，不可能存在一个适于所有时代所有人的、在理性上可认识的自然法，一个纯粹的自然法。法的内容，至少有很多来自被康德归于实体伦理内容的经验，但他

---

① 刘杨：《法律正当性观念的转变——以近代西方两大法学派为中心的研究》，北京大学出版社 2008 年版，第 97 页。

② 大卫·休谟（David Hume，1711—1776 年）被罗素称为哲学家当中一个最重要的人物。休谟在他关注的两大领域做出了对后世有深刻影响的研究：一是认识论中的"因果关系"问题，另一个便是伦理学中的"是与应当"问题。这两者皆被称为"休谟问题"，前一个问题的知名度更高，后一个问题对实践哲学（含道德哲学、政治哲学、法哲学）有直接而深刻的影响。本书所说的"休谟问题"指第二个，即"是与应当"问题。休谟认为"是"推导不出"应当"。参见刘杨《法律正当性观念的转变——以近代西方两大法学派为中心的研究》，北京大学出版社 2008 年版，第 91—92 页。

在经验领域未做探究。"① 康德的社会契约论建立在理性概念的基础上，他认为自然状态、社会契约都是理性概念，是逻辑的假定，而非事实描述。"人民根据一项法规，把自己组成一个国家，这项法规叫做原始契约。这么称呼它之所以合适，仅仅是因为它能提出一种观念，通过此观念可以使组织这个国家的程序合法化，可以易为人们所理解。根据这种解释，人民中所有人和每个人都放弃他们的外在自由，为的是立刻又获得作为一个共和国成员的自由。"② 自然状态和社会契约都是理性的设定，用来论证国家、法治的正当性。康德证明，知识的普遍必然性来自主体，而不是作为客体的"自然"。同时，来自理性的实践法则"由于它缺乏构成法规的质料，所以它只能成为意志行为准则的形式；如果就它作为一个普遍法则来说，它又是最高法则和意志去做决定的原则。由于这些人类行为的准则或规则来源于主观诸原因，它们自身并非必然地与客观和普遍的原因相一致，因而理性只能规定出这种最高法则，作为禁止做的或必须做的绝对命令"③。康德看到了法具有道德所不可代替的属性，明确区分了"合法性"和"道德性"："一种行为与法律一致或不一致而不考虑它的动机，就是该行为的合法性；如果一种行为的义务观念产生于法规，而同时又构成该行为的动机，这种行为的特性就是该行为的道德性。"④ 合法性作为一种特殊意义上的正当性，由此登堂入室。康德的法哲学奠定了现代自然法的新基础，同时开启了法律实证主义的大门，为法律实证主义的兴起铺平了道路。

可见，按照自然法观念，正当性是有效性的根据，正当性必然导致有效性。也就是说，正当性决定有效性，不正当即无效，正当性与有效性之间是一种直线式的简单明了的关系。⑤

---

① ［德］考夫曼、哈斯默尔主编：《当代法哲学和法律理论导论》，郑永流译，法律出版社 2002 年版，第 93、97 页。

② ［德］依曼努尔·康德：《法的形而上学原理——权利的科学》，沈叔平译，林荣远校，商务印书馆 1991 年版，第 143 页。

③ 同上书，第 13 页。

④ 同上书，第 20 页。

⑤ 参见刘杨《法律正当性观念的转变——以近代西方两大法学派为中心的研究》，北京大学出版社 2008 年版，第 165 页。

二　法律实证主义的合法性

19 世纪中叶法律实证主义兴起，取代自然法成为法哲学的核心。"法律实证主义反对形而上学的思辨方式和寻求终极原理的做法，反对法理学家试图辨识和阐释超越现行法律制度之经验现实的法律观的任何企图。法律实证主义将价值考虑排除在法理学科学研究的范围之外，并把法理学的任务限定在分析和剖析实在法律制度的范围之内。"①

法律实证主义兴起之后，反对对正当性概念的形而上学的理解。与自然法学派主张"法的效力来源于法的正当性，正当即有效，正当性是有效性的充分必要条件"不同，法律实证主义认为法的有效性与正当性没有必然关系，斩断了法律与正当性的关系。法律实证主义为法的标准寻找新的基础，于是作为法律识别标准的"法的效力"或法的有效性问题，便成为法哲学的重要问题，正当性观念不再占据法哲学思想的中心。换而言之，就是法律实证主义在否定了传统的价值来源后，重新解释什么是法律。法律实证主义者认为，只有实在法才是法律，而所谓实在法，就是国家确立的法律规范。英国法学家约翰·奥斯丁（John Austin）认为法律是主权者的一种命令，主权者的崇高性决定于该主权者是否有能力去贯彻他的命令，使被统治者遵从他所颁布的实在法，服从主权者的命令就是公正，法律本身就是正义之标准，主张将法律从道德范畴中独立出来。② 凯尔森（Hans Kelsen）反对奥斯丁的命令论，认为法律规范的有效性，并非因为命令者的权力优势，而是发布规范者具有权威地位，规范才有拘束力。凯尔森认为规范是指某事应当是或应当发生，尤其是指人们应当以一定的方式行事，法律规范的特点是通过用一种强制性命令对逆向行为进行制裁的方式来规定某种行为。凯尔森主张对法律规范的有效性（validity）与实效（effectiveness）进行区分。实效是实然，指一条规范实际上被遵守和适用，有效性是应然，指一条规范应当被遵守和适用。一条规范在应然层面的效力根据，无法来自事实，

---

① ［美］E. 博登海默：《法理学：法律哲学与法律方法》，邓正来译，中国政法大学出版社 1999 年版，第 116 页。

② 参见［美］E. 博登海默《法理学：法律哲学与法律方法》，邓正来译，中国政法大学出版社 1999 年版，第 119—120 页。

而仅能来自另一个应然，另一条规范。循此概念，凯尔森将法律描述成一组具有阶层的规范，每一条规范的有效性根据，都是经由更高一层的规范所授权，如此推演下去，最终会有一个基本规范，是一切法律规范的效力基础。① 英国法哲学家哈特（Herbet L. A. Hart）也反对奥斯丁的命令论。哈特坚决捍卫"社会规则理论"，在他看来，法律的本质是社会规则，法律就是初级规则与次级规则的结合体。初级规则确定法律中的权利和义务，但因其具有不确定性、静态性和无效性的缺点，所以引入承认规则、变更规则和裁判规则这三个次级规则分别补救这三项缺点。次级规则是当官员设定、改变初级规则时需要诉诸的规则。次级规则中最关键、最重要的是承认规则，即一套权威的识别法律规则是否有效的终极标准，包括初级与次级规则在内的所有社会规则，都必须通过这个终极规则的检测认可才能取得法律效力。② 当代美国学者罗纳德·德沃金（Ronald Myles Dworkin）对哈特理论进行了最有力的批判，他所提出的"原则理论"在很大程度上否定了哈特的"社会规则理论"。该批判的核心在于：作为法律组成部分的原则是依据其自身的道德正当性而获得法律拘束力的，而这种道德正当性本身就是一种非事实性的规范规则，由于原则和规则在性质上的这种差异性，使得以社会事实出现的承认规则无法对其进行有效识别。所以，在德沃金那里，哈特的法律实证主义理论是错误的，它无法真正说明法律的有效来源，解决的办法唯有承认法律与道德之间存在着必然的联系。③ 以哈特为代表的法律实证主义在应对德沃金的理论挑战时，由于分别采取了不同的论证策略，从而导致了法律实证主义的分野。在哈特之后，法律实证主义理论内部一分为二，发展出以约瑟夫·拉兹（Joseph Raz）、斯科特·夏皮洛（Scott Shapiro）、安德烈·马默（Andrei Marmor）为代表的排他性法律实证主义和以朱尔斯·科尔曼（Jules Colema）、瓦卢乔（W. J. Waluchow）、马

---

① 参见［美］E. 博登海默《法理学：法律哲学与法律方法》，邓正来译，中国政法大学出版社1999年版，第122—125页。

② 参见［英］哈特《法律的概念》（第2版），徐家馨、李冠宜译，法律出版社2006年版，第89页。

③ 参见冯浩、陈烨《排他性法律实证主义理论的基本命题研究》，《山东社会科学》2011年第2期。

修·克雷默（Mathew Kramer）为代表的包容性法律实证主义，① 但这两派法律实证主义的发展在很大程度上都是围绕承认规则进行的。

从奥斯丁的"主权者命令"、凯尔森的"基本规范"到哈特的"承认规则"以及哈特之后围绕承认规则提出关于法的有效性问题的法律实证主义观点，法律实证主义内部尽管对法的有效性的解释存在差异，但却有共同的一点，那就是都否认正当性决定有效性的直线式关系。法律实证主义把正当性问题转化为实在法范围内的"合法性""有效性"问题，以"合法性"来诠释"正当性"。一方面，"合法性"否定了传统自然法的"正当性"观念的不确定性、非实证性等形而上学的缺陷；另一方面，"合法性"意味着法律才是实现"正当性"的可靠途径，甚至是"正当性"唯一可能的实现形式。因此，法律实证主义所主张的"合法性"是对"正当性"的扬弃。② 法律实证主义以"合法性"取代"正当性"，是从认识论、方法论的角度对正当性概念的全新理解。

三　正当性概念的正确诠释

正当性概念经历了从自然法学派的"正当性"到法律实证主义的"合法性""有效性"的历史演变，那么合法性与正当性的关系到底是怎样的？究竟该如何正确地理解正当性概念？

正当性与合法性这两个概念颇具亲缘性，以至于在中文中普遍混淆使用，使人难以辨清。在中文学术文献中，"合法性"的使用频率远高于"正当性"。合法性概念有广义、狭义之分。广义的"合法性"概念外延较大，因而含义模糊。广义的"合法性"包括：（1）"合法律性"，即狭义的合法性，指行为或状态的存在符合法律的规定。（2）"正当性""合理性"，指行为或状态的存在符合某种抽象的价值标准或道德原则。所以，"对一个行为、事件或规范进行'正当性'评估，在逻辑上可能出现四种不同的组合：（1）既合法又正当；（2）合法但不正当；

---

① 哈特在《法律的概念》（第 2 版）后记中明确支持包容性法律实证主义，他认为包容性法律实证主义是对法律实证主义的最好解释。参见［英］哈特《法律的概念》（第 2 版），徐家馨、李冠宜译，法律出版社 2006 年版，后记。

② 参见刘杨《法律正当性观念的转变——以近代西方两大法学派为中心的研究》，北京大学出版社 2008 年版，第 159 页。

（3）正当但不合法；（4）既不合法也不正当。（1）是正当性的完满状态，（2）、（3）是正当性的欠缺状态，（4）则完全不具备正当性。除（1）外，后三种都隐含着某种程度的正当性的困境或危机"。①

在现代社会中，正当性主要通过合法性来体现，合法性是正当性的重要形式，但不能等同或替代二者，因为正当性与合法性是有区别的：（1）正当性要求追问的彻底性，因而具有否定性、批判性的品格。在自然法背景下，logos、自然、理性、上帝、道德、正义等这些正当性的符号具有高度的复杂性、可论辩性、不确定性；而合法性观念追求的则是现实的确定性、稳定性、可操作性，唯一的和最后的依据就是实在法规范。（2）正当性与合法性是对立统一的。合法性是特定意义上的正当性，正当性是终极意义上的合法性。二者都是必要而不可代替的。正当性追问不可能无休无止地进行下去，它必须止于某个确定的点，以为人类社会提供实际的、可遵循的规范，此时，正当性演变为合法性；同时，合法性不能把自身作为衡量一切是非善恶的最终标准，那不仅会导致法律制度失去批判和改进的空间，而且严重者还会导致以"合法"之名的"多数人的暴政"。合法性是一种未经充分质疑和批判的有条件的正当性，正当性是一种具有彻底批判精神的高级的"合法性"。（3）合法性侧重于经验实证层面，重要的是其如何有效应用的问题，这是政治学、法学要解决的问题；而正当性则偏重于理性反思层面，重要的是其如何有效证明的问题，这是政治哲学、法哲学致力于解决的问题。②

总之，正当性与合法性概念的辨析不但使我们对正当性概念有了明晰的认识，更使我们清楚地了解到正当性概念在法哲学中的核心地位。由于正当性概念的反思性、批判性、否定性的品格，任何对正当性概念内涵的求解，都只是相对的、暂时的。我们只能在发展中对正当性概念予以动态的理解，企图追求正当性固定的、确切的含义的努力，是背离这一概念的本质的行为。正当性永远是有待进一步追求的事情，因为"所有政府的政治正义都有风险……任何人类制度……都不能保证人永

---

① 刘杨：《正当性与合法性概念辨析》，《法制与社会发展》2008 年第 3 期。

② 同上。

远制定出合法的（或公正的）法律，也不能保证公正的权利总能得到尊重"①。

第二节　正当性的标准

一项法律制度的正当与否不是简单的"是"或"否"所能回答的，正当性还有"度"的问题。判断法律制度是否正当往往存在争议，而不会那么泾渭分明，因为"正当"还是"不正当"缺乏衡量的标准，所以对法律制度进行正当与否的价值判断的前提就是要确立衡量的标准，只有标准确定了，才能知道一项法律制度是否正当，如果不正当，那么不正当的程度有多少？是根本背离还是偏离？这意味着一项法律制度从守法义务的层面看有服从或不服从两种结果，从价值判断的层面看有正当或不正当两种可能。

正当性多数专用于法哲学、政治哲学领域。正当性是在经验和理性两个维度上寻求最高的"合法性"。它是一个客观要素与主观要素相结合的、具有二元结构的概念。正当性的客观要素，意指符合某种客观标准，比如本体意义上的"理性"、自然等，这是西方古代自然法的核心诉求；正当性的主观要素，意指近代以来的正当性观念强调社会成员意志的表达，古代自然法转向近代的社会契约论（或所谓"同意理论"）集中表达了正当性观念的主观要素。正当性概念的客观要素与主观要素分别代表了正当性的两个标准，客观要素即正当性的客观标准，主观要素即正当性的主观标准。客观要素赋予正当性以真理的地位，主观要素诉诸"多数同意"的解释正当性，但多数不代表必然正确（尽管通常来说它有接近正确的最大可能性）。② 符合主、客观标准的制度或行为就是具有正当性的，反之，不符合主、客观标准的制度或行为存在着正当性的危机或正当性要素的缺乏，就是不具有正当性的或者说是非正当的。一种秩序如果因为缺乏公正性从而导致社会动荡不安、民怨沸腾，就会削弱其正当性；反之，一种秩序即使为人们设计了崇高的道德理想

---

① ［美］罗尔斯：《政治自由主义》，万俊人译，译林出版社2000年版，第442—443页。
② 参见刘杨《正当性与合法性概念辨析》，《法制与社会发展》2008年第3期。

和奋斗目标，但如果以一种未经公众认可的方式去建立和实现，也会使其正当性大打折扣。①

一　正当性的主观标准

正当性的主观标准是社会成员意志的表达，古代自然法转向近代的"同意理论"集中表达了正当性观念的主观要素。

18 世纪，以卢梭（Jean Jacques Rousseau）为代表的社会契约论的"同意"模式成为法律秩序"形式合法化"论说的代表。"同意"模式遵循了"承诺应当信守"原则："如果我不曾对一个人做过任何允诺，我对他就没有任何义务"②；换言之，"义务不能用武力强加，而总是自愿承担的。正是这一信念使得一切义务都以诺言的名义出现；一个人对自己所做的诺言理应可以信守，因为是他本人以自己的行动提出该项义务的"③。在基于"公民同意"的合法化模式中，单单形式上的公民同意就可以辩护政治或法律秩序的合法性，而根本无须诉诸其他实质性的道德评判标准。卢梭区分了象征着公共福利的"公意"与着眼于私人利益的"众意"（will of all），并认为法律的合法性就在于建立于全体公民一致同意之上的"公意"。

康德的法律合法化论说受到了卢梭"公意"模式的激励，康德继承了卢梭式"激进民主"的"自我立法"和"公意"论说。康德也强调基于"同意"的"共同联合意志"（general united will）是法律合法化的渊源："立法权只属于人民的联合意志。因为一切权利都应该从这个权力中产生，其所产生的法律不能对任何人有不公正的做法……因此，只有全体人民同时发生并联合起来的意志（亦即每个人为所有人决定同一件事，以及所有人为每个人决定同一件事），应该在国家中拥有制定法律的权力。"④ 康德诉诸契约论的"同意"甚至"公意"模式，但他

---

① 参见刘杨《正当性与合法性概念辨析》，《法制与社会发展》2008 年第 3 期。

② ［法］让－雅克·卢梭：《社会契约论》，何兆武译，商务印书馆 2003 年版，第 45 页。

③ ［美］乔治·霍兰·萨拜因：《政治学说史》（下册），刘山等译，商务印书馆 1986 年版，第 487 页。

④ ［德］依曼努尔·康德：《法的形而上学原理——权利的科学》，沈叔平译，林荣远校，商务印书馆 1991 年版，第 139 页。

对"同意""公意"的限定不同于卢梭，康德所说的"同意"是指公民基于实践理性或者自律或自主意志可能会同意。康德的法律合法化论说是通过实践理性的普遍性来确保全体人民一致同意的可能性及其结果的正当性（"公意"的正当性或正确性）。①

在利益歧异的当代社会生活中，寻求共识资源越来越难。哈贝马斯（Jürgen Habermas）认为，现代法治的根本危机在于法律本身缺乏正当性，因此解决之道在于寻求确保正当之法生成的途径，而这要求在方法论上必须从主体之间互动的角度出发。基于这种思路，哈贝马斯提出了程序主义法范式。这种程序主义法是指所有利害相关的人们借助语言交流的有效性和达成特定规范共识的可能性，通过平等、自由的理性商谈和意志协调达成规则共识，从而形成法律。② 这就是哈贝马斯的商谈民主论，其理论精髓是通过程序产生实体，诉诸理由达成共识。在这种民主中，最重要的是商谈程序的合理性和理由的可接受性，而不是任何实体价值。③ 哈贝马斯哲学本质上是一种"主体间性"（inter-subjectivity）哲学，其交往哲学和商谈理论的一个重要前提是沟通主体的平等性。④

从卢梭到康德，再到哈贝马斯，虽然他们的观点有很大的分歧，但是在关于法律合法化的问题上，他们都强调社会成员意志的表达。卢梭认为法律的合法性建立在全体公民一致同意之上的"公意"，康德主张法律合法化的渊源是基于"同意"的"共同联合意志"，哈贝马斯的商谈民主论更是强调平等的主体通过协商达成共识。"程序本身的正当性来源于承认和同意"⑤，正当性的主观标准就是社会成员意志的表达。

---

① 参见孙国东《合法律性、合道德性与合法性：对哈贝马斯商谈论合法化理论的一种解读》，博士学位论文，吉林大学，2008 年，第 96 页。

② 参见高鸿钧等《商谈法哲学与民主法治国》，清华大学出版社 2007 年版，第 305、307 页。

③ 同上书，第 9 页。

④ 参见周赟《论程序主义的合法性理论——以罗尔斯、哈贝马斯相关理论为例》，《环球法律评论》2006 年第 6 期。

⑤ 季卫东：《法律程序的形式性与实质性——以对程序理论的批判和批判理论的程序化为线索》，《北京大学学报》（哲学社会科学版）2006 年第 1 期。

二　正当性的客观标准

本体意义上的自然、理性、正义等，是西方古代自然法的核心诉求，也是正当性的客观标准。

"自然法的观念是西方漫长的历史演化中居于核心地位的基本理念，它因对人与世界的深刻认识而成为推动历史进步的内在动力，它既是人类自我理解的风向标，同时也是法治世界建构的导航器。"① 自然法从产生至今已有两千多年的历史，在这漫长的历史中，自然法的观念虽然一直处于不断发展和流变的状态中，但在这一动态的演变过程中始终都贯穿着一种精神，那就是理性。一切从理性出发是自然法观念的演变过程中最富特色的标识。在某种程度上可以说自然法的本质就是一种理性：古代自然法指的是自然的理性；中世纪神学自然法时期，所有的法律都被归因于上帝的理性；近代理性自然法时期将自然法视为人的理性的必然要求和人类之自然理性的必然选择；现代新自然法是实践理性在追求人性完善的过程中的一种逻辑选择。

尽管不同时代的不同思想家赋予了自然法观念不尽一致的含义，然而，在任何时代的自然法学家眼中，自然法都是一个能够统摄社会全部伦理价值、政治价值以及社会制度安排在内的综合性观念。这种综合性观念的本质并非实质意义上的法律，而是一种正义论、一套价值体系，其中蕴涵着理性主义、社会正义等。② 因此，自然法观念从产生之日起，便代表着一种追求绝对正义的努力，并构成了评价一切人为规范善与恶、公平与否的标准。"在自然法学家的论述中，自然法、理性、正义和法是等同的。"③ 所以，自然法所推崇的理性就是正义。自然法是自然的正义，既不能废除，也不能取消，是客观存在的。诚如孟德斯鸠（Charles Louis de Montesquieu）在其著作《论法的精神》的开篇中所说：

---

① 魏敦友：《自然法的观念——渊源、历史与逻辑》（摘要），转引自齐爱民《论知识霸权——以国家知识产权战略的制定和实施为视角》，《苏州大学学报》（哲学社会科学版）2009年第2期。

② 参见占茂华《自然法观念及其对我国当代法治建设的意义》，《法治论丛》2007年第4期。

③ 同上。

"法是由事物的性质产生出来的必然关系。在这个意义上，一切存在物都有它们的法。"① 我们追问某种制度或行为的正当性，实际上就是寻找存在于它之上的原有法，而客观标准就是理性、正义。

正义是万古长新的话题。法理学家博登海默（Edgar Bodenheimer）曾言："正义有着一张普洛透斯似的脸（a Protean face），变幻无常、随时可呈不同形状并具有极不相同的面貌。当我们仔细查看这张脸并试图解开隐藏其表面背后的秘密时，我们往往会深感迷惑。"② 古今中西学者对正义的论说纷繁复杂，但正义问题至今还是一个未获解决的问题。柏拉图（Plato）认为："各守本分、各尽其职就是正义"，乌尔比安（Domitius Ulpianus）认为："正义就是给每个人以应有权利的稳定的永恒的意义"，凯尔森认为："正义是一种主观的价值判断。""罗尔斯的正义观念是由两个基本原则构成的：第一个原则是自由平等原则，即每个人对与其他人所享有的最广泛平等的基本自由体系相容的类似自由体系都应有一种平等的权利；第二个原则是机会均等和差别原则，即社会的和经济的不平等应在与正义的储存原则一致的情况下，适合于最少受惠者的最大利益并依系于在机会均等条件下职务和地位向所有的人开放。其中，第一个原则优于第二个原则，第二个原则中的机会均等原则优于差别原则。"③ 罗尔斯还提出了一般的正义观："所有的社会基本善——自由和机会、收入和财富及自尊的基础——都应被平等地分配，除非对一些或所有社会基本善的一种不平等分配有利于最不利者。"④ 关于正义，目前学者达成共识的就是：正义实践是历史的、相对的；而正义原则是普适的、一般性的。在纷繁复杂的具体正义规则背后存在一种普世正义，这种普世正义是一种规范意义而非描述意义上的正义。没有统一为"一"的正义观，但有一种普遍正义，只是它显示在不同的历

---

① ［法］孟德斯鸠：《论法的精神》（上册），张雁深译，商务印书馆 2004 年版，第 1 页。

② ［美］E. 博登海默：《法理学：法律哲学与法律方法》，邓正来译，中国政法大学出版社 1999 年版，第 256 页。

③ 同上。

④ John Rawls, *A Theory of Justice*, Cambridge, Massachusetts: The Belknap Press of Harvard University Press, 1971, p. 62.

史背景之中。①

第三节 国际知识产权制度正当性的标准

从现代西方哲学的角度，可以将知识产权制度的正当性分为本体论上的正当性和认识论上的正当性。"本体论的分析主要聚焦于，权利是否存在，如果存在，以何种方式存在。自然权利或有关财产的自然权利是否存在的争议本身是一个典型的本体学问题。"② 本体论上的知识产权制度的正当性是指知识产权作为一项法律制度是否具有存在方面的正当性。它解决的是知识产权制度是否应该存在的最终本性问题。如果具有本体论上的正当性，则知识产权制度应该存在，反之，则知识产权制度不应该存在。知识产权制度从产生之初至今已有数百年历史，数百年来，哲学家、法学家们一直在为这种制度的正当性做着积极、理性的思考，并逐渐形成了不同的认识，其中最具有代表性的有：洛克的劳动价值论、黑格尔的财产人格理论、制度经济学的激励理论等学说，这些理论从一定程度上透视了知识产权制度的本质。可以说，目前我国知识产权法学界对知识产权制度正当性的研究主要集中在本体论意义上。认识论上的知识产权制度的正当性是指知识产权作为一项法律确认的制度，其在内容、权能等方面的正当性。它解决的是知识产权制度的权利范围这个认识论上的问题。即研究知识产权制度的权利范围的界限何在？权能到底有哪些？从认识论角度揭示知识产权制度的正当性，是构建正当的国际知识产权秩序的前提。③ 2007 年《最高人民法院关于全面加强知识产权审判工作为建设创新型国家提供司法保障的意见》第 16 条指出的"准确界定知识产权权利人和社会公众的权利界限"，反映了厘清认识论上的知识产权制度的正当性在司法实践中的重要意义。本体论意义上的知识产权制度的正当性是知识产权法中已经解决的问题，所以本书是在承认知识产权制度应该存在这一前提下，来探讨知识产权制度的正

---

① 参见李旸、常永强《公平之思 正义之辨——"当代中国正义理论的构建"学术研讨会综述》，《中国人民大学学报》2012 年第 1 期。

② ［澳］彼得·德霍斯：《知识财产法哲学》，周林译，商务印书馆 2008 年版，第 13 页。

③ 参见齐爱民《知识产权法总论》，北京大学出版社 2010 年版，第 224 页。

当性标准，本书对国际知识产权制度正当性的关注，是从认识论角度出发的。

国际知识产权制度的正当性问题就是对国际知识产权制度进行价值判断，评价其好坏、善恶的问题。国际知识产权制度正当性的标准是衡量、判断国际知识产权制度自身正当与否的标尺。

知识产权作为一种专有权，在空间上的效力并不是无限的。它受到地域的限制，即根据一国法律产生的知识产权，只在该国境内有效，在其他国家将得不到承认。最早的知识产权产生于封建社会（15世纪的印刷技术），最初的形式是封建社会的地方官或封建君主、封建国家通过特别榜文、敕令的形式而授予的一种特权。这种特权只能在发布该榜文或敕令的官员、君主或国家权力所及的地域内有效，超出这个地域便不再有效。资本主义社会以后，知识产权的性质发生了根本变化，从特权成为依法产生的民事权利，或称"法权"，但地域性特征仍保留了下来。[①] 19世纪末期，自由资本主义走向垄断资本主义，垄断性的商业贸易与经济交往日益扩大，知识产权的交流在世界范围内日趋加强，知识产权的国际市场逐步形成。在这种情况下，垄断资产阶级为了摆脱知识产权的地域保护限制，维护其垄断地位，扩张其国际市场，便迫切要求建立知识产权的国际保护制度。"知识产权国际保护制度，是指以多边国际公约为基本形式，以政府间国际组织为协调机构，通过对各国国内知识产权法律进行协调并形成的相对统一的国际法律制度。"[②] "知识产权国际保护制度是当代国际经济、文化、科技、贸易领域中的一种法律秩序。国际保护标准在缔约方之间的一体化、国际保护规则从实体到程序的一体化、国际保护体系与国际贸易体制的一体化，反映了当代知识产权制度的基本特征。"[③] 知识产权的严格地域性和国际保护并存的局面决定了国际知识产权制度正当性的标准既有着正当性标准的最一般性，又有它自身的特殊性。

---

① 参见郑成思《知识产权论》（修订本），法律出版社2001年版，第87页。

② 吴汉东：《知识产权基本问题研究》（总论）（第二版），中国人民大学出版社2009年版，第196页。

③ 吴汉东：《知识产权国际保护制度的变革与发展》，《法学研究》2005年第3期。

一　国际知识产权制度正当性的主观标准：代表性、透明度、非支配性

在哈贝马斯看来，法律规范作为现代社会基本政治共识的体现，其合法性基础其实并不在于法律语句的普遍形式，而在于法律内容的普遍共识，亦即法律规则得到所有有关的人们的普遍同意。只有与这样的合法的民主程序相连，法律才是具有正当性的。现代法律秩序是通过多元利益主体的相互协调和让步才得以出现的。在没有超越国家之上的世界政府存在、由众多主权国家组成的高度分权的平行式国际社会中，民主协商在形成共同体和增强团结中的作用就显得尤为重要，因为"全球化日趋严峻的外部生存环境使国家无法自外于国际社会，而必须寻求彼此协商合作"①。协商民主概念的形成标志着民主理论从"以投票为中心的"民主转向"以对话为中心的"民主。政治哲学家认为民主的转向是因为第二次世界大战后相当长时间内，"民主几乎被理解成了投票"，但这种"合计的"或"以投票为中心"的民主观不能履行民主正当性的规范要求，投票结果"只具有最弱意义上的合法性。它提供了确定输赢的机制，但却没有提供旨在发展共识、塑造公共舆论甚或形成值得尊重的妥协的机制"②。国际社会由于集团多元化而出现的权力分散性特征，为协商民主的践行提供了可能性，也为国际社会中成员意志的表达提供了实现可能。"并不是任何法律都能成为法治之法，法治之法必须体现公意，必须经过民主协商的途径产生。"③国内法律如此，国际法律也是如此。

莫里斯·R. 科恩（Morris R. Cohen）认为，财产权具有"主权权力"的特征，是主权的一种形式。事实上，财产权蕴含着权力，财产权不仅体现为人对物的关系，也体现为人与人的关系，即财产的人际间性使得财产所有人，尤其巨额财产的所有人往往拥有促使其他人从事某种

---

① 张胜军：《试论当代国际社会的法治基础》，《国际论坛》2007 年第 2 期。

② ［加］威尔·金里卡：《当代政治哲学》，刘萃译，上海三联书店 2004 年版，第 522—523 页。

③ 严存生：《"法治"之法的协商性与公益性》，《法商研究》2000 年第 3 期。

行为或无法从事某种行为的事实上的权力。① 卢梭曾经极端但深刻地揭示了财产权与社会和平之间的关系。他指出，如果没有私有制或不承认私有制，就可以使人类之间少发生战争与杀戮。② 在国内层面，各国普遍以权利制约权利、以权利制约权力及以权力制约权利这三个路径建立起来的财产权制度来确保国内社会的和平。在国际层面，霍尔（William Edward Hall）等人揭示了财产权与国家的诞生、存续与发展之间存在着密切联系，国家的诞生、存续与发展必须仰赖必要的物质财富。财产权与国际和平之间是"水能载舟，亦能覆舟"的关系。"知识财产③不仅是一种主权机制，它还在社会制度中具有一种能够支配一切的影响。"④ 知识产权的支配权力使得知识产权的生产者和消费者之间关系紧张，这种紧张关系不仅存在于一国境内，也同样在世界范围内存在于主权国家之间。发展中国家是知识产权的净进口国，是消费国，对他们而言，诱惑在于允许其国民能够自由地使用外国人研发活动的成果；发达国家是知识产权的净出口国，是生产国，对他们来说，目的是延长知识产权的保护期限和范围，从与知识产权有关的货物贸易中获得最大收益。知识产权的进口国和出口国之间剑拔弩张，但在以和平与发展为主题的当代国际社会，各方都在极力寻找能够有效解决问题的和平的方法，通过民主协商，使生产国和消费国的利益诉求都能得到表达，这无疑是最有效的解决途径。国际知识产权制度就是主权国家通过相互协调和让步的协商程序而产生的。为了使民主协商能在主权国家之间进行，至少要满足以下三个条件：第一，在谈判过程中，所有相关各方的利益都能得到代表；第二，所有参加谈判的各方必须能够获得各种可能结果的完整信息；第三，任何一方都不能强迫其他方参加协商。使用强

---

① 参见蔡从燕《论国际法的财产权逻辑》，《法律科学》（西北政法大学学报）2011 年第 1 期。

② 参见［法］卢梭《论人与人之间不平等的起因和基础》，李平沤译，商务印书馆 2007 年版，第 85 页。

③ 彼得·德霍斯在《知识财产法哲学》一书的第二章中，认为知识财产"所指的是在不同的时间、不同的地点独立产生的一系列法律制度"。本书认为，彼得·德霍斯所说的"知识财产"指的是知识产权。

④ ［澳］彼得·德霍斯：《知识财产法哲学》，周林译，商务印书馆 2008 年版，第 168 页。

迫手段征服另一方的意志是谈判的大敌。① 也就是说，判断国际知识产权制度是否民主的标准就是看它的制定程序是否满足代表性、透明度和非支配性三个条件：

（一）代表性

代表性也就是参与度，意味着成员的有效参与，即在决策过程中，应当保证那些权益可能受到决策结果影响的成员有充分的机会和有效的途径参与到决策过程中，并对决策的形成发挥有效的影响和作用。借鉴美国学者科恩（Carl Cohen）关于评价民主尺度的指标②，本书认为评判是否具有代表性的具体衡量指标是参与的广度和参与的深度。参与的广度就是参与的广泛程度，是一个数量问题。虽然用数字来衡量决策的程序是否民主不够精确，但在进行比较时，它绝对不失为一种有用的尺度。假如其他情况不变，全体成员参与决策的方式，肯定比只有90%、80%或70%甚或更少的成员参与决策的方式更具有代表性、更民主一些。参与的深度，就是要求成员在参与决策过程之后，有机会表达自己的观点，并且所表达的观点应当得到必要的考虑和重视。参与的深度是一个程度问题，且该程度很难用数字来表示，但对参与的深度进行大致的评估是可能的。"理想的民主不应仅仅是让公民们在汤姆和哈里之间选择一人就算是参与了管理，而应该让他们在力所能及的范围内识别问题，提出建议，权衡各方面的证据与论点，表明并阐明立场，即促进并深化思考。"③ 科恩的这句话揭示了参与深度问题的实质。

（二）透明度

就语意和自然要求而言，法律上的透明度是指这样一种情况：一项规则、法律或法律程序应面向大众公开，可以很容易地看到、查到或获

---

① 参见［澳］彼得·达沃豪斯、约翰·布雷斯韦特《信息封建主义》，刘雪涛译，知识产权出版社2005年版，第14页。

② 美国学者科恩在深入研究国内民主制度的基础上，把参与的广度、参与的深度和参与的范围视作评价民主的尺度。参见［美］科恩《论民主》，聂崇信等译，商务印书馆1988年版，第12页。

③ ［美］科恩：《论民主》，聂崇信等译，商务印书馆1988年版，第22页。

得，"就像人们能够毫不费力地透过干净玻璃看清事物一样"①。透明度至少应包含两项内容：一是相关信息应是公开的；二是相关信息应是易于获得的。前者是信息提供方的义务，后者是信息接收方的权利；前者是后者的基本前提，后者是前者的逻辑结果。这二者的关系相辅相成，是一个问题的两个方面。② 国际知识产权制度中的透明度问题包括内部和外部的透明度两个方面。外部透明度主要涉及的是国际性 NGO 的参与问题，即国际性 NGO 在 WTO 内以观察员地位参与决策过程的问题。内部透明度则主要涉及发展中成员方的有效参与问题。内部透明度是指决策过程的每一阶段、每一步骤、每一次会议都应当以成员方看得见的方式进行，成员方有权及时知悉和取得相关的资料和信息。③

（三）非支配性

支配性指对人或事物的引导和控制，它是权力起作用的基本方式，权力只有在被支配对象按照自己的指引和要求去做了，才能发挥其应有的作用。非支配性当然是指对人或事物不进行引导和控制。成员的参与或不参与都是自愿的，而不是被强迫的。"自愿参与原则的理论基础来源于国际关系理论中对国家所做的理性假定。新旧现实主义和新自由制度主义国际关系理论学派尽管对推动国际社会合作的动力有不同的认识，但是他们都无一例外地接受了'国家是理性的'前提假设。"④ 国家作为理性行为体，有能力认识自己的利益。因此，国家参与或不参与决策完全可以自主决定，不受其他力量的支配或强迫。

二　国际知识产权制度正当性的客观标准：全球信息正义

古今中西的学者关于正义问题的论争基本上都是在民族国家的框架下进行的，或者说是在民族国家框架这一默认的前提下进行的，所探讨的主要是民族国家内部的问题。在全球化时代，传统的正义观遇到挑

---

① William B. T. Mock, "An Interdisciplinary Introduction to Legal Transparency: A Tool for Rational Development", *Dick. J. Int'l L.*, Vol. 18, 2000.

② 参见张潇剑《WTO 透明度原则研究》，《清华法学》2007 年第 3 期。

③ 参见余锋《WTO 决策法律制度的民主问题研究》，博士学位论文，厦门大学，2007年，第33—38 页。

④ 同上书，第26 页。

战，因为长期以来处于主流地位的"威斯特伐利亚"① 正义观仅仅适用于民族国家内部，"这种在法国革命以来处于主要地位的观点，模糊了跨国界的非正义……我们必须创造新的、后威斯特伐利亚的正义理解——能够概念化并批判全方位的当代非正义的、多层级的各种理解，一些是全球的，一些是地区的，一些是国家的，一些是当地的"②。某些民族国家总是把它自己所拥有的正义标准推行到世界，逼使全球都接受它的正义观念，逼使人们"错误承认"所谓的普世价值，从而引发了严重的非正义问题。因此，国内的正义标准不能再简单地推广到世界。姚大志教授提出正义理论包括四个层面的内容，即个人之间的正义、共同体内部的正义、社会正义和全球正义。③ 当前诸种全球正义论流行于法哲学、政治哲学领域，这些理论观点各异、争论甚多，但都揭示了当前国际社会秩序的非正义，并论述了建立全球正义社会的必要性。

"全球正义的概念是在 20 世纪 70 年代后期通过托马斯·博格（Thomas Pogge）和查尔斯·贝茨（Charles Beitz）等人的著作逐渐流传开来的。他们提出这一概念的目的主要是突破罗尔斯'万民法'的局限。博格认为，罗尔斯的《正义论》虽然创造性地将制度性的道德分析应用于国家内部，但《万民法》却没有将相同的方法应用于国际社会。全球正义这一概念打破了国家内部以及国家与国家之间在传统上所存在的分割状态，从而将制度性的道德分析延伸至国际领域。全球正义指的是全球范围内的不同国家以及不同国家的人们之间的正义。它探讨的是全球层面的规范问题，目的是确立国际层面的制度正义。"④ 全球正义"可以是一个政治的概念（体现为一种秩序），也可以是一个道德

---

① 弗雷泽（Nancy Fraser）是美国著名的激进女性主义学者，西方批判理论的重要代表人物之一。她指出"凯恩斯—威斯特伐利亚架构"是指战后民主福利国家鼎盛时期内正义争论的国家领土基础，大致从 1945 年到 20 世纪 70 年代；"威斯特伐利亚"一词是指《1648 年条约》确立了现代国家体系的某些关键特征，弗雷泽认为"威斯特伐利亚"一词指的是一种政治幻想，它作为一种相互承认领土国家主权的体系塑造了世界。

② ［美］弗雷泽：《正义的中断——对"后社会主义"状况的批判性反思》，于海青译，上海人民出版社 2009 年版，第 4 页。

③ 参见李旸、常永强《公平之思 正义之辨——"当代中国正义理论的构建"学术研讨会综述》，《中国人民大学学报》2012 年第 1 期。

④ 冉光仙：《全球正义：问题与焦点》，《哲学动态》2008 年第 6 期。

的概念（体现为原则），在很多情况下，它是两者的混合"①。全球正义的内容包含两重维度：一是以国家为关注中心的维度，包括国家间的平等权利（所有的国家不论大小强弱，都应被平等公正地对待）和国家间的公正秩序（如经济领域的互利、资源的公正分配，对文化平等的确认，政治上乃至军事上的某种必要的平衡等），在此意义上，全球正义与国际正义相通；二是以人为关注中心的维度，即所有国家的人民都应享有平等或共同的权利，在此意义上，全球正义与普遍伦理相通。② 全球正义的范围涉及人权与主权、世界贫困、战争与和平、环境保护、知识产权等全球层面的问题。全球正义蕴含在国际交往活动过程中，而并非存在于既定的正义范式之内。

　　现有的关于正义是什么的诸种理论通常处理的是我们应当如何行动从而使正义得以实现。当我们试图对正义进行概念式的理解时，如果不想在已有的理论中再添加新理论，可从非正义着眼来理解正义。正如哈耶克（Friedrich August Hayek）所言："事实上，对于何为正义的问题，确实存在着不同的观念，但是这个事实并不能够排除这样一种可能性，即对不正义进行检测的否定性标准，有可能是诸多不尽相同（尽管不是全部的）正当行为规则系统都能够与之相符合的一种客观的标准。对正义理想的追求（就像对真理理想的追求一样），并不预设何为正义（或何为真理）是已知的，而只预设了我们知道何者被我们视作是不正义的（或谬误的）。"③ "非正义和正义是两个相反的术语，但它们所指示的却是相关的而不是相反的两个概念。前者指示的是事态，即事实；后者指示的是理念，即关于人类的概念，而不是任何事态。"④ 非正义与对权利的侵害和漠视有关。个体层面的非正义表现为直接或间接地侵害或阻碍个体权利的实现。国家层面的非正义在当代显示为这样的事态：在实

---

　　① 陈真：《全球正义及其可能性》，载单继刚等主编《政治与文明：应用政治哲学的视角》，人民出版社 2006 年版，第 260 页。

　　② 参见杨国荣《全球正义：意义与限度》，《哲学动态》2004 年第 3 期。

　　③ ［英］弗里德利希·冯·哈耶克：《法律、立法与自由》（第二、三卷），邓正来等译，中国大百科全书出版社 2000 年版，第 82 页。

　　④ ［土耳其］I. 库苏拉蒂：《正义：社会正义和全球正义》，赵剑译，《世界哲学》2010 年第 2 期。

际条件下，国家通过它的机构侵害了部分公民的基本权利，或者没有实现部分公民的基本权利；国家没有通过适当机构有效制止对权利的侵害和漠视。全球层面的非正义则表现为某团体中的个体或者某国家中的大多数人的基本权利和其他权利，由于其他团体或其他国家的利益而被侵害或漠视。这是目前国际关系中最为显著的标记。概言之，非正义一般来讲是这样的事态：在国家或全球层面上，直接或间接造成的实际条件不利于或者阻碍了个体或团体行使其人权。[①] 从非正义的这些事实中，我们可以推导出正义理念的要求，即个体的基本权利（无论是何种权利）必须被保护和行使；在某一时期的实际条件下，这些权利必须在国家和全球的层面上被诉求和实行。

知识产权的客体是知识财产。知识财产是指存在于人体之外、能够为人所支配、并能满足人类需要的知识。知识财产是知识产权法赖以建立的现实基础和逻辑起点。从外延上看，知识财产包含了专利、作品、商标、商业秘密和一般知识财产等一切知识财产；从内涵上看，知识财产是法律关系的客体，是财产的一种，其表现为知识。[②] 发明、作品、商业秘密、非物质文化遗产等这些知识财产的本质都是信息，这是我国法学界关于知识产权客体本质的通说。因此，本书认为，国际知识产权制度正当性的客观标准是全球信息正义。全球信息正义是全球正义在知识产权领域中的具体应用和体现，它蕴含在国际知识产权贸易和交往活动过程中。本书认为，全球信息正义是牵引和约束民族国家、国际组织、NGO 间的行为和活动，以一种合理、均衡的方式对国际知识产权领域内的利益与责任进行划分，消除国际知识产权领域内的各种非正义事实，使之趋向于基本的善。国际知识产权领域中的非正义事实表现为某团体中的个体或者某国家中的大多数人的基本权利和其他权利，由于其他团体或其他国家的利益而被侵害或漠视。全球信息正义的内容包括：所有国家的人在知识产权领域都应享有平等的权利；所有的国家不论大小强弱，在知识产权领域都应被平等、公正地对待。全球信息正义

---

① 参见［土耳其］I. 库苏拉蒂《正义：社会正义和全球正义》，赵剑译，《世界哲学》2010 年第 2 期。

② 参见齐爱民《知识产权法总论》，北京大学出版社 2010 年版，第 114 页。

是一种分配正义，涉及的是国际知识产权领域利益主体合理关系的制度安排。合理地划分知识产权领域内的所有利益和负担是分配正义的深层本质。从应然状态来说，全球信息正义对所有的民族国家、国际组织、NGO 等意味着两个层面的意义：第一是自身有义务不做出违反正义的行为，这是一种消极义务；第二是对于施加于自身的非正义行为，有义务提出反对并予以制止，这是一种积极义务。

小　　结

正当性概念极其复杂，经历了从自然法中的正当性到法律实证主义的合法性的演变。在现代社会，正当性主要通过合法性来体现，合法性是正当性的重要形式，但二者是有区别的。正当性具有否定性、批判性的品格，合法性观念追求的则是现实的确定性、稳定性、可操作性；合法性是特定意义上的正当性，正当性是终极意义上的合法性；合法性侧重于经验实证层面，正当性则偏重于理性反思层面。正当性是客观要素与主观要素相结合的概念。正当性的客观要素，是指符合某种客观标准，比如本体意义上的"理性"、自然等；正当性的主观要素强调的是社会成员意志的表达。正当性概念的客观要素与主观要素分别代表了正当性的客观标准和主观标准。目前知识产权法学界对知识产权制度正当性的研究主要集中在本体论意义上，本书从认识论角度出发对国际知识产权制度的正当性加以关注。国际知识产权制度正当性的主观标准是民主协商必须具有代表性、透明度、非支配性，国际知识产权制度正当性的客观标准是全球信息正义。

第四章 知识霸权的非正当性表现（I）

——以国际知识产权制度正当性的
主观标准为分析视角

知识霸权形式上合法，但实质上不正当。判断国际知识产权制度是否民主的标准就是看它的制定程序是否满足代表性、透明度和非支配性三个条件，这是本书第三章所确立的国际知识产权制度正当性的主观标准。本章就以该主观标准为分析视角，对知识霸权的非正当性进行深入剖析。

第一节 TRIPS 协议缔结过程的非正当性

一 TRIPS 协议的缔结概述

TRIPS 协议的产生有着深刻的国际经济、政治等原因，TRIPS 协议的达成是多种因素共同作用的结果。

（一）全球经济体系的深层变化是缔结 TRIPS 协议的先决条件

1. 西方国家经济理念的转变是全球经济体系在观念上的深层变化。

20 世纪 30 年代，资本主义世界爆发的经济大危机彻底暴露了自由放任市场经济的弊端，宣告了自由竞争资本主义时代的结束。主张通过政府干预来扩大有效需求从而推动经济增长的凯恩斯主义便应运而生，并主导资本主义的宏观经济运行长达 40 年之久。凯恩斯主义信奉国家干预经济的理论，主张国家采用扩张性的经济政策，通过增加需求促进经济增长，即扩大政府开支，实行赤字财政，以刺激经济、维持繁荣。在对外贸易政策上，凯恩斯本人主张保护主义，希望通过关税等贸易壁垒增加净出口，从而扩大有效需求，保证充分就业。而与凯恩斯主义同期产生的新自由主义并未受到人们的青睐。20 世纪 70 年代初，整个资本主义世界陷入了"停滞膨胀"的困境，凯恩斯主义束手无策。伴随美国总统里根和英国首相撒切尔夫人的上台，多年来备受冷落的新自由主义取代凯恩斯主义，占据了美、英等国主流经济学的宝座。源于古典自由主义的新自由主义派别林立，思想庞杂，但其基本观点都是承袭了古典自由主义的核心思想。新自由主义的思想涉及经济理论、政治理论、战略与政策等不同层面。在战略和策略上，新自由主义鼓吹以超级大国为主导的全球经济、政治、文化一体化，即全球资本主义化。在经济上大力宣扬自由化、私有化和市场化，其核心思想包括：主张自由化，推行全球一元化经济。新自由主义者主张在全球范围内实行贸易自由化、投资自由化及金融自由化；鼓吹私有化，反对公有制；信仰市场万能，反对国家干预，主张建立完全"听任自由选择"的市场经济，信奉"管理最少的政府就是最好的政府"。① 在这种思想主导下的全球化无疑是有利于垄断资本拓展全球空间，方便跨国公司追逐全球利润，削弱发展中国家经济主权，达到以市场化、自由化、全球化消解民族国家主权的目的。因此，加拿大学者考克斯（Robert W. Cox）称之为"过度自由主义"，认为它是最极端形式的全球化思想。② 西方国家摒弃凯恩斯主义，转而信奉新自由主义，并把新自由主义从经济思潮演变为国家意识形态，进而发展为世界范围内的实践以配合其跨国公司在全球范围的控制和争夺时，新自由主义已经不仅仅是一种单纯的经济理论，而是"资本主义全球化意识形态的理论表现"③。

　　2. 经济环境的变迁是全球经济体系在物质上的深层变化。

　　（1）美国国力衰落的恐惧促使美国知识产权对外保护战略出台。美国历经两次世界大战确立了世界霸主的地位，经济持续繁荣 20 余年。自 20 世纪 60 年代末开始，美国一些产业的竞争力逐步下降。1971 年美国对外贸易首次出现赤字，1985 年由债权国沦为债务国。印度、巴

---

　　① 参见吴晓燕《新自由主义与全球化中的国家经济安全》，《前沿》2006 年第 12 期。

　　② 参见［美］苏珊·K. 塞尔《私权、公法——知识产权的全球化》，董刚、周超译，王传丽审校，中国人民大学出版社 2008 年版，第 17 页。

　　③ 周湘莲、梁建新：《国内外关于新自由主义的批判性研究述评》，《湖南师范大学社会科学学报》2005 年第 3 期。

西等发展中国家的崛起、日本创造的经济奇迹使美国对自己政治、经济的未来没有安全感可言。耶鲁大学教授保罗·肯尼迪（Paul Kennedy）在其《大国的兴衰》一书中提出"美国经济已经走上了衰落的道路"。美国工业竞争能力总统委员会在《不能把世界第一的宝座拱手让人》的报告中明确提出："在新的世界经济中，竞争能力是一个生死攸关的问题。确保优势的最重要办法是发展技术，美国必须加强这一领域里的优势。"美国国内陷入对国力衰落的恐惧和讨论中。在对国力衰落的反思中，美国发现其知识产权竞争优势地位明显，20世纪80年代中期至90年代初的这一段时期，美国是申请专利和授予专利数最多的国家之一。20世纪90年代初，根据美国竞争力委员会对产业技术所作的大规模调查显示，在94项关键技术领域，美国处于世界领先地位的占1/3，与其他发达国家水平相仿的占1/3，其中，在信息技术的25个项目中，美国处于绝对领先位置的多达18项。美国认识到其技术力量仍处于世界最高水平，其在国际经济竞争中的资源和优势在于科技和人才，这一优势之所以难以反映在其产品贸易上，非常重要的一个原因就是其他国家知识产权保护不力。根据美国国际贸易委员会1988年发表的《外国的知识产权保护及其对美国工业和贸易的影响》报告所统计，美国每年由于外国侵犯知识产权所遭受的损失高达430亿—610亿美元。① 由于知识产权保护不力，其他国家能够轻易地进行模仿，并凭借在劳动力和制造业上的低廉成本优势实现经济的快速发展。现有的知识产权国际保护制度已经完全不能满足美国的利益诉求。因此，当时的卡特政府提出"要采取独立的政策提高国家的竞争力，振奋企业精神"。至此，揭开了美国为保障其知识产权相关权益而实施知识产权对外保护战略的序幕，美国开始从国家战略的层面来重视和对待知识产权保护问题。

（2）知识经济的兴起改变了企业的生产方式。与传统的农业经济和工业经济不同，在知识经济形态下，知识和信息成为产生利润、取得市场占有率和获得市场竞争优势的决定性工具。经济学学者指出，"知识产业化、知识经济形态由量变到质变的推进过程已在世界各国不同程

---

① 参见吴伯明主编《知识产权应用指南》，经济科学出版社1993年版，第435—437页。

度的展开，知识经济已经对各国的发展产生重大影响"。① 知识经济的兴起改变了企业的生产方式，知识和信息从生产力的非独立因素变为独立因素，由潜在的生产力摇身变为现实的生产力，知识财产成为企业资产的重要组成部分。"分配权力与财富的游戏规则已经改变，权力不再根据某种组织的权威性为分配标准，比黄金和土地更重要的知识财产正在成为新时代权力的基石。"② 既然知识、信息取代了土地、资本等而成为生产系统中决定性的、核心的要素，相应的经济制度就必须给予知识、信息以全面的财产权确认与保护。

（3）技术革命的勃兴改变了资本主义者的偏好。20 世纪 70 年代，以信息技术和生物技术为核心的新技术革命首先在美国展开，并迅速延伸到其他发达国家以及韩国等新兴经济体。技术革命对产业创新、经济发展以至于人类的生活方式都产生了重大的影响：信息技术为人类提供通信设备、计算机、网络设备、电子数据库、电子图书和电子商务、电子阅读等各种全新的产品和服务，生物技术应用生物科学原理，"创造"出动物品种、植物品种、生物制品、疾病的诊断和治疗方法、克隆动物等众多生物技术成果。信息技术产业和生物技术产业迅猛发展，成为世界经济新的增长点。新技术的出现使低成本、高效率复制知识产品的"搭便车"行为变得更为方便，例如复制软件、CD、压缩光碟、录像带等商品的边际成本和固定成本很低，而研发的成本却大幅上涨，这种低成本复制与高成本生产之间的矛盾使技术原创者、投资者以及知识产权优势企业的利益受到了极大的损害。因此，信息寡头、生物寡头等资本主义者迫切要求保护研发成果、维护新技术的市场垄断以独占并控制新技术所带来的巨大经济利益。这些企业开始积极寻求政府帮助以改变原有的知识产权体制、扩大知识产权保护，以此来消除阻碍他们实现既得利益的做法，他们要求提高国际知识产权实体法的保护水平，要求统一全球的知识产权保护标准。

全球经济体系在观念和物质上发生的深层变化成为资本主义者寻求

---

① 王信东、李振杰：《知识经济与技术经济的关系》，《工业技术经济》2003 年第 3 期。

② ［美］E. 拉兹洛：《决定命运的选择》，李吟波等译，生活·读书·新知三联书店1997 年版，第 6 页。

更强大的知识产权体制利益的经济基础。

（二）利益集团的积极推动是缔结 TRIPS 协议不容忽视的力量

利益集团最早出现于西方，指在利益结构多元化社会中由具有共同或相似利益诉求的个人或群体自愿组成的、通过各种途径对政府的公共政策及立法施加影响以求实现自身利益诉求的非政府性社会组织。西方利益集团影响本国国内的公共决策及立法已经司空见惯，但是利益集团的触角伸向知识产权国际立法却是始于 20 世纪 70—80 年代。正如本书前述分析，知识经济的兴起使企业的生产方式发生转变，国际经济发展环境也发生了巨大变化，在这样的内部驱动和外部压力下，西方国家的利益集团积极参与到知识产权国际立法当中，而它们最大的胜利果实就是 TRIPS 协议的签订。由于利益集团在国际机构和国际组织中都没有正式的代表权，因此它们要参与知识产权国际立法，必须首先能将集团的利益诉求上升为国家利益、国家政策。

1. 利益集团在国内层面通过产业联盟与政府部门进行互动博弈。

随着新技术的发展和知识产权日益增长的价值，以知识产权为基础的美国企业从原有体制中的受益明显减少，各部门企业的利益在不同领域都受到损害和威胁。受到负面影响的行业开始进行个别游说。辉瑞制药公司（以下简称辉瑞）首席执行官埃德蒙·普拉特（Edmund Pratt）及其他高层管理人员在各种场合进行游说，推行将贸易与投资相联系的观点。1984 年，代表美国版权业利益的国际知识产权联盟（The International Intellectual Property Alliance，IIPA）成立，成员包括美国电影协会（The Motion Picture Association of America，MPAA）等 8 个贸易协会，代表 1500 多家年出口超过全美产品 5% 的公司，宗旨是通过采取双边和多边措施，实现对版权作品的保护。除 IIPA 外还有美国商会、国际反假冒联盟等产业联盟，他们对是否在 GATT 中加入知识产权的态度不一：专利行业热衷于使用多边策略；版权行业认为 GATT 的谈判程序复杂，无法立竿见影；音乐、电影和发行行业的企业倾向于使用 301 条款的单边方法；MPAA 和 IIPA 拥护双边措施。1985 年 9 月，美国国际通用机械公司（International Business Machinery，IBM）雇佣经济学家雅克·戈林（Jacques Gorlin）所撰写的《建立在贸易方法基础上的计算机软件的国际版权保护》一文成为企业寻求多边知识产权保护战略的基础。雅克·戈林在对各产业联盟的游说要求进行综合和扩展后提出了GATT 多边协议的可能框架。不同的利益集团意识到它们的利益具有潜在一致性，支持加强所有形式的知识产权保护才能维护它们的利益。1986 年 3 月，辉瑞的埃德蒙·普拉特和 IBM 的约翰·奥佩尔（John Opel）创建了代表工业企业利益的知识产权委员会（Intellectual Property Committee，IPC）。IPC 为避免内部协商耗时而有意限制成员人数，包括杜邦、惠普、IBM、强生、辉瑞等十几家大公司，代表美国化学、计算机、创造性艺术、电子、重工业、轻工业和制药业等产业。IPC 提出建立版权、专利、商标、原产地名称的最低标准并建立执行机制和争端解决机制的要求。IPC 联络美国商会、国际制造商协会等产业协会，使它们相信以贸易为基础解决知识产权问题的优点。经过努力争取，在《1988 年综合贸易与竞争法》中，IPC 取得了知识产权可能的最广泛的谈判权力。为了使各产业联盟能够团结一致直到乌拉圭回合谈判结束，IPC 提出了一个对各行业都有益的协议文本。各产业联盟接受了 IPC 提出的在乌拉圭回合谈判中纳入知识产权问题的意见并同意所有的多边策略，美国国内建立了坚不可摧的统一战线。

美国《1974 年贸易法》和《1979 年贸易协定法》的修订不但扩大了利益集团参与贸易政策制定的范围，而且使利益集团认识到将贸易与知识产权保护相结合的可行性。20 世纪 80 年代，利益集团极力游说立法和行政部门在乌拉圭回合谈判中纳入知识产权议题，它们将其思想包装成解决问题的方法——主张将知识产权保护全球化可以解决贸易危机，帮助美国从经济衰落中走出来，并强调未来为美国提供新就业机会的将是以知识产权为基础的行业。辉瑞的埃德蒙·普拉特和 IBM 的约翰·奥佩尔游说政府，要求对国外侵犯美国知识产权的行为进行严惩。MPAA 的游说成功地在《1983 年加勒比盆地经济复兴法案》中加入了知识产权保护条款。娱乐业和出版业对政府的游说推动了《1984 年贸易与关税法》的修改。IIPA 游说国会和连续的几届政府，促使它们认识到美国货物和服务贸易依赖于全球知识产权保护的重要性，敦促政府设置必要的法律手段以迫使其他国家采取切实措施打击侵犯美国知识产权的行为。《1988 年综合贸易与竞争法》的通过直接回应了利益集团的要求，使以贸易为基础保护知识产权的方式得到进一步加强。IPC 通过

游说，与美国贸易代表办公室（United States Trade Representative，US-
TR）、美国专利与商标局（United States Patent and Trademark Office，US-
PTO）紧密合作。1988 年 IPC 报告指出："与 USTR 和商务部紧密的关
系可以使 IPC 在谈判过程中形成美国的建议和谈判立场。"① 利益集团
辛勤的游说工作改变了政府和行政部门对知识产权的态度，并使政府采
取了实质性的措施将贸易与知识产权相联系制度化，利益集团的个人诉
求成功地上升为国家利益。利益集团还派代表进入对美国贸易政策具有
极大影响的贸易谈判顾问委员会（Advisory Committee on Trade Negotia-
tions，ACTN）中。ACTN 是 1974 年国会根据美国贸易法建立的，主要
职能是为 USTR 提供顾问咨询意见。作为多边贸易谈判中利益集团顾问
体系的最高监督委员会，ACTN 由 USTR 负责，并与商务部、农业部、
劳工部和国防部合作，由总统任命成员，是为美国企业界人士提供的与
总统磋商的官方渠道。ACTN 知识产权特别工作小组的建议是美国知识
产权策略和行动计划的基础。许多知识产权产业联盟的负责人如辉瑞、
IBM 等企业的首席执行官都曾先后是该特别工作小组的成员。辉瑞的埃
德蒙·普拉特自 1981 年担任 ACTN 的主席，而且他以 ACTN 主席的身
份担任美国在乌拉圭回合谈判的官方代表。不仅利益集团的成员流向政
府，一些国会议员和政府高级官员离职后，常被利益集团和大企业以高
薪聘为顾问或说客。利益集团和政府之间人员双向流动的"旋转门"
（revolving door）现象②十分突出，"这意味着大商业集团甚至都不需要
游说，他们影响当局的活动已经超越了游说，因为大商业集团已经处在

---

① 参见［美］苏姗·K. 塞尔《私权、公法——知识产权的全球化》，董刚、周超译，王
传丽审校，中国人民大学出版社 2008 年版，第 54 页。

② 所谓"旋转门"机制，即个人在公共部门与私人部门之间双向转换角色、穿梭交叉为
利益集团牟利的机制，参见张宇燕、高程《精英主导、集团政治与美国行为》，《国际经济评
论》2007 年第 6 期。"旋转门"现象的经典例子是杰拉尔德·J. 毛新哈夫（Gerald J. Mossing-
hoff）在 1985 年离开政府部门担任美国药品制造商协会（现在被称为美国药品研究与制造商协
会，PhRMA）的主席，PhRMA 是要求将贸易与知识产权保护挂钩的最活跃协会之一。参见
［美］苏姗·K. 塞尔《私权、公法——知识产权的全球化》，董刚、周超译，王传丽审校，中
国人民大学出版社 2008 年版，第 81—82 页。

行政部门的决策过程中了"①。

2. 利益集团在国际层面实行跨国联动与单边制裁的有机结合。

在理顺国内关系后，IPC 开始了跨国动员活动。1986 年，IPC 会晤了英国工业联合会、德国工业联合会（BDI）、法国雇主协会（Patronat）、欧洲工业与雇佣者联合体联合会（UNICE）及日本经济团体联合会（Keidanren）。UNICE 和 Keidanren 最初担心知识产权问题不能成为 GATT 的一部分。IPC 通过召开一系列会谈竭力使它们确信以贸易为基础解决知识产权问题的优点并成功地达成了共识，它们同意参与并保证将它们的观点及时提交给各自的政府来启动乌拉圭回合。1986 年 9月在埃斯特角城举行的部长级会议上，IPC 的顾问们做各国代表团的工作，为将知识产权内容纳入《部长宣言》获得最大支持。最终乌拉圭回合《部长宣言》中的相关表述是"与贸易有关的知识产权，包括假冒货物的贸易"② 为引导乌拉圭回合谈判小组达成正确的协议，IPC 致力于以国际商业团体的名义形成一份 GATT 知识产权协议的范本。1988年 6 月 14 日，一份题为《关于 GATT 知识产权规定的基本框架：美、欧、日商业团体观点声明》发布了，该文件对知识产权谈判进程有决定性的影响，是 IPC 将近两年艰苦工作的结晶，它将美国、欧洲、日本商业团体中的主要成员在全球规范政策问题上的合作提高到一个新的水平。③ UNICE 和 Keidanren 也说服了它们的政府。欧洲、日本在 1987 年11 月之前制定了实质性的谈判计划。IPC 的努力使发达国家在乌拉圭回合谈判前就知识产权问题达成了一致。

为了争取发展中国家的支持和分裂发展中国家，IPC 不仅督促 US-TR 采用"胡萝卜加大棒"的策略对发展中国家施压，而且还在 1988 年赶到新兴的工业国家和地区——韩国、中国香港和新加坡等地进行游说，IPC 引起了这些国家和地区的注意，让它们意识到它们的利益和印

---

① 何兴强：《美国知识产权政策制定中的利益集团因素》，《中国社会科学院院报》2006年 10 月 10 日第 3 版。

② Ministerial Declaration on the Uruguay Round，http：//www.wto.org/gatt_ docs/English/SULPDF/91240152.pdf.

③ 参见［澳］彼得·达沃豪斯、约翰·布雷斯韦特《信息封建主义》，刘雪涛译，知识产权出版社 2005 年版，第 142 页。

度、巴西等国的利益不一样。① 美国的策略很快奏效，1989 年发展中国家的反对最终被瓦解，在同年 4 月的日内瓦会议上达成了将 GATT 的基本原则适用于知识产权问题的声明。

1994 年 4 月 15 日乌拉圭回合结束时签署了 GATT 总干事邓克尔（Dunkel）提出的《乌拉圭回合多边贸易谈判结果最后文件草案》，即 TRIPS 协议。"除了对发展中国家延长宽限期外，IPC 获得它想要的95%。"②

（三）议题挂钩谈判策略的运用是缔结 TRIPS 协议的必备条件

知识产权国际造法的路径有功能特定（function-specific）路径和挂钩谈判（linkage-bargain）路径。③ "功能特定造法是指知识产权的国际保护应由一个具有特定功能的国际组织管理，并围绕知识产权一个领域主持相关的造法活动，知识产权领域与诸如社会、外交等领域的造法各自独立，即使在知识产权一个领域内也不会发生一个部门职能范围内的事与另一个部门职能范围内的事相互牵制的情形。"④ 20 世纪中叶以前知识产权国际立法的基本路径是功能特定造法。在功能特定造法机制中，各主权国家围绕特定的议题进行外交谈判，谈判议题各自独立，谈判国享有选择对其最为有利的议题的自由，对于某特定议题能否达成协议完全取决于谈判国对议题的偏好和对自身利益最大化的现实需求。总之，在功能特定造法机制中，造法者的活动领域只限于特定的问题领域，它没有超越这一领域和其职能范围进行造法的权力。20 世纪中叶之后，挂钩谈判造法出现。"挂钩谈判造法是指在通过谈判缔结知识产权条约时，将知识产权保护与其他相关议题相挂钩，或者在知识产权保护的单一领域内，将一个部门管辖范围内的事项与另一个部门管辖范围内的事项（包括一国国内政府机构的各职能部门之间或者国际范围内不同的国际组织之间的事项）相挂钩，以

---

① 参见［澳］彼得·达沃豪斯、约翰·布雷斯韦特《信息封建主义》，刘雪涛译，知识产权出版社 2005 年版，第 148 页。

② ［美］苏珊·K. 塞尔：《私权、公法——知识产权的全球化》，董刚、周超译，王传丽审校，中国人民大学出版社 2008 年版，第 112 页。

③ Michael P. Ryan, "The Function-Specific and Linkage-Bargain Diplomacy of International Intellectual Property Lawmaking", *U. Pa. J. Int'l Econ. L.*, Vol. 19, Summer 1998.

④ 张建邦：《议题挂钩谈判及其在知识产权领域的运用和发展》，《政治与法律》2008 年第 2 期。

便通过议题的交换达到强化知识产权保护的目的……议题挂钩（issue linkage）是指不同议题之间的联结和交换，也就是在一次谈判或者一个回合的谈判中同时将多个议题列为谈判主题，作为备选方案供谈判者讨价还价并达成妥协性制度安排。这可以被通俗地表述为：'如果你给予我 A，我会或将会给予你 B，'或者相反：'如果你不给予我 A，我也不会或将不会给予你 B。'"① 从谈判理论的观点看，在多边谈判中涉及的问题越多，当事方就可能设计越多的协调点。而当事方拥有越多的协调点，就越可能发现达成协议的基础。② 议题挂钩谈判机制具有很强的优势。例如：若干国家之间需要就 A 和 B 两个议题进行谈判，若采取各个议题单独谈判的策略，谈判国只会选择对其有利的议题，结果要么是只能就 A 或 B 达成协议，要么无疾而终；若采取挂钩谈判的策略，将 A 和 B 作为一揽子议题交叉谈判，谈判国出于自身利益的考量往往会相互妥协，结果是 A 和 B 可能被谈判国同时写入同一条约或者同一条约体系，并做出能为各方接受的妥协性安排。③

在 GATT 论坛，议题挂钩谈判造法被付诸实施。GATT 前五轮谈判回合的主要目的都是关税减让。20 世纪 60 年代的第六轮多边谈判——肯尼迪回合首次超出关税谈判的范围而涉及非关税贸易壁垒问题，将关税措施与非关税措施挂钩，并产生了一项国际反倾销协议。1973—1979 年的东京回合谈判过程中，反假冒联盟曾经试图将知识产权问题纳入谈判范围之内，但因提交的时间太晚以及缺乏强有力的事实依据，该新议题没有被接纳。东京回合将世界关税水平降低了 1/3，但对于世界贸易而言，更大的进口是多边贸易谈判（the multilateral trade negotiation，MTN）论坛证明了它有能力达成国际协议以减少非关税壁垒。④ 伯纳德·霍克曼（Hoekman B. M.）和迈克尔·考斯泰基（Kostecki M. M.）认为："MTN 是一个市场，在某种程

① 张建邦：《议题挂钩谈判及其在知识产权领域的运用和发展》，《政治与法律》2008 年第 2 期。

② Salacuse J. W., *Towards a Global Treaty on Foreign Investment：The Search for a Grand Bargain*, New York：Kluwer Law International，2004，p. 87.

③ 参见张建邦《议题挂钩谈判及其在知识产权领域的运用和发展》，《政治与法律》2008 年第 2 期。

④ Michael P. Ryan，"The Function-Specific and Linkage-Bargain Diplomacy of International Intellectual Property Lawmaking"，*U. Pa. J. Int'l Econ. L.*，Vol. 19，Summer 1998.

度上也就是各个国家在互惠的基础上进行的市场准入承诺的交换。它是一个易货市场，与人们生活中的市场相反，各个国家并没有交换的媒介：它们既没有钱买，也没有钱卖贸易政策。代替的办法是它们要用苹果来交换橙子，用钢铁的关税减让来换取纺织品国外市场的准入。这使得贸易政策市场并不像货币流通的市场那样富有成效，也是为什么 MTN 是如此曲折过程的原因之一。"① USTR 和美国的商业利益团体代表构想了一个"GATT 战略"，他们估计 80 年代早期 GATT 谈判回合能够取得 WIPO 论坛所无法取得的胜利，因为这些谈判回合的议程是对许多发展中国家至关重要的有关农业和纺织业方面的贸易壁垒减让问题。GATT 的 MTN 能够为贸易谈判国提供将南方在知识产权保护方面的妥协与北方在农业和纺织业方面的妥协相挂钩的场所。② 如前所述，美国的政策制定者将国内各产业团体的分歧统一起来，使它们同意使用 GATT 多边策略。USTR 又积极推动，使美国、欧洲、日本这些发达国家达成一致，支持将知识产权问题纳入 MTN 议程，并以 301 条款的制裁相威胁，使发展中国家的"十国集团"逐步被瓦解。1986 年在埃斯特角城达成了《部长宣言》。在美国的领导以及欧洲、日本政府和一些发展中国家的合作下，GATT 乌拉圭回合MTN 及议题挂钩谈判成为 20 世纪 80 年代后期和 90 年代早期国际知识产权谈判的论坛。③ 自 1986 至 1993 年的乌拉圭回合谈判中，发展中国家的知识产权保护减让与发达国家的农产品和纺织品减让成为谈判者承诺交换的一部分。乌拉圭回合谈判创造了一揽子挂钩的谈判方式和一揽子接受的条约加入方式，缔结了 TRIPS 协议，为 WTO 体制内相关议题相挂钩创设了行之有效的策略选择。TRIPS 协议通过将贸易议题与知识产权议题挂钩的方式使发展中国家接受了知识产权保护的最低标准，进而受国际法义务的约束，在一个重要的政策领域实现了"深层一体化（deep integration）"。④

---

① 参见张建邦《议题挂钩谈判及其在知识产权领域的运用和发展》，《政治与法律》2008年第 2 期。

② Michael P. Ryan，"The Function-Specific and Linkage-Bargain Diplomacy of International Intellectual Property Lawmaking"，*U. Pa. J. Int'l Econ. L.*，Vol. 19，Summer 1998.

③ Ibid.

④ Ibid.

以上分析使我们看到，全球经济体系的深层变化为 TRIPS 协议的通过奠定了坚实的经济基础，是缔结 TRIPS 协议的先决条件。利益集团的积极推动是不容忽视的力量，"设想一下假如没有知识产权委员会，其他因素不变，结果将会是怎样呢？最有可能的结果就是一个有限的反假冒法，有限地采取边境制裁措施，授权海关官员没收伪造商品"①。美国政府的影响作用是至关重要的，如果不是利益集团与政府的博弈互动，如果缺少美国政府的全力支持，即便有利益集团的积极活动，也不会有 TRIPS 协议。议题挂钩谈判机制的选择是成功缔结 TRIPS 协议的条件之一，如果没有将知识产权议题与贸易议题相挂钩而使发达国家与发展中国家之间相互妥协，发展中国家就不可能接受知识产权保护的全球统一标准，也将不会有 TRIPS 协议的通过。总之，TRIPS 协议的达成是多种因素共同作用的结果。

二　TRIPS 协议缔结过程中"绿屋会议"的民主赤字问题

"绿屋"只是一间普通的会议室——GATT 总干事的会议室，确切的地理位置在瑞士日内瓦湖畔，洛桑大道 154 号的 WTO 秘书处总部大楼二层。为什么叫"绿屋"（Green Room）？迄今大致有四种不同的说法：一是绿色源自 GATT 总干事会议室的绿色墙壁；② 二是指会议室铺设的绿色地毯；三是会议室的绿色天花板；四是认为绿屋只是借喻，英文里绿屋的意思是英国戏剧里演员上台前的休息室。③ 无论关于绿屋起源的考证如何，但可以确定的是，绿屋里召开的会议性质与绿色没有任何的关系。

GATT 东京回合期间就首次出现了"绿屋会议"，在乌拉圭回合中"绿屋会议"非常引人注目。实际上，"绿屋会议"的正式名称是"非

① ［美］苏珊·K. 塞尔：《私权、公法——知识产权的全球化》，董刚、周超译，王传丽审校，中国人民大学出版社 2008 年版，第 39 页。

② Chakravarthi Raghavan, *The Return of the "Green Room"*, *South-North Development Monitor* (*SUNS*), http：//www. twnside. org. sg/title/green2-cn. htm.

③ 关于这一说法，WTO 秘书处在 2008 年 7 月小型部长会的官方主页中解释，绿屋不是一个地点，而是一个寻求共识的非正式磋商程序。绿屋一词原指英国戏剧中演员上台前的休息室。See WTO Secretariat, *World Trade Report* 2007, http：//www. wto. org/english/tratop_ e/dda_ e/meet08_ org_ e. htm#green_ room.

正式的部长级磋商会议"。GATT/WTO 与决策相关的会议分为正式会议和非正式会议。正式会议主要有部长级会议、总理事会会议、各理事会会议（货物贸易理事会、服务贸易理事会以及与贸易有关的知识产权理事会）和各理事会下的委员会会议。这些会议向所有成员开放，其召开时间和相关信息都提前公布。GATT/WTO 决策的做出与这些正式会议的讨论、谈判和磋商结果有关，但由于正式会议的召开时间较短，议题众多，很难在短时间内就众多议题达成每个成员都满意的协议。所以，这些正式会议尤其是部长会议和总理事会会议，都是就事先形成的、含有具体意见的草案文本进行最后磋商和表决。为了使那些将要提交到部长会议或总理事会会议上的草案文本达成基本一致，GATT/WTO 在寻求正式协商一致之前采用非正式会议来"摸底"。在摸清各国对议题的态度之后，根据不同的情况，进一步寻求达成协商一致的可能。① "绿屋会议"是 GATT/WTO 非正式会议②中的一种。该会议一般在发起新一轮多边贸易谈判之前和谈判过程中较多，其频繁程度与谈判进展和形势密切相关。"绿屋会议"一般由 GATT/WTO 总干事主持，他负责召集会议并决定参会人员。在部长会议期间，"绿屋会议"经常由部长会议的主席和总干事共同主持，在其他情况下，"绿屋会议"由 GATT/WTO 总理事会主席主持。美国、欧盟、日本、加拿大是"绿屋会议"中的

---

① 参见余锋《WTO 决策法律制度的民主问题研究》，博士学位论文，厦门大学，2007年，第 33 页。

② GATT/WTO 经常采用的非正式会议有五种形式：（1）非正式的向所有成员方开放的工作组会议。该会议向所有成员方开放，主要由各国的技术性代表组成，专门讨论 GATT/WTO 中相关的技术问题，会议的文件对所有成员方都是开放的。（2）由私人或 GATT/WTO 下属机构的主席组成的非正式会议。召开该会议的目的是了解各成员方对特定问题的底线立场，一般在部长会议前期和期间召开。（3）"绿屋会议"。"绿屋会议"通常由 24—30 个成员方参加，主要包括发达国家、发展中的大国和某些发展中国家集团。它由 GATT/WTO 总干事或总理事会的主席主持，主要是让在某些议题上有重大分歧的成员方进行讨论和磋商，力图在提交给更为广泛的成员方讨论之前形成一个基本的共同意见。（4）"微型部长会议"（Mini-ministerial meeting）。这是一个在成员构成以及目的与"绿屋会议"大致一样的非正式会议，该会议通常是在举行部长会议的东道国的邀请下召开的，且与会人员主要由各成员方的部长组成。（5）非正式的代表首脑会议。该会议向全体成员开放，该会议协商一致的结果在效果上经常类似或等同于正式的理事会或部长会议的决议。

常客，尤其是美国和欧盟，几乎没有他们未参加过的"绿屋会议"。①
总干事会邀请其他发达国家和发展中国家参与，但参与国因议题不同而
不尽相同。"绿屋会议"的决策原则是协商一致，不采用投票表决。
"绿屋会议"是为了在所选国家中就相关问题达成一致意见，为起草谈
判议题的草案寻求共识，且该草案是所有 WTO 成员协商一致的谈判基
础文本；"'绿屋会议'形成的文本草案一旦提交到全体成员方大会上，
它经常一字不差地被通过或者仅有少部分的修改"②。所以，尽管"绿
屋会议"只是非正式会议，但对决策的形成至关重要。

　　绿屋会议室的面积一般都很小。WTO 前总干事迈克·穆尔（Mike
Moore）在回忆录中指出："绿屋的会议室不能太大，否则就需要用麦克
风，因此，绿屋必须比较小，带桌子，里面的空调温度要调得比较低，
让人在即将进行的马拉松谈判中保持清醒。"③ 有媒体这样评论在香港
部长会议期间召开的"绿屋会议"："香港会展中心的 201B 会议室，很
不起眼，只有 40 平方米。自 12 月 13 日以来，正是在这儿，每天都要
举行 WTO 香港会议最核心也最熬人的'绿屋会议'，由 WTO 总干事拉
米和会议主席曾俊华召集，包括中国在内的 26 个成员部长参加，室内
缺乏同传设备，部长们不许带助手和翻译。……宽大舒适的会议室在香
港有的是，但 WTO 秘书处偏偏看中 201B 这间小屋，目的就是要在人
员拥挤、氧气稀少、设施不完善的环境中，让部长们感到难受，不愿久
留，以便早早达成协议。组织者给'绿屋会议'预设了 100 个小时，
而最后阶段几乎是连轴转地开会。平时这些部长在双边会晤中相谈甚
欢，一团和气，可到了多边场合，全都拉下脸，各方唇枪舌剑，锱铢必
较，以致会期过半时，'绿屋'里仍无进展，原先一些积极设想眼看要
泡汤，急得拉米下了死命令，要求'绿屋'彻夜讨论，必须在 17 日凌
晨 6 时前拿出各个议题的案文。17 日的绿屋会议从当晚 23 时开到次日

---

① 参见余锋《WTO 决策法律制度的民主问题研究》，博士学位论文，厦门大学，2007年，第41页。

② Richard H. Steinberg，"In the Shadow of Law or Power? Consensus-Based Bargaining and Outcomes in the GATT/WTO"，*International Organization*，Vol. 56，No. 2，Spring 2002.

③ ［新西兰］迈克·穆尔：《没有壁垒的世界——自由、发展、自由贸易和全球治理》，巫尤译，商务印书馆2007年版，第171页。

9 时，10 个小时不间断地谈判，一些部长不得不中途'逃'出来透透气或打个盹，以至于部长都自嘲，从'绿屋'出来每个人的脸都是绿的。"[①] "绿屋会议"没有"门票"，也没有会议通知，但却对参会者有着严格的限制，只有受到"邀请"的成员才能参加。会议不对外公开会议情况，会议没有录音，也没有任何文字记录。会议门口会有 WTO 秘书处官员手持一张参会者名单，对照名单——放行。[②] 在开始制定 TRIPS 谈判的细节内容后，特别是布鲁塞尔谈判破裂后，成立了很多非正式谈判小组（详见表 4-1），这些非正式谈判小组是真正产生谈判结果的地方。一遇到可能引起争议的问题，一般首先在主要的利益关系方小范围内达成妥协，然后再扩大到全体成员。"开始时，会议只在美国和欧洲进行，然后将日本包括进去，然后是加拿大（四国小组），再然后是四国小组加某些国家，然后是知识产权友好国家（比如像瑞士、瑞典和奥地利等发达国家），在这之后，是 10＋10 组合，包括 10 个选定的发展中国家。"[③] 根据谈判问题的不同，10＋10 小组可能被缩小或扩大，成为 3＋3 或 5＋5 或 25 人小组等。

表 4-1　　　　　　　　　　　　TRIPS 谈判中的非正式谈判组织

序号	TRIPS 谈判中的非正式谈判小组
1	美国、欧共体
2	美国、欧共体、日本
3	美国、欧共体、日本、加拿大（四国小组）
4	四国小组＋某些国家（成员身份取决于不同的问题，但是瑞士、澳大利亚通常在这个小组中）
5	知识产权友好国家，包括四国小组、澳大利亚、瑞士、北欧各国以及像墨西哥这样的发展中国家
6	10＋10 小组（10 个发达国家和 10 个发展中国家）以及它的变体 5＋5、3＋3（如果问题很重要，美国和欧共体总是任何小组的组成部分）
7	发展中国家小组（包括阿根廷、巴西、智利、中国、哥伦比亚、古巴、埃及、印度、尼日利亚、秘鲁、坦桑尼亚、乌拉圭等）

---

① 龚雯：《多哈回合的香港六日》，《环球时报》2005 年 12 月 19 日第 18 版。

② 参见傅星国《WTO 非正式决策机制"绿屋会议"研究》，《世界贸易组织动态与研究》2010 年第 2 期。

③ ［澳］彼得·达沃豪斯、约翰·布雷斯韦特：《信息封建主义》，刘雪涛译，知识产权出版社 2005 年版，第 223 页。

续表

序号	TRIPS 谈判中的非正式谈判小组
8	第 11 小组①（整个 TRIPS 谈判小组，大约有 40 个国家是这个小组的活跃成员）

资料来源：［澳］彼得·达沃豪斯、约翰·布雷斯韦特：《信息封建主义》，刘雪涛译，知识产权出版社 2005 年版，第 161—162 页。

　　我们从表 4 - 1 中可以发现，美国和欧共体是除了发展中国家小组外所有这些小组中的成员。这种小组安排使美国和欧共体可以根据需要对于特定的问题、在适当的时候、适当的地点重新组成更小一些的谈判小组进行更高层次的秘密谈判。美国和欧共体会私下进行双边谈判，即使它们并不总是能够达成协议，但它们的分歧却未影响 TRIPS 谈判过程本身。发展中国家了解这些双边活动，从某种意义上来说，它们是在TRIPS 谈判中浪费自己的时间："我们失去了兴趣"（发展中国家谈判代表说）。② 20 世纪 90 年代后半期，为了加快签署知识产权协议的进程，TRIPS 谈判小组主席拉斯·安奈尔（Lars Anell）（瑞典大使）就是利用这样的小规模谈判小组来讨论主席文本的各部分内容的，一些草案的内容是在最小的谈判小组内完成的。谈判小组中的成员都是经过 GATT 秘书处谨慎选择的，是否适合进行某一谈判是根据代表们的专业基础进行判断的。例如：非洲有千百万的艾滋病人，他们最需要得到廉价的药品，是受药品专利制度影响最大的国家，但是埃及和坦桑尼亚这两个最为活跃的非洲国家从来没有被邀请加入相关的谈判小组中，也没有出席大部分重要的、决定性的会议。事实是直到主席文本成为既成事实，公开放在谈判桌上，大部分国家都没有得到代表席位。归纳起来，"绿屋会议"中的民主赤字问题主要表现在以下两个方面：

---

　　① 埃斯特角城谈判之后，开始形成乌拉圭回合谈判的正式结构。《部长宣言》将谈判分为两个大组：一组对货物问题进行谈判，一组对服务问题进行谈判。两组都向贸易谈判委员会报告工作，该委员会监督整个乌拉圭回合的进程。1987 年 1 月，在日内瓦举行的一次会议上，成立了更多的工作小组。货物谈判小组被分成 14 个谈判小组，其中第 11 谈判小组为与贸易有关的知识产权谈判小组，包括假冒货物贸易谈判小组，即第 11 小组。参见［澳］彼得·达沃豪斯、约翰·布雷斯韦特《信息封建主义》，刘雪涛译，知识产权出版社 2005 年版，第 156 页。
　　② ［澳］彼得·达沃豪斯、约翰·布雷斯韦特：《信息封建主义》，刘雪涛译，知识产权出版社 2005 年版，第 162 页。

（一）代表性缺乏

"绿屋会议"的参加者最多的时候只有 30 多个成员，虽然有些发展中国家有时候会获邀参加会议，但是 GATT/WTO 的成员方有 100 多个，不能假定一成员能代表其他成员，而且其建立的多层次、小范围的磋商圈子，在需要时可能会随时关闭，在商讨重要事情时将发展中国家排除在外，决策圈之外的国家成为局外人，成为"被边际化"的"二等成员"。发展中国家和发达国家在代表数量上严重不均衡，不符合参与广度的要求。另外，会议没有录音，也没有任何文字记录，而这些没有任何记录的讨论最终将被作为正式会议做出决策的基础以及作为最终结果的文本基础，严重妨碍了那些被拒绝参加和无法参加"绿屋会议"的成员知晓会议内容的权利，被拒绝参加和无法参加"绿屋会议"的成员就难以有机会表达自己的观点，这就违反了参与深度的要求。对于没有参加"绿屋会议"的成员方而言，他们只是既定事实的被动接受者，而非能动决策者。总之，"绿屋会议"不符合参与广度和参与深度的要求，不利于成员方的有效参与，是缺乏代表性的不民主会议。

（二）透明度缺乏

前已述及，透明度要求信息应是公开的，每一个阶段、每一步骤、每一次会议都应当以看得见的方式进行；信息应是易于获得的，所有成员方都应该能够及时获取、知悉相关的资料和信息。

"绿屋会议"不像正式会议（如部长会议和总理事会会议等）那样在 GATT/WTO 的年度公告栏中写明有日程安排，它是临时性的，提前通报的情况比较少见。那么，即使发展中国家成员方受到了邀请，但它们一则对会议讨论的议题毫不知情，二则没有足够的时间计划、准备和分配资源，而发达国家成员方则完全不同，这些会议主要是由美国、欧盟、日本和加拿大等国家牵头，它们对会议将要讨论的问题都有详细的了解和充分的时间准备，因此发达国家成员方在会议磋商中游刃有余，而发展中国家成员方在会议期间则无法很好地应对发达国家成员方。

即使被邀请参加"绿屋会议"的成员方，"绿屋会议"中使用的语言也有可能阻碍他们进一步发表意见和了解磋商的"玄机"。"绿屋会议"的会议室内缺乏同传设备，部长们不许带助手和翻译，英语俱乐部的氛围使"绿屋会议"的协商过程对那些即使参加进来的国家（如非洲法语国家）来说也是令人沮丧的，如果发展中国家的代表未掌握流利、娴熟的英语，即使参加了"绿屋会议"，也仍然无法获取和知悉相关的资料和信息。

"绿屋会议"的讨论结果总是在最后阶段才提交到部长会议全会中去。对于发展中国家成员方来说，它们没有参与"绿屋会议"的讨论，而会议也没有任何形式的记录，那么它们对于争论的细节、成员方相互间政治妥协的基点等诸多方面就无从了解，也就无从知晓各个成员方对相关议题的真实态度和底线，更不清楚相关成员方对他们的意见持什么样的态度。在时间紧迫的部长会议上，它们能做的，除了接受不符合自身利益的决议和被发达成员方告知不能在表决的最后阶段反对以外，别无其他选择。一位东南亚代表这样说道："我用滑稽这个词来描绘磋商。这些磋商意味着什么呢？我参加了三次关于贸易便利化的会议，其中有许多非洲国家、LDCs 和加勒比国家。当这些会议正在进行的时候，在新加坡举行的'微型部长会议'也在召开。大约 30 个国家中的 20 至 25 个国家对该议题表示了否定，但意见完全被忽略了。奇怪的是却没有记录，没有人知道谁说了什么，最后的文本是总干事和副总干事起草的。所以，问题是，你能参加许多会议，但它反映了什么？"①

因此，"绿屋会议"有违民主原则，是暗箱操作的"黑屋"，缺乏透明度。

三 TRIPS 协议缔结过程中的信息不对称：透明度缺乏

"在一定限度内，知识产权法与为表示对天主教堂的怀旧用拉丁语写成的圣经一样晦涩难懂。"② 知识产权对大部分贸易谈判代表来说都是新课题，对于 GATT 秘书处的成员和 TRIPS 谈判小组主席拉斯·安奈尔本人来说都是新内容，对于发展中国家来说更是如此，这些国家中的大部分人对知识产权闻所未闻。"1984 年，当美国与韩国开始进行知识

① Kwa, Aileen, *Power Politics in the WTO*（Updated Second Edition）, http://online. forum-syd. se／web／Arkiv／0000F3FB – 80000002／00386268 – 000F6CFB. – 1／power-politics-in-the-WTO. pdf.

② ［美］苏珊·K. 塞尔：《私权、公法——知识产权的全球化》，董刚、周超译，王传丽审校，中国人民大学出版社 2008 年版，第 97 页。

产权谈判时，在韩国没有任何法律院校讲授知识产权法，也没有任何韩国知识产权法专家。"[1] "1987年，韩国才正式颁布《著作权法》，但该法形同虚设。韩国的司法实践中历来没有版权出现，更不用说大众文化与大众意识了。"[2] 韩国在知识产权问题上缺乏专业知识是TRIPS谈判一开始时发展中国家的典型。1989年，中美第一次知识产权谈判时，中国的《专利法》才实施5年，中国的《著作权法》尚未制定。中国几乎是在一张白纸上与1790年就制定了《专利法》并急于将完全有利于自己国家利益的竞争规则推行到全球的美国在谈判新规则的适用。谈判结束后，中国修改了刚实施5年的《专利法》，制定了《著作权法》等相关知识产权法律。[3] 正如Daniel Gervais所说："专业知识和资源的不对称使得发展中国家在讨论到细节的、神秘的起草问题特别是那些和现有的公约如《伯尔尼公约》《巴黎公约》的具体历史相联系的问题时处于不利地位。"[4] 发展中国家在根本不知道知识产权问题将会是一个重要议题、没有一个特别连贯的议程、只配备了贸易专家而没有知识产权专家的情况下进入了乌拉圭回合。[5] 南非贸易代表完全不了解他们签订TRIPS协议所带来的后果，很多发展中国家被蒙在鼓里，它们并不清楚TRIPS协议对其国民意味着什么。

而美国拥有大量的资源和专家，美国国内的私人利益集团随时为政府提供有关知识产权的所有相关信息和专业知识。知识产权法高度专业又晦涩难懂，在知识产权国际保护问题上，政府的相关信息和专业知识都有所欠缺。知识产权国际保护的相关信息主要涉及外国知识产权保护

---

① Peter Drahos, "Global Property Rights in Information: The Story of TRIPS at the GATT", cited from Matthew Turk, "Bargaining and Intellectual Property Treaties: the Case for a Pro-development Interpretation of Trips but not TRIPS plus", *N. Y. U. J. Int'l L. & Pol.*, Vol. 42, Spring 2010.

② ［澳］彼得·达沃豪斯、约翰·布雷斯韦特：《信息封建主义》，刘雪涛译，知识产权出版社2005年版，第22页。

③ 参见王汉坡《分歧与合作——中美两国创新战略中的知识产权政策对比分析》（上），《中国知识产权报》2012年4月18日第5版。

④ Daniel Gervais, *Intellectual Property*, *Trade and Development: Strategies to Optimize Economic Development in a TRIPS-plus Era*, Oxford, New York: Oxford University Press, 2007, p. 12.

⑤ Matthew Turk, "Bargaining and Intellectual Property Treaties: the Case for a Pro-development Interpretation of TRIPS but not TRIPS PLUS", *N. Y. U. J. Int'l L. & Pol.*, Vol. 42, Spring 2010.

状况对本国企业的影响。跨国公司通常在所投资的国家都有用来收集有关知识产权法律与实践以及侵犯知识产权信息的私人网络，它们比政府更了解外国的知识产权保护状况，因此政府往往依赖大的知识产权跨国企业来提供他国侵犯知识产权的规模、范围及受影响企业的损失评估这样的信息。在专业知识方面，跨国公司都拥有高素质的知识产权管理部门和知识产权律师，知识产权律师是在科学、工程、化学或生物化学等领域拥有专业技术背景的专业知识的提供者，政府不得不依赖于这些知识产权专家将知识产权中复杂的专业性问题转化为可理解的政治性语言，使知识产权和国际贸易间的联系清晰化。私人利益集团拥有的这些信息和专业知识优势资源使他们可以通过直接渗透的方式来影响政府的知识产权政策，对将知识产权保护列为国际贸易谈判的主要议题起到了重要作用。美国在乌拉圭回合谈判中派了一个由各种知识产权（包括专利、版权和商标等）专家组成的代表团，美国私人利益集团的专家也等在谈判室外的走廊里，有时也出现在谈判室内，这些专家对他们各自所属行业的知识产权内容了如指掌。"美国谈判代表由美国大公司的代表们陪同，他们与美国谈判小组的成员坐在一起，在关键阶段把信息传递给这些谈判代表。"① 其他国家偶尔会派一位知识产权专家陪同它们的贸易谈判代表。由于在知识产权问题上的经验和专业知识不足，发展中国家在谈判过程中提出的对立建议（counter-proposals）比如公共利益、短期专利期限和知识产权所有人在发展中国家实施其发明的义务②等含糊不清、行不通，招致发达国家私人利益集团的知识产权专家的批判。发展中国家代表在知识产权方面还是初学者，科技和法律专业知识的特权使工业化国家谈判者可以"拉大等级"并使发展中国家谈判者接受"专家知识的培训"。③

　　资源和专业知识的不对等使 TRIPS 谈判过程中参与谈判的发展中国家成员方没有得到各种可能的结果所产生后果的充分信息，而美国和欧

---

① ［澳］彼得·达沃豪斯、约翰·布雷斯韦特：《信息封建主义》，刘雪涛译，知识产权出版社 2005 年版，第 164 页。

② 参见［美］苏珊·K. 塞尔《私权、公法——知识产权的全球化》，董刚、周超译，王传丽审校，中国人民大学出版社 2008 年版，第 108 页。

③ 同上。

盟则了解谈判的所有进展情况，能够及时获得和知悉所有相关的资料和信息，所以，TRIPS 协议谈判过程中参与各方的信息存在严重的不对称问题，是单方面的透明过程，即对美国和欧盟等发达国家而言是透明的，对发展中国家而言则是不透明的。

四　TRIPS 协议缔结过程中的胁迫型经济外交政策：支配性问题

大部分发展中国家属于农业经济，提高知识产权保护标准并不能使它们得到太多收益。印度从 20 世纪 60—80 年代一直领导发展中国家反对美国一步步提高知识产权保护标准的行动。以印度、巴西为首的发展中国家"十国集团"① 强烈反对将知识产权纳入 GATT，它们质疑 GATT 是否具备处理知识产权问题的能力。因此，美国进行双边谈判的重点是发展中国家。IPC 频频督促 USTR 采用"胡萝卜加大棒"的策略对发展中国家施压，一方面以放宽农产品的市场准入和纺织品出口的"胡萝卜政策"来吸引发展中国家，另一方面，USTR 继续利用攻击性的特别 301 条款和普惠制（Generalized System of Preferences，GSP）的"大棒"来压制发展中国家。从 1983 年起，美国与亚洲的一些国家和地区进行了谈判。《1988 年综合贸易与竞争法》出台后，USTR 利用特别 301 条款的强化授权，加快了双边谈判的力度（见表 4 - 2）。

表 4 - 2　　　　　1983—1991 年部分美国知识产权双边谈判情况一览

案例	中国台湾电影	韩国智慧财产权	巴西药品专利权	阿根廷药品专利权	韩国影片配额限制	泰国智慧财产权	泰国专利权保护	印度智慧财产权	中国智慧财产权	中国市场进入障碍
申请	1983	1985	1987	1988	1988	1990	1991	1991	1991	1991
结束或暂时中止	1984	OPEN	OPEN	1989	1988	1991	OPEN	OPEN	1992	OPEN
国际争端解决小组参与	NO	NO	NO	NO	NO	NO	NO	NO	NO	NO

---

① 十国集团即 G - 10，包括阿根廷、巴西、古巴、埃及、印度、尼加拉瓜、尼日利亚、秘鲁、坦桑尼亚、南斯拉夫。

续表

案例	中国台湾电影	韩国智慧财产权	巴西药品专利权	阿根廷药品专利权	韩国影片配额限制	泰国智慧财产权	泰国专利权保护	印度智慧财产权	中国智慧财产权	中国市场进入障碍
目标消除或达成协议	不清楚	YES	YES	YES	YES	YES	OPEN	OPEN	YES	OPEN
美国采取报复	NO	NO	YES	NO	NO	NO	NO	NO	NO	NO

资料来源：凌金铸：《知识产权因素与中美关系：1989—1996》，上海人民出版社 2007 年版，第 60—61 页。

从表 4 - 2 中可以看到，在 1983—1991 年美国与他国或地区的 10 起知识产权双边谈判中，有 6 起达成了协议，有 3 起没有最后结论，美国实施报复的只有 1 次，国际争端解决小组没有 1 次介入。总的来看，美国知识产权双边谈判的效果是非常明显的。[①] 持强硬态度的发展中国家中，阿根廷、埃及、南斯拉夫被列入特别 301 条款 "观察名单"，巴西、印度被列入 "重点观察名单"。双边谈判与 301 制裁的威胁削弱了反对 GATT 议事日程的力量。

在乌拉圭回合 TRIPS 谈判过程中，美国继续推行胁迫型经济外交政策，通过 301 条款（包括特别 301 条款）和 GSP 来软化反对 TRIPS 协议的国家。USTR 设计了金字塔形的执法结构：从 "观察名单"（Watch List）到 "重点观察名单"（Priority Watch List），再到 "重点国家"（Priority Foreign Country）名单，然后是取消 GSP 下能够得到的好处。

美国以 301 条款为 "大棒"，迫使许多国家或地区提高知识产权保护水平。301 条款将那些按照美国标准衡量的，没有为知识产权提供充分、有效保护的国家和地区划分等级，对不同等级的国家实行不同的贸易报复和制裁。301 条款始见于美国《1974 年贸易法》第 182 条，该法将美国《1962 年贸易扩展法》第 252 节扩大、修订成为第 301 节，301 条款由此得名，其旨在解决不适当、不合理的进口限制。《1979 年贸易协定法》对 301 条款做了进一步修订。《1984 年贸易与关税法》对 301 条款又进行了修订，之后通过的《1988 年综合贸易与竞争法》对知识产权的保护做了

---

① 参见凌金铸《知识产权因素与中美关系：1989—1996》，上海人民出版社 2007 年版，第 60 页。

专门规定，对 301 条款做了最重大的修改，由此产生了 301 条款的两个衍生条款——超级 301 和特别 301。我们通常所说的 301 条款是指《1988 年综合贸易与竞争法》第 1301—1310 节的全部内容，这 10 节内容的标题是"实施美国依贸易协定所享有的权利和回应外国政府的某些贸易做法"。301 条款的核心内容是：当外国的法律、政策和做法违反了任一贸易协议的规定，或与贸易协议的规定不一致，或否定了美国依据贸易协议所享有的权利或是不公正的，并对美国商业造成负担和限制时，USTR 应当实施强制性的制裁措施，迫使外国政府修改有关政策或做法。根据特别 301 条款，USTR 每年发布《特别 301 评估报告》，根据自己的法律和贸易需要，对与美国有贸易关系的国家的知识产权保护情况进行全面评价，然后根据被美国发现的问题的严重程度，给这些国家划分等级，分别列入"观察名单""重点观察名单""重点国家"。被列入"观察名单""重点观察名单"的国家不会立即面临报复措施或要求磋商，这是美国对这些国家的知识产权政策、法律和执行情况的一种警示态度。被列入"重点国家"名单的国家，在名单公告后的 30 日内，美国会对其展开 6—9 个月的调查并与之进行谈判，迫使该国采取相应的措施检讨和修正其政策与法律，否则美国将实施贸易报复措施。

在 1985—1994 年，美国对很多国家和地区都使用了 301 条款，包括：巴西（1985 年、1987 年、1993 年）、韩国（1985 年）、阿根廷（1988 年）、泰国（1990 年、1991 年）、印度（1991 年）、中国（1991 年、1994 年）和中国台湾地区（1992 年）。一旦某一国家被美国列入知识产权监督名单，这个国家就陷入了一种被威胁的气氛中，因为 301 条款就在那儿"潜伏"着。贸易制裁就像达摩克利斯之剑一样悬在发展中国家的头顶上。为了避免被写入真正有害的《特别 301 评估报告》中，每年在 USTR 特别 301 条款评审的最终期限临近时，各国就会赶紧修订它们的知识产权法，或者把更多从事盗版的人投到监狱，加大惩罚力度或者采取其他有效措施，努力证明它们在尊重美国知识产权方面愿意承担责任。① 许多发展中国家为了缓解 301 条款的压力，接受了美国

① 参见［澳］彼得·达沃豪斯、约翰·布雷斯韦特《信息封建主义》，刘雪涛译，知识产权出版社 2005 年版，第 114 页。

所提出的在乌拉圭回合中讨论与贸易有关的知识产权问题的提议。

GSP 是美国对发展中国家所挥舞的另一根"大棒"。GSP 是发展中国家所享有的一种非互惠的关税减免待遇。GSP 的产生是由联合国贸易与发展会议（简称联合国贸发会）所倡议的。1968 年，在印度新德里召开的联合国贸发会第二次会议中通过了著名的第 21（II）号决议。该决议要求建立有利于发展中国家的普遍的、非互惠的与非歧视的关税优惠待遇体制，包括对最不发达国家采取特殊的措施。它还进一步指出这种优惠待遇的目的是增加发展中国家的出口收入、促进它们的工业化进程与提高它们的经济增长率。美国的 GSP 计划经《1974 年贸易法》授权，开始于 1976 年 1 月。在美国 GSP 的计划下，指定的受益国能够以零关税出口符合美国标准的商品到美国。一开始，是否保护知识产权不作为衡量能否成为 GSP 受益国的合格标准。20 世纪 80 年代早期，美国娱乐业、出版业利益集团发现东南亚主要从事盗版活动的国家和地区非常依赖 GSP，于是游说美国国会，要求规定一国的 GSP 地位应该取决于其知识产权保护状况。经过《1983 年加勒比盆地经济复兴法案》和《1984 年贸易与关税法》的修改，将能否享受 GSP 的好处与知识产权保护状况联系起来，美国总统要视某国对知识产权保护的表现决定它是否该得到或继续得到 GSP 的好处，符合美国知识产权要求的国家就得到根据 GSP 而享有非互惠关税减免，反之就得不到 GSP 的优惠待遇。1987年，美国拒绝给予墨西哥 GSP 优惠，墨西哥因为没有提供药品专利保护而丧失了 5 亿美元的 GSP 优惠。1988 年 1 月，里根总统宣布从 1989 年起，新加坡、韩国、中国香港、中国台湾地区将不再享受 GSP 的待遇。1988 年 5 月，美国正式将东亚新兴工业国家从发展中国家的名单中撤下，使其不再获得 GSP 优惠。之后，泰国（1989 年）、印度（1992 年）也因为未达到知识产权保护的一定标准而分别遭受了 1.65 亿美元和 8亿美元的损失。[1] 美国附条件的 GSP 计划合法地成为其对外政策的工具之一，因为这允许美国在某些情况下以牺牲发展中国家的利益为代价强制实施其政策目标。来自发展中国家的学者犀利地指出，在附加若干条

---

① 参见〔澳〕彼得·达沃豪斯、约翰·布雷斯韦特《信息封建主义》，刘雪涛译，知识产权出版社 2005 年版，第 100 页。

件的情况下，GSP 最终可以被发达国家用作"撬动发展中国家的杠杆（leverage）"①。美国的做法使一些发展中国家开始改变知识产权问题的进程。

美国将 301 条款（包括特别 301 条款）和 GSP 联合使用，即使发展中国家不再享受美国 GSP 的待遇，美国还可以使用 301 条款对付它们。经历美国所推行的胁迫型经济外交政策的压力，发展中国家更愿意找到缓解这种压力的策略，在它们看来，在 TRIPS 协议下的互相合作是达到这一目标的方法。原本不愿意妥协的发展中国家在 1989 年年底与发达国家的谈判者达成合意，同意在乌拉圭回合中讨论与贸易有关的知识产权问题。以贸易制裁相威胁、以 GSP 为条件来迫使发展中国家接受其并不愿意参加的国际条约，不仅违背了"不得强迫国家缔约"的一般国际法准则，也违背了民主协商的非支配性要件。

对于 TRIPS 缔结过程的分析为我们解开了一个疑惑，那就是：为什么 100 多个知识产权净进口国（发展中国家）签订了有利于少数几个知识产权净出口国（发达国家）尤其是最大的知识产权净出口国——美国的 TRIPS 协议？答案就在于：在决定 TRIPS 协议的重要技术细节和议题时，发展中国家根本不在场，它们的利益并未得到代表；在知识产权问题上资源和专业知识的不足使发展中国家成员方对攸关自己利益的 TRIPS 协议了解得并不清楚；加之美国在谈判前和谈判中以 301 条款（包括特别 301 条款）和 GSP 为手段推行胁迫型经济外交政策打压发展中国家，使得 TRIPS 谈判根本不具有代表性，谈判过程建立在错误的信息和支配性的基础之上。因此，有学者感叹："我们现在的知识产权制度代表着民主进程的失败！"②

---

① Norma Breda dos Santos, Rogerio Farias & Raphael Cunha, "Generalized System of Preference in General Agreement on Tariffs and Trade, World Trade Organization: History and Current Issues", *Journal of World Trade*, Vol. 39, No. 4, 2005.

② ［澳］彼得·达沃豪斯、约翰·布雷斯韦特：《信息封建主义》，刘雪涛译，知识产权出版社 2005 年版，第 12 页。

第二节　TRIPS-plus 协议缔结过程的非正当性

一　TRIPS-plus 协议的缔结概述

美国自 2000 年起陆续与约旦、新加坡、智利、摩洛哥、澳大利亚、巴林、阿曼签订双边贸易协定（Bilateral Trade Agreements，BTAs），与中美洲（包括哥斯达黎加、萨尔瓦多、危地马拉、洪都拉斯、尼加拉瓜）及多米尼加签订区域贸易协定（Regional Trade Agreements, RTAs），与安第斯国家中的秘鲁、哥伦比亚签订贸易促进协定（Trade Promotion Agreements，TPAs）。美国还在 2006 年 12 月与巴拿马、2007 年 4 月与韩国达成双边贸易协定之协议，尚在与南非洲关税联盟（Southern African Customs Union，SACU）①、阿拉伯联合酋长国、泰国、马来西亚进行协商。美国自 2000 年起至今已签订的 FTAs，大部分对象是中小国家（见表 4－3）。这些 FTAs 的核心元素是建立强有力的知识产权法制，其中加入了比 TRIPS 更高的知识产权保护条款，即 TRIPS-plus 条款。

表 4－3　　　美国近年缔结的主要贸易协定统计（2000—2012）

序号	协定名称	协定范围	签订、生效状态及时间
1	美国—约旦 FTA	货物及服务贸易	2000 年 10 月 24 日签订
			2001 年 12 月 17 日生效
2	美国—新加坡 FTA	货物及服务贸易	2003 年 5 月 6 日签订
			2004 年 1 月 1 日生效
3	美国—智利 FTA	货物及服务贸易（包含劳工、环境、知识产权）	2003 年 6 月 6 日签订
			2004 年 1 月 1 日生效
4	美国—中美洲及多米尼加自由贸易协定（CAFTA-DR）	货物及服务贸易	2004 年 8 月 5 日签订
			2006 年 3 月 1 日生效
5	美国—摩洛哥 FTA	货物及服务贸易	2004 年 3 月 2 日签订
			2006 年 1 月 1 日生效

---

① 包括南非、纳米比亚、博茨瓦纳、斯威士兰和莱索托。

续表

序号	协定名称	协定范围	签订、生效状态及时间
6	美国—澳大利亚 FTA	货物及服务贸易	2004 年 5 月 18 日签订
			2005 年 1 月 1 日生效
7	美国—巴林 FTA	货物及服务贸易	
			2006 年 8 月 1 日生效
8	美国—哥伦比亚 TPA	货物贸易	2006 年 11 月 22 日签订
			2012 年 5 月 15 日生效
9	美国—阿曼 FTA	货物及服务贸易	2006 年 1 月 19 日签订
			2009 年 1 月 1 日生效
10	美国—秘鲁 TPA	货物及服务贸易	2006 年 4 月 12 日签订
			2009 年 2 月 1 日生效
11	美国—巴拿马 TPA	货物贸易	2007 年 6 月 28 日签订
			2011 年 10 月 21 日生效
12	美国—韩国 FTA	货物及服务贸易	2007 年 6 月 30 日签订，2010 年 12 月 3 日签订新协议
			2012 年 3 月 15 日生效
13	美国—马来西亚 FTA	货物及服务贸易	2006 年 3 月启动谈判，尚未签订
14	美国—泰国 FTA	货物及服务贸易	2006 年 3 月启动谈判，尚未签订
15	美国—SACU FTA	货物及服务贸易	尚未签订
16	美国—阿拉伯联合酋长国 FTA	货物及服务贸易	尚未签订

资料来源：整理自美国贸易代表办公室网站（http：//www. ustr. gov/trade-agreements/free-trade-agreements）。

美国长期以来一直高举 WTO 的大旗，对区域经济一体化关注不多。直到 1989 年参加亚太经合组织（Asia-Pacific Economic Cooperation，APEC），才开始卷入区域经济一体化潮流。但至今美国参加的区域贸易协定并不多，并主要集中在亚太地区（见表 4 - 4）。

表 4 - 4　　　　　　　　美国倡议或参与的区域贸易协定

序号	协定名称	成员	状态与时间
1	亚太自由贸易区（FTAAP）	APEC 21 个成员	至今仍是倡议；2005 年美国正式表态支持该项倡议，2006 年成为主要推手

续表

序号	协定名称	成员	状态与时间
2	美国—东盟贸易投资框架协定（TIFA）	东盟 10 国，美国	2006 年 8 月缔结*
3	中东自由贸易区（MEFTA）	中东各国，美国和"其他国家"（未定）	2003 年 5 月布什总统提议组建有美国参与的中东区域自由贸易协定，至今仍是设想
4	跨太平洋伙伴关系协定（TPP）	智利、新西兰、新加坡、文莱、美国、澳大利亚、秘鲁、越南、马来西亚、日本、加拿大、墨西哥	2016 年 2 月 4 日，12 个成员方正式签署协定

　　*这是美国与东盟整体缔结的协定，此外，美国还分别与印度尼西亚、菲律宾签署了贸易投资框架协定（TIFA），并与文莱、柬埔寨、越南完成了该项协定的谈判。2009 年，美国与东盟又制订了强化 TIFA 的计划。TIFA 的内容和深度都不如 FTA。

　　资料来源：参见陆建人《美国加入 TPP 的动因分析》，《国际贸易问题》2011 年第 1 期。

　　由于 TRIPS 规定了最惠国待遇原则，发展中国家一旦签署 FTAs，就必须修改国内法，其他发达国家若在这些发展中国家销售产品，就可以搭美国的便车。因此诸如欧盟、日本等其他发达国家对美国签订 FTAs、订立 TRIPS-plus 条款的趋势都持观望的态度。①

　　TRIPS-plus 协议的形成也是多种因素共同作用的结果，主要有以下几个方面的原因：

　　（一）知识产权国际立法环境的变迁是 TRIPS-plus 协议形成的决定性因素

　　美国一直希望建立全球知识产权体制，借由知识产权扩张本国的经济影响力。TRIPS 协议就是美国大力推动、整合全球知识产权体制的结果。TRIPS 协议实施后，美国继续谋求强化 TRIPS 协议的现有义务，而不仅仅是维持现有义务。由于发展中国家在 TRIPS 谈判过程中完全处于被动挨打的境地，在谈判前既没有对知识产权保护进行充分的研究，也完全不了解发达国家发动这场高标准知识产权国际保护运动的真实意图，不了解它们签订 TRIPS 协议所带来的后果，导致 TRIPS 协议签订时它们在"沉睡"，TRIPS 达成后它们才"苏醒过来"，才知道自己的利

　　① Oxfam briefing paper, *Patents versus Patients: Five Years after the Doha Declaration*, 2006, pp. 18 – 19, http：//www. oxfam. org. uk/what_ we_ do/issues/health/downloads/bp95_ patents. pdf.

益损失殆尽。① 它们逐渐认识到 TRIPS 协议的"最低标准"给自己带来了沉重的负担，所以开始有意识地采取集体行动在 WTO 体制内外利用各种渠道分析和批判 TRIPS 协议，要求澄清协议中有利于发展中国家的弹性条款，要求修改协议。随着艾滋病等传染病在发展中国家的蔓延，因专利药品高昂的药价所引发的药品的可及性问题使发展中国家的公共健康问题更是雪上加霜，发展中国家试图通过 TRIPS 协议中规定的弹性机制如强制许可等来解决传染病问题。而美国在药品行业的知识产权政策向来受到本国医药企业的强烈影响，主张实行强大的专利保护，不愿意为了药品的可及性问题而限制专利权，并将发展中国家取得专利药品困难的原因归于贫穷。在总结和吸取 GATT 乌拉圭回合知识产权问题谈判的教训后，发展中国家搁置分歧，统一立场，利用其他政府间和非政府间组织对公共健康危机的高度关切，通过开展外交努力，形成强大的国际舆论，迫使发达国家在知识产权保护问题上改变其强硬的政策。从 2001 年 11 月《多哈宣言》到《总理事会决议》，再到 2005 年 12 月总理事会《关于修正 TRIPS 协议的决议》，都是围绕知识产权的软化处理而展开的。另外，发达国家在 WIPO 中倡议的实质专利法条约（Substantial Patent Law Treaty，SPLT）② 因发展中国家反对，也陷入了僵局。在多边领域，发达国家再也不能一手遮天，WTO 在短期内也不再是发达国家推行其知识产权保护战略的理想场所。

在通过多边主义途径推进知识产权行动日程难以奏效之后，美国为了推行加强知识产权保护的既定政策，除了继续以特别 301 条款等威胁利诱手段对发展中国家施加压力之外，重返知识产权保护的双边主义。巴西著名学者 Correa 认为，美国将关注点转向双边条约，是对其在 WTO 内所遇之逐渐增强的阻力的一种反应。③ 美国通过体制转换（re-

---

① Lei Zhaoxia, "Intellectual Hegemony and Its Restraint in Post-TRIPs Era", *China Legal Science*, No. 2, 2010.

② Substantial Patent Law Treaty（SPLT）是欧盟、日本、美国 2001 年 5 月在 WIPO Standing Committee on the Law of Patents 中提出的，目的是要调和专利法的实质原则，试图建立专利方面的一套统一的标准。SPLT 草案内容见 WIPO 网站（http://www.wipo.int/edocs/mdocs/scp/en/scp_5/scp_5_2.pdf）。

③ C. Correa, "Bilateralism in Intellectual Property: Defeating the WTO System for Access to Medicines Case Western Reserve", *Journal of International Law*, Vol. 36, No. 1, 2004.

gime shifting）和论坛转移（forum shifting）① 策略，利用双边和区域贸易体制下经济力量的不对称重建新的知识产权规范，自由贸易协定就成为其实现双边主义的首要工具。"实际上，体制转换和论坛转移一直是主导知识产权国际规则的国家影响知识产权国际化进程的重要策略。在近现代知识产权国际造法的历史上，伴随立法环境的变迁，双边主义、多边主义曾反复、交替出现"②，从而使知识产权国际保护标准呈阶梯式不断向上、不断上升的"棘轮效应"（ratchet effects）。20 世纪 70 年代，当发展中国家在 UNCTAD 有关国际技术转让的争论中占据上风时，发达国家成功地将有关此问题的谈判转移到了政治色彩较淡的 WIPO 中进行。而到了 80 年代，当发展中国家强烈要求修改《巴黎公约》时，以美、欧为首的发达国家又将讨论中心移至了 GATT。由 UNCTAD 至 WIPO，由 WIPO 至 GATT，由 GATT 至 TRIPS，由 TRIPS 至 FTAs。换而言之，所谓的"论坛转移"就是相机主动改变议题谈判场合，以求得更有利于己方的谈判结果。在后 TRIPS 时代知识产权多边谈判陷入僵局的情况下，双边和区域贸易协定在全球的兴起为知识产权强国提供了一个可控的体制，在"一对一"的双边情形下，一则可更有效地利用自身经济力量的优势提供更多的优惠作为筹码要求贸易伙伴在知识产权方面做出让步，二则可利用发展中国家国情均不相同、弱点亦不相同的现实，通过同发展中国家个别签订自由贸易协定的方式各个击破，足以分化发展中国家在多边谈判过程中的联盟，实行分而治之策略，为将来"有顺序的谈判"打下基础。③ 因此，美国转而在较小体制下推行 TRIPS-plus 是有历史必然性的。概言之，即南方崛起，发达国家渐觉形势不利；以退为进，发达国家移情双边主义。

---

① 美国学者 Laurence R. Helfer 提出，forum shifting or regime shifting 指为了改变现状，将条约协议、法律制定或标准设定活动由一个国际领域转换至另一个国际领域。See Laurence R. Helfer, "Regime Shifting: The TRIPs Agreement and New Dynamics of International Intellectual Property Lawmaking", *Yale J. Int'l L.*, Vol. 29, Winter 2004.

② 杨静：《美国自由贸易协定中 TRIPS-plus 规则的立法动力分析》，《知识产权》2011 年第 7 期。

③ 强国把双边、区域贸易协定中的规则推广为多边贸易规则的过程被称为有顺序的谈判（sequential negotiation），这一过程使得强国在 FTA 中的意志最终转化为国际制度的多边贸易规则。参见代中现《中国区域贸易一体化法律制度研究》，北京大学出版社 2008 年版，第 11 页。

（二）国家及利益集团的积极推进是 TRIPS-plus 协议形成的重要力量。

尽管 TRIPS 协议的一个拥护者得意扬扬地大声说，"我们得到了我们想要的 95%"，5% 永远是重要的，95% 是永远不够的。[①] 国家缔结贸易协定的原动力和最终目标就是追求经济利益的最大化。"知识产权是资本主义核心规范的一部分。"[②] 知识产权保护是美国的核心、敏感利益，美国制定、推行 TRIPS-plus 协议的目的就在于通过控制知识产权保护的规则来完成其主控的全球布局，实现国家利益。TRIPS-plus 协议和药品就是那另外的 5%。[③]

与缔结 TRIPS 协议时所使用的策略相同，美国采取议题挂钩的方式，将知识产权之外的各种贸易利益与知识产权问题挂钩并作为快速提升保护标准的筹码，同时通过特别 301 条款、337 条款调查等单边机制对其他国家施压使其让步。同美国缔结 FTAs 的国家大都是想通过议题挂钩实现本国的经济利益。双边机制下的贸易利益与多边机制下相比更加实在，更有诱惑力。纯粹从经济上损益分析的观点看，发展中国家提高知识产权保护可以换取本国产品进入美国市场或避免失去美国市场，外国直接投资加大等，[④] 从而加入世界经济体系，增加农产品、纺织品出口，增加收入，以减轻贫穷问题，而提高知识产权保护对于发展中国家公共健康等的冲击则并不是立即和明显的。此外，"美国将 FTAs 作为对某些国家政治支持的认可和奖励，一些发展中国家也将其视为与美国建立政治联系的重要外交政策工具，认为与 FTAs 所带来的政治利益

①　Susan K. Sell，"TRIPS was Never Enough：Vertical Forum Shifting, FTAS, ACTA, and TPP"，*J. Intell. Prop. L.*，Vol. 18，Spring 2011.

②　[美] 苏姗·K. 塞尔：《私权、公法——知识产权的全球化》，董刚、周超译，王传丽审校，中国人民大学出版社 2008 年版，第 24 页。

③　Susan K. Sell，"TRIPS was Never Enough：Vertical Forum Shifting, FTAS, ACTA, and TPP"，*J. Intell. Prop. L.*，Vol. 18，Spring 2011.

④　以美国与约旦签订自由贸易协定为例，美国官方宣称如果约旦签署协议，将会获得：(1) 鼓励外国直接投资约旦制药产业；(2) 刺激约旦药品研发；(3) 已经引进 65 种新药至约旦。实际上，约旦自从签署自由贸易协定后，并未获得美国所宣称的利益。参见张宏节《后杜哈时代开发中国家公共健康问题与 TRIPS 协定弹性机制之研究——兼论我国修法方向》，硕士学位论文，台湾交通大学管理学院硕士在职专班科技法律组，2007 年，第 117—118 页。

相比，知识产权保护的代价微不足道"①。因此，一些发展中国家也基于政治和外交因素的考虑，在权衡利弊之后，选择牺牲长期的、隐性的知识产权利益来换取市场准入等短期的、显性的经济利益，全盘接受TRIPS-plus 协议。

　　FTAs 中的知识产权规则缘于国家的积极推动，也离不开知识产权利益集团的运作。在过去几十年，知识产权国际立法基本被制药业、娱乐业所操纵。利益集团对于影响政府决策和贸易规则从而寻求自身利益最大化的做法早已驾轻就熟。2001 年《多哈宣言》及后续的修正TRIPS 协议的系列决议出台前后，知识产权利益集团就已经敏锐地感到了形势的不利，美国药品研究与制造商协会（The Pharmaceutical Research and Manufacturers of America，PhRMA）在《总理事会决议》通过后，就已认定 WTO 对其不再有利："多哈回合谈判以及 TRIPS 理事会内讨论所陷入的僵局，使我们开始怀疑 WTO 是否还能作为在世界范围内促进知识产权保护的合适场所。因此，通过自由贸易协定提高知识产权保护标准成了合乎逻辑的选择。"② 为了维持在全球市场上的垄断利益，它们积极游说 USTR 通过 FTAs 提升贸易伙伴的知识产权保护水平，在移情双边主义上与政府不谋而合，并活跃在 FTAs 知识产权规则台前、幕后的博弈中。知识产权利益集团的活动具体表现在：（1）直接介入FTAs 知识产权条文草案的拟定。美国 FTAs 中的知识产权内容由工业职能咨询委员会（ITAC15）③ 全程监督审查，该委员会成员来自辉瑞、默克、时代华纳等知识产权私营企业，被称为美国知识产权企业影响力的"发动机"。④ ITAC15 负责为美国贸易协定知识产权谈判提供具体建议，全面审查协议条文草案，保证贸易谈判中涉及的知识产权保护标准向着产业界需要的方向推动，从而确保私人产业的利益诉求在贸易协定中能

---

① 杨静：《美国自由贸易协定中 TRIPS-plus 规则的立法动力分析》，《知识产权》2011 年第 7 期。

② Pharmaceutical Research and Manufacturers of America（2004），Special 301 Submission，http：//www. phrma. org/international/resources/2004 – 02 – 12. 582. pdf.

③ ITAC15 的前身是 IFAC13，http：//www. ita. doc. gov/td/icp/Charter – 23. html。

④ Peter Drahos，*Expanding Intellectual Property's Empire：the Role of FTAs*，http：//ictsd. org/i/ip/24737/.

够得到直接体现。（2）向政府提供信息和专业知识。与促成 TRIPS 协议的缔结相同，利益集团利用自身专业的优势和遍布全球的机构优势充当政府的智囊团，向政府提供经过其梳理、反映其偏好的信息，在政府不是很了解的知识产权问题上提供专业知识，将知识产权问题放大，影响政府的 FTAs 知识产权政策。（3）发动有组织的游说活动。游说是利益集团表达其利益诉求、实现与政府部门沟通从而影响公共决策的主要渠道、手段。美国利益集团活跃于 FTAs 知识产权谈判中，在国内层面，产业联盟通过"旋转门机制"使政府官员成为自己利益的代言人进而影响贸易协定的谈判；在国际层面，利益集团也通过各种渠道直接向外国政府或官员陈述其立场和观点以影响对方的决策。对国家整体利益的追逐驱使国家主体主动塑造或被动接受 FTAs 知识产权规则。①

（三）机构设置、制度安排和非正式方法对 TRIPS-plus 协议的形成起到重要作用

知识产权国际立法环境的变迁是宏观背景，国家及利益集团是参与主体，而连接这二者之间的纽带和桥梁则是一套结构化的规则，包括正式的组织机构设置、制度安排和非正式的方法。

美国设立了功能、结构合理的专门机构——隶属于总统执行办公室的 USTR 及由国会牵头成立的外围私人团体顾问委员会体系，专事贸易协定的谈判和缔结。USTR 负责发展、协调政策，进行贸易谈判工作，还肩负着促使贸易协定最终被国会通过的责任，发挥着重要的决策、执行功能。因此，USTR 就 FTAs 中的知识产权保护制度安排总是倾向于确立有利于美国利益的严格规则并采取遵循先例的方式以避免贸易协定在国会审议时被否决，从而助推着美国 FTAs 中 TRIPS-plus 规则的形成。私人团体顾问委员会在贸易协定的谈判、缔结中则发挥着重要的支持功能。该委员会负责提供相关信息，提出建议，确保贸易政策和谈判目标能全面反映美国的经济利益。知识产权利益集团的成员组成的 ITAC15 全权负责美国 FTAs 知识产权方面的技术细节问题，利益集团的代表占据着该委员会的首脑位置，在该委员会中作用巨大。从机构设置来看，

---

① 参见杨静《美国自由贸易协定中 TRIPS-plus 规则的立法动力分析》，《知识产权》2011年第 7 期。

USTR 与私人团体顾问委员会之间是相互补充、支撑及制衡的关系。US-
TR 全力推进 TRIPS-plus 协议的形成和通过，利益集团的利益在政策制
定的过程中也得到了充分的考虑。①

　　除设立专门机构外，美国对 FTAs 知识产权谈判还有明晰的制度安
排。关于利益集团参与贸易政策决策，传递意见、要求，在美国早就有
相关的配套制度。《1979 年贸易协定法》规定政府部门在制定和实施政
策时，要主动征询企业的意见。《1988 年综合贸易与竞争法》第 306 条
要求贸易代表在采取任何行动之前，应当与申请人和国内产业界协商。
这些规定增强了利益集团在自由贸易协定政策制定中的参与度和影响
力，使利益集团游说法定化，影响制度化。另外，美国国会就《2000
年双边贸易促进法案》所作的声明中明确规定，美国 FTAs 谈判的总体
目标是鼓励贸易伙伴同意按美国法律的标准保护知识产权。2002 年，
美国颁布了《促进贸易授权法案》（Trade Promotion Authority），授予
USTR 便于行事的权力，并简化了与他国缔结条约的手续，其中第 2102
节还指出："美国参加的有关知识产权的协定必须提供类似于美国法律
的保护标准"，明确了通过 FTAs 向贸易伙伴输出美国知识产权保护体
制的目标，为 TRIPS-plus 协议提供了美国国内法依据。

　　一些公开或隐蔽的非正式手段在推进美国 FTAs 知识产权行动日程
方面也发挥着不容小觑的作用。美国促使 TRIPS-plus 协议形成的主要公
开手段就是经济力量。Michael Barnett 和 Raymond Duvall 将经济力量界
定为主体有意地部署自己的物质资源和能力来操纵其他国家的战略或者
经济限制，以迫使他国做一些本来不愿意做的事或停止一些特定的行
为。② 观念塑造、能力建设等隐蔽手段则与经济力量这一主要的公开手
段配合使用，影响着 FTAs 知识产权规则的形成。观念力量塑造着规则
形成的政治语境。规则主导者的利益是通过各种机制加以传递和反映
的，在这个过程中其所推行的认识和理念对利益的实现发挥着重要的作

---

　　① 参见杨静《美国自由贸易协定中 TRIPS-plus 规则的立法动力分析》，《知识产权》2011
年第 7 期。

　　② Michael Barnett and Raymond Duvall, "Power in Global Governance", in Michael Barnett
and Raymond Duvall, *Power in Global Governance*, Cambridge: Cambridge University Press, 2005,
p. 12.

用。这是因为，只要规则决策层内部的主导观念相信通过 TRIPS-plus 协议能更好地帮助本国实现发展目标，实现国家整体利益，那么其就会同意接受规则。"美国政府深谙此道，在自由贸易协定的缔结中，不断地以一种类似于'传福音'的方式强化 TRIPS-plus 协议的结构吸纳力和制度感召力，塑造发展中国家对于知识产权保护的看法，说服其支持高标准的知识产权保护，间接却很深刻地影响着贸易伙伴对 TRIPS-plus 协议的理解和选择。"① 能力建设是辅佐主体推动规则得以建立和实施的有利因素。美国常常通过对发展中国家能力建设的捐助来"购买"贸易伙伴同意 TRIPS-plus 协议以及缔结协定后更好的知识产权管理与执行。② "一国要进行 TRIPS-plus 改革，必然涉及制度变革、机构调整、人员配备和提高执法能力所带来的成本增加，对于缺乏足够资源的发展中国家来说显然并非易事，于是帮助贸易伙伴进行能力建设进而说服其接受和实行 TRIPS-plus 协议就成为发达国家一系列捐助机构义不容辞的职责。虽然能力建设主要作用于物质领域，但实际上也是某种经济力量的适用，以反映捐助者偏好的方式影响着贸易伙伴法律改革的物质基础，并在此过程中建议、说服发展中国家政策制定者接受特定的观点，因而也包含着观念塑造的成分。"③

　　由美国主导的知识产权行动日程在多边体制下连续受挫之后，美国政府和国内利益集团在重返双边主义上不谋而合。在利益集团的积极推动之下，通过完善的机构设置、明晰的制度安排、公开或隐蔽的非正式手段等这些方法共同作用，从而有效地推动着美国 FTAs 中 TRIPS-plus 规则的构建。

二　TRIPS-plus 协议缔结过程中的代表性问题

　　美式 FTAs 基本上都是美国与其他发展中国家在"一对一"的双边

---

　　① 杨静：《美国自由贸易协定中 TRIPS-plus 规则的立法动力分析》，《知识产权》2011 年第 7 期。

　　② Susan Villanueva, *Intellectual Property-Related Technical Assistance：The Philippine Experience*, http：//www.iprsonline.org/ictsd/docs/2005 – 07 – 11_ Villanueva.pdf.

　　③ 杨静：《美国自由贸易协定中 TRIPS-plus 规则的立法动力分析》，《知识产权》2011 年第 7 期。

谈判中签订的，因为参加方只有两方，所以从参与的广度上来说，不存在问题。但是，却不符合参与深度的要求。参与深度要求成员在参与决策的过程中，能够有机会充分表达自己的意见，并且所表达的意见应当得到必要的考虑和重视。美式FTAs的范本都是由美国一手精心起草的，作为与各个发展中国家谈判的基础。笔者比较了美国—约旦FTA、美国—新加坡FTA、美国—智利FTA、美国—中美洲及多米尼加自由贸易协定（以下简称CAFTA-DR）、美国—摩洛哥FTA、美国—澳大利亚FTA、美国—巴林FTA、美国—阿曼FTA、美国—秘鲁TPA、美国—巴拿马TPA、美国—韩国FTA共11个美国所签订的FTAs，这些FTAs除序言外，一般都包括22章或23章，有关知识产权的内容一般都规定在第14—18章中，仅将知识产权这一章中的内容进行比较，就会发现这些FTAs大同小异，基本上都包括一般规定、商标（包括地理标志）、网络域名、著作权和有关权利、保护加密的载有节目的卫星信号、专利、受管制产品的相关措施、知识产权的执行这些内容，就连措辞、表述都基本相同。由美国预先拟制好的这些FTAs范本，在结构、内容等方面都出奇地相似，根本没有经过利益相关的双方的充分协商、论证，作为协定另一方的发展中国家根本就没有任何的机会表达自己的意见、观点，更遑论意见得到必要的考虑和重视了。因此，由美国一手炮制的FTAs范本，由于剥夺了作为协定另一方的发展中国家表达自己意见、观点的权利，有违民主参与的要求。

三　TRIPS-plus协议缔结过程中的透明度问题

规则的制定影响着谈判方的权力和利益分配格局。由于谈判方国内不同的社会阶层、各种利益集团之间分歧甚大，为了达到预定的谈判目标、实现特定利益集团的利益、避免公众过多参与，美国、欧盟的惯常做法是推行密室磋商的谈判方式，刻意封锁谈判内容。美国花费大量时间和精力起草FTAs范本，作为与各个发展中国家谈判的基础。FTAs范本使美国的谈判优势增强，因为起草谈判文本草案者通过提供作为谈判基础的范本，实际上决定了谈判的进程，确立了谈判的基本框架。即谁起草文本草案，谁就拥有较高的主控权，谁就能控制谈判。显然，在FTAs谈判中，发达国家有范本可依，成竹在胸，目标明确，而发展中国家因为没有范本且未必有能充分理解条约用语之细微差别的法律专家，常常不明就里，措手不及，缺乏必要和足够的思想准备、理论准备和实践准备，只能被动应对，甚至盲目接受发达国家范本的严苛条款，从而在磋商过程中处于劣势或弱势地位。由发达国家预先拟制好的这些文本草案，在结构、内容等方面出奇地相似，就像向普通消费者提供的格式合同一样，协定文本秘而不宣，普通大众往往是在已经签署协议时才看到协议的内容。美国与其他国家就 FTAs 进行谈判时采取非常简单而又强硬的策略，对所有的谈判对象都采用固定划一（one-size-fits-all）的模本，谈判对象只能是"要么接受，要么放弃"（take it or leave it），讨价还价的余地很小。"不透明的 FTAs 谈判缺乏民主机制，未经过充分的论证咨询，排除了利益攸关者的参与，利益力量明显失衡，最终导致不公正的知识产权规则的产生。"①

四　TRIPS-plus 协议缔结过程中的支配性问题

谈判各方掌握的资源以及他们通过谈判过程彼此施加影响的能力是谈判各方之间的权力差异，这些权力差异往往使谈判呈现不对称的状态。权力相对强大的谈判方凭借自己的权力优势向其他谈判对手进行威胁或做出某种许诺，使对方的行为与己方的意愿相符，进而影响谈判的结果。②③

为推动外国政府保护知识产权，美国继续挥舞 301 条款这根大棒，并陆续向巴西、印度、俄罗斯、泰国、中国派驻知识产权专员，使其常驻在美国位于这些不同国家的大使馆或领事馆内，专职从事知识产权保护工作。在中国除北京使馆外，美国还在广州、上海领事馆派驻了知识产权专员。

知识产权保护与国际投资关系密切。我国著名国际经济法学者余劲

---

① 杨静：《自由贸易协定中知识产权保护的南北矛盾及其消解》，《知识产权》2011 年第 10 期。

② 参见［法］居伊·奥立维·福尔、［美］杰弗里·Z. 鲁宾《文化与谈判：解决水争端》，联合国教科文组织翻译组译，社会科学文献出版社 2001 年版，第 101 页。

③ Saadia Touval and I. William Zartman, *International Mediation in Theory and Practice*, Boulder, Colo：Westview Press, 1985, pp. 108 – 111.

松教授曾精辟地指出："国际投资与知识产权有密切联系，知识产权作为一种财产权是可以用于投资的，若未作为投资，则可通过技术转让的方式获得。无论海外投资企业是通过何种方式获得知识产权的，知识产权的保护都是一个非常重要的问题。知识产权保护不力也可被看作是一种贸易壁垒和投资壁垒。有些公司投入了大量资金开发新技术和新产品，若对知识产权缺乏有力的保护，其技术就有被竞争者自由和无偿取得的风险，它们当然也就不愿意前往投资了。对于外国投资者，特别是高新技术生产者来说，加强对知识产权的国际保护，无疑有助于其进入他国市场并防止他国低成本地复制出口。所以，保护知识产权也有助于保护国际投资，促进国际投资的发展。"① 于是，发达国家投资者将某些发展中国家贴上"对基于创新的投资充满敌意"的标签。这种贴标签的方法，在知识经济时代是一种最有用的方法。美国代表约 1/5 的世界经济，它拥有向最不发达国家提供市场准入和投资机会的最多资源。美国的一些跨国公司明确表示：它们没兴趣投资于那些不坚决执行 TRIPS 协议、不承诺镇压盗版的国家。医药公司声称它们只有兴趣在那些能对专利提供长于 20 年的保护期的国家投资。在美国预先拟制好的 FTAs 范本的"投资"章中给"投资"下了定义，认定知识产权为投资财产之一。美国的这种做法实际上是迫使发展中国家以提高知识产权的保护标准来换取产品进入美国市场的机会或避免失去美国市场，增加外国直接投资的机会，增加农产品、纺织品的出口，增加收入以降低贫穷问题。在美国恩威并用下所签订的协定，与其说是双边谈判的成果，毋宁说是强权压制的结果。"双边主义就像将大象和兔子炖在一起，无论你加什么调料，最后尝起来都是大象的味道。"②

总之，发达国家凭借其权力优势及全球影响力扮演支配性的角色，运用强权谈判模式所签订的 FTAs 既不透明，也未满足代表性和非支配性的要求，所以是不民主的协商过程，不符合正当性的主观标准。

---

① 余劲松:《国际投资法》，法律出版社 1997 年版，第 329—330 页。
② ［澳］彼得·达沃豪斯、约翰·布雷斯韦特:《信息封建主义》，刘雪涛译，知识产权出版社 2005 年版，第 227 页。

小　　结

国际知识产权制度正当性的主观标准是民主协商必须符合代表性、透明度和非支配性三个条件。TRIPS 协议的谈判过程建立在错误的信息和支配性的基础之上，谈判不具有代表性，根本不满足民主协商所应具备的条件。发达国家运用强权谈判模式所签订的 FTAs 既不透明，也未满足代表性和非支配性的要求，也是不民主的协商过程。TRIPS 及 TRIPS-plus 协议的缔结过程都不符合国际知识产权制度正当性的主观标准。

第五章　知识霸权的非正当性表现（Ⅱ）
——以国际知识产权制度正当性的客观
标准为分析视角

正如本书第三章所述，国际知识产权制度正当性的客观标准是全球信息正义。全球信息正义对所有的民族国家、国际组织、NGO 等意味着两个层面的意义：第一是自身有义务不做出违反正义的行为，这是一种消极义务；第二是对施加于自身的非正义行为，有义务提出反对并予以制止，这是一种积极义务。国际知识产权领域中的非正义事实表现为某团体中的个体或者某国家中的大多数人的基本权利和其他权利，由于其他团体或国家的利益而被侵害或漠视。本章以全球信息正义为分析视角，通过透视 TRIPS、TRIPS-plus 协议中的非正义事实，对知识霸权的非正当性进一步剖析。

第一节　TRIPS 协议中与专利相关制度的非正当性

TRIPS 协议共有 73 条，由序言和七个部分组成。除序言外，第一部分为一般规定和基本原则（第 1—8 条）；第二部分为知识产权的有效性、范围及使用（第 9—40 条）；第三部分为知识产权的执行（第 41—61 条）；第四部分为知识产权的取得与维持及相关程序（第 62 条）；第五部分为争端的防止与解决（第 63—64 条）；第六部分为过渡性安排（第 65—67 条）；第七部分为机构性安排与最终条款（第 68—73 条）。TRIPS 协议的非正当性主要集中于协议的实体部分，即协议的第二部分。第二部分基本上囊括了现代知识产权制度的所有内容，包括著作权、专利、商标、地理标志等，由于篇幅所限，本节对 TRIPS 协议非正当性的分析集中于协议中与专利相关的制度，而不涉及其他内容。

一　药品专利制度对发展中国家公共健康的危害

药品专利不是新问题，在 TRIPS 协议签订之前，已有国际条约直接或间接涉及这一问题。1883 年的《巴黎公约》、1970 年的《专利合作条约》（*Patent Cooperation Treaty*，PCT）中虽没有直接针对药品专利规定的条文，但 TRIPS 第 2 条将《巴黎公约》的精神纳入，PCT 对于药品专利法制的贡献在于其所规定的专利申请程序。1973 年的《欧洲专利公约》（*European Patent Convention*，EPC）第 167 条第 2 项第 a 款直接跟药品专利有关。另外，加拿大、墨西哥及美国于 1992 年 12 月 27 日签署的《北美自由贸易协定》（*North America Free Trade Agreement*，NAFTA）中也有两项条文的规定（第 1709 条第 4 项和第 1711 条第 5 项）直接与药品专利有关。在上述这些国际条约中，《巴黎公约》的重要性渐渐被 TRIPS 所取代，PCT 及 EPC 偏向程序法，NAFTA 仅是规定药品专利的区域层级的协议。真正对药品专利产生重大影响的国际条约还是 TRIPS。TRIPS 对于药品工业发展的影响就是对药品的产品和方法提供了专利保护。

（一）TRIPS 中药品专利制度的主要内容

TRIPS 中直接规定药品专利的内容主要有：

1. 授予药品专利

依据 TRIPS 第 27 条第 1 项规定，一切技术领域中的任何发明，无论产品发明或方法发明，只要具备新颖性、创造性并可付诸工业应用，均应给予专利保护，其专利的获得及专利权的享有，不得因发明地点不同、技术领域不同及产品为进口或为本地制造之不同而受到歧视。根据该规定，成员国应遵循非歧视原则，有义务保护任何技术领域中的发明，专利权保护的客体就包括医药品及医药方法发明，而且不属于 TRIPS 第 27 条第 2 项、第 3 项排除于可获专利之外的范围，从而发展中国家在加入 WTO 后，就不能排除医药品或其方法专利。而在 WTO 的 155 个成员方中，约有 100 个是发展中国家，这些发展中国家在乌拉圭回合谈判前基本上未对药品提供专利保护。任何技术领域中的发明都可被授予专利，TRIPS 中的专利标准反映了美国最高法院支持的观点——

"阳光下所有人类制造的东西都可以申请专利"①。"无须争论，如果专利发明的范围被扩大，获益最多的将大多是高度发达工业国家的发明人。"②

2. 未公开资料的保护

TRIPS 第 39 条第 3 项规定：WTO 成员在批准一种采用新化学成分的药品或农用化学品的上市许可时，若要求申请者递交经过相当努力才获得的未公开实验数据或其他数据，则该成员除非是保护公众需要，应保护此等数据不致外流，或至少采取防止这些数据遭到不公平商业使用的措施。为取得新药上市，药品主管机关除要求药厂提出产品的物理、化学特性资料外，通常会要求药厂提出有关实验或其他相关资料以确保其安全性及有效性，TRIPS 第 39 条第 3 项特别就这些资料予以保护。

3. 为药品专利的申请提供程序上的便利

TRIPS 第 70 条 "对现有客体的保护" 中对药品专利的保护问题做了特别规定。TRIPS 第 70 条第 8 项规定：如果在 WTO 协议生效之日，某成员尚未在医药品及农用化学产品的专利保护上符合本协议第 27 条（即专利保护的客体）规定的义务，则该成员不论协议第六部分（即过渡性安排）如何规定，均应自 WTO 协议生效之日起规定出使上述发明的专利申请案可以提交的措施。根据这一规定，对于那些原先专利制度不保护药品和农用化学产品的成员，即使根据过渡性安排可以延迟承担授予这些产品专利的义务，但应在 1995 年 1 月 1 日建立一个 "邮箱"，存放这一方面的专利申请，并保证存放中的申请不会丧失新颖性。一旦这些国家的专利法开始保护药品和农用化学产品，存放在邮箱中的专利申请就可以立即进入专利审查阶段。第 70 条第 9 项规定：对于已由其一成员批准专利并且已在该成员国内销售的药品和农用化学产品，其他成员均应授予其在本国境内的 "独占销售权"，而不管该成员是否根据过渡性安排尚不承担授予这些产品专利的义务。TRIPS 规定 "独占销售权" 的期限是获得市场准入后 5 年，或是持续到该产品的专利申请被授

---

① Diamond v. Chakrabarty 206 U. S. P. Q. 193 （1980）.

② Basheer Shamnad, "Policy Style Reasoning at the Indian Patent Office", *Intellectual Property Quarterly*, Vol. 3, 2005.

予或被驳回之日，两期限中以时间较短者为准。TRIPS 规定建立邮箱制度，为药品专利的申请提供行政程序上的便利，以便专利权在发展中国家和最不发达国家中更具有可操作性。

TRIPS 的药品专利法制，基本是由第 27 条第 1 项的不歧视原则、第 70 条的邮箱申请制度、独占销售权制度和第 39 条第 3 项对未公开资料的保护建构出来的。以第 27 条第 1 项所建立的适用于所有发明的不歧视原则为主要架构，然后设下两道防线：一道防线是第 39 条第 3 项，对于申请药品专利时规定申请人提交药品研发之未公开试验数据的成员，要求其对该可能含有重大商业利益的信息予以保护。即在药品还未申请专利前，就先以对未公开资料的保护使其申请资料不致遭受不公平的商业利用；另一道防线则是第 70 条，对于未开放药品专利而想加入 WTO 的成员，要求其在加入 WTO 后，在一定期间内做好让其他成员可以申请药品专利的准备，即必须有药品专利的申请制度，另外则规定已在某一成员国获得上市批准的药品，在另一成员国也获得上市批准时，应享有 5 年的独占销售权。上述几个条文成为发达国家促使发展中国家加强药品专利保护的利器，而且为了保证协议中这些有利于自己的制度切实得到执行，TRIPS 的支持者使用诉讼的手段对没有执行 TRIPS 的成员直接申诉。1996 年 5 月，美国在 PhRMA 的要求下对印度提起申诉，美国提出印度对药品和农用化学产品专利申请没有建立邮箱申请系统，没有有关授予独占销售权的制度，不符合 TRIPS 的要求。印度主张可以自由选择用行政方法而非立法的方式来符合 WTO 规定。WTO 专家组拒绝了印度的提案，裁定印度没有建立一个充分保护新颖性和优先性的机制，其做法不符合有关授予独占销售权的规定，违背了 TRIPS 第 70 条第 8、第 9 项的规定。上诉机构维持专家组关于第 70 条第 8、第 9 项的裁定。这是第一个用 WTO 争端解决机制裁决的知识产权案件，以美国获胜告终。1996 年美国 USTR 申明将启动 WTO 争端解决程序就邮箱申请制度和独占销售权制度与巴基斯坦正式磋商。在美国要求成立 WTO 专家组之后，巴基斯坦执行了 TRIPS 第 70 条第 8 和第 9 项的规定。①

---

① 参见［美］苏姗·K. 塞尔《私权、公法——知识产权的全球化》，董刚、周超译，王传丽审校，中国人民大学出版社 2008 年版，第 127—128 页。

TRIPS 中的药品专利制度，除了上述直接规定药品专利的内容外，还有一些跟药品专利相关的规定：（1）药品专利权人的专有权。在 TRIPS 下，专利权人对其发明的使用具有一定的垄断控制权。专利权人有权防止他人对其发明进行制造、使用、销售、提供销售和进口。（2）专利保护期限的规定。TRIPS 规定专利的保护期从申请日起不得少于 20 年。在 TRIPS 之前，大多数发展中国家和最不发达国家对专利的保护都少于 20 年。这个 20 年的最低期限是发达国家所坚持的标准，发展中成员国就必须根据本国情况将专利期限延长为 20 年，这意味着发展中国家比发达国家要承担更多的调整义务，承受更大的社会调整代价。除此之外，强制许可、平行进口是影响药品专利的制度，这些制度刚好是跟药品专利的排他性相抵触的，是有利于发展中国家获得药品的措施。

（二）TRIPS 中的药品专利制度对发展中国家公共健康、健康权①的危害

有学者指出，专利被用来限制竞争和维持高于一个正常竞争市场的价格，将药品专利保护引入一个以前并不存在此类保护的国家将导致以下后果：将生产和销售从仿制药生产者转向持有专利的生产者；对消费者而言药品的价格将被提高；导致专利转让的费用流向 OECD 国家的生产者。② TRIPS 对药品专利的保护上升到了一个前所未有的高度，过于追求一致性而缺乏立法上的弹性，这意味着要牺牲更多的贫穷国家的健康福利去迎合发达国家的利益，拥有医药产品开发、研制能力的发达国家将获取更多的利益。在医药行业，专利的持有人基本上都是发达国家的公司、研究机构或个人，鲜有发展中国家的国民。南方中心（South Center）③ 第 41 号研究报告通过对阿根廷、巴西、哥伦比亚、印度、南非这 5 个发展中国家的

---

① 公共健康问题指发展中国家因传染病所导致的大规模公共健康危机。公共健康问题与健康权密切关联，但健康权是个人权利，公共健康问题往往与国家的公共卫生政策相对应，公共健康利益不同于健康权。

② Frederick M. Abbott, *WTO TRIPS Agreement and Its Implications for Access to Medicines in Developing Countries*, http://www. ballchair. org/downdocs/wto trips. pdf.

③ 1995 年 8 月，南方中心作为发展中国家的一个永久性政府间组织成立。南方中心追求的目标在于促进南方团结、南南合作以及协调发展中国家在国际论坛中的参与。参见南方中心网站（http://www. southcentre. org）。

考察指出：在所有研究的国家中，绝大多数药品专利都属于外国公司所有，这些外国公司分别来自美国和一些欧洲国家（详见图 5 - 1）。

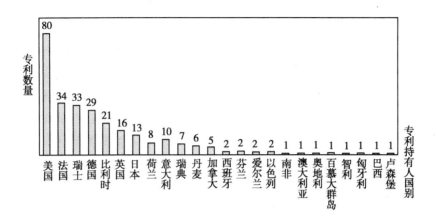

图 5 - 1　巴西医药部门专利授予情况分布

（根据专利持有人的原籍国统计，2003—2008 年）

资料来源：See South Centre Research Paper 41, *Pharmaceutical Innovation*, *Incremental Patenting and Compulsory Licensing*, September 2011, p. 8, http：//www. southcentre. org.

"在巴西这个拥有强大研发基础设施的国家，287 项专利中，只有 1 项为巴西制造商所持有。在阿根廷，2000 年至 2007 年间的 951 项专利中，只有 15 项是其本国国民所持有。在哥伦比亚，在研究期间内，只有两项医药领域的专利被授予国内申请人。在南非，2008 年只有 10 项专利是由本地的公司、研究机构或个人注册的。"[1] "发展中世界所掌握的智力产品搁在了全球公共领域，而发达世界的智力产品紧紧地掌握在公司手中。"[2] 有学者指出："TRIPS 协议代表了发达国家的意志，最大限度地保护了发达国家的利益，却不顾发展中国家的感受，无视发展中国家的国情，对于发展中国家来说，加强知识产权保护只是一个浮夸的目标。"[3]

---

① South Centre Research Paper 41, Pharmaceutical Innovation, Incremental Patenting and Compulsory Licensing, September 2011, pp. 7 - 8, http：//www. southcentre. org.

② Anupam Chander and Madhavi Sunder, "The Romance of the Public domain", *Calif. L. Rev.*, Vol. 92, No. 5, 2004.

③ 黄玉烨：《知识产权利益衡量论——兼论后 TRIPs 时代知识产权国际保护的新发展》，《法商研究》2004 年第 5 期。

这种利益保护的失衡得到了 TRIPS 的庇护，其结果只能是越来越多的贫穷国家的普通民众买不起昂贵的专利药品，公共健康问题日益严重。

健康权是一项基本人权，已被联合国管理的有关国际公约所接受和认可。《经济、社会和文化权利国际公约》（*International Covenant on Economic, Social and Cultural Rights*，ICESCR）第 12 条第 1 款规定，人人享有能达到的最高的身心健康标准的权利。早在 1946 年 WHO 的章程序言中就提出享有可以获得的最高的健康标准是每个人最基本的权利，不论其种族、性别、宗教与政治信仰、经济或社会地位如何。概言之，健康权是指人人享有可能达到的最高标准的身体健康和精神健康的权利。

全球化进程中人口的频繁流动加快了传染病的流行，艾滋病、SARS 等高传染病的大规模扩散，已经在一些国家引发了公共健康危机，严重威胁着人们的健康特别是发展中国家国民的健康。ICESCR 2000 年通过的第 14 号一般性意见对健康权保护的要求做出了较全面的解释。健康权包括自身健康免受干涉的自由，在卫生保健以及健康所需的基本前提条件方面的权利。可用性（availability）、可及性（accessibility）、可接受性（acceptability）和质量（quality）是衡量健康权实现的四个标准。"可用性"要求确保卫生保健设施、商品和服务等的充足供应。"可及性"包括四个方面的要求：非歧视；能为所有人安全、实际获得尤其是弱势群体和社会边缘群体；经济上的可负担性（可支付性），即不论是私人还是国家都必须向所有人提供可承担得起的保健设施、商品和服务；信息的可获得性，包括查找、接受和传播与健康问题有关的信息和意见的权利。"可接受性"要求所有的保健设施、商品、服务必须尊重医务道德规范并具有文化上的适应性。"质量"要求保健设施、商品和服务在科学和医学上是适当和高质量的。获得（可承担得起的）基本药物是健康权的一项重要内容。①

根据 TRIPS 第 27 条第 1 款的规定，药品也可以成为专利权的客体。虽然药品的管制控制和卫生保健基础设施等都是影响药品价格的因素，但药品专利是其中的根本性因素。面对专利药高昂的价格，发展中国家

---

① General Comment No. 14, *The Right to the Highest Attainable Standard of Health*, E/C. 12/2000/4, paras. 8, 11, 12, http: / /documents. un. org/mother. asp.

的绝大多数患者无力购买而使其健康甚至生命受到了严重威胁，这与健康权中的重要内容——获得（可承担得起的）基本药物相冲突。药品的专利保护对发展中国家的公共健康危机产生了推波助澜的效果。药品可及性问题已经成为困扰国际社会尤其是发展中国家的重大社会问题。TRIPS 第 31 条所规定的关于强制许可的严格限制规定如：任何这类使用的授权，均应主要为供应授权之成员域内市场之需；在考虑许可的经济价值的基础上，上述各种场合均应支付权利持有人充分的补偿；关于这种授权之决定的法律效力，应接受司法审查，或显然更高级主管当局的其他独立审查等，这些要求使得缺乏生产能力的发展中国家无法利用强制许可制度进口低价的药品，面对昂贵的专利药品，发展中国家的患者只能"望药兴叹"。2001 年《多哈宣言》确认了一些有利于发展中国家特别是最不发达国家获得有关专利药品的机制，如成员国对公共健康危机和国家紧急状态的决定权、批准强制许可事由的决定权等，2003年《总理事会决议》又取消了对药品专利的出口限制条件，并豁免了进口国给予专利权人报酬的义务。TRIPS 后续文件的这种微调，虽然对发展中国家给予了一定的关照，有助于缓解发展中国家的公共健康危机，进而对其健康权的实现有一定助益，但其作用是有限的，因为这种做法的主动权仍然掌握在发达国家手中，并不能从根本上解决发展中国家的公共健康危机、实现健康权。

二　植物新品种的知识产权保护对发展中国家粮食安全的威胁

（一）TRIPS27.3（b）关于植物新品种保护的规定及后续之发展

自 20 世纪 80 年代开始，专利被逐渐延伸到转基因的生物和技术上，进而包括现存的生物，即"生命专利"（patent on life）。USPTO 在 1985 年明确认定生物相关技术可申请实用专利（utility patent）。[①] 生物技术发达的国家希望能够对植物新品种授予专利，以维持在该领域的领

---

① 　USPTO 在 1985 年明确认定生物相关技术可申请实用专利主要基于 1980 年美国联邦最高法院审理的 Diamond v. Chakrabarty 案和 1985 年 USPTO 上诉与争议委员会（Board of Appeals and Interferences）审理的 Ex Parte Hibberd 案。

先地位。发展中国家出于本国安全的考虑，并不急于对植物新品种给予专利保护。20 世纪 80 年代爆发的"种子大战"的起因就在于发达国家利用先进的生物技术与资源所在国的种源开发新品种，而将之申请专利保护，使得原属于发展中国家的资源利益反倒变为发达国家的私有财产，发展中国家的农民使用此新品种，还要给付专利权人使用费，故引起发展中国家的抗议。在 TRIPS 谈判过程中，美国主张应以专利权保护农业技术。由于天主教在欧洲的许多国家中势力非常强大，这样的道德背景使欧共体国家鄙视对生命形式专利化的实践。1973 年的 EPC 规定动、植物品种以及生产动、植物的主要生物学方法都不具有专利性，因此欧共体倾向于以 UPOV① 的品种权体系保护新品种。11 个发展中国家（阿根廷、巴西、智利、哥伦比亚、古巴、埃及、印度、尼日利亚、秘鲁、坦桑尼亚和乌拉圭）则主张植物新品种应被排除。② 由于美国与欧共体无法就此问题达成一致，因此最终形成了 TRIPS 27.3（b）的折中规定。TRIPS 第 27 条规定：……3. 成员还可以将下列各项排除于可获专利之外：(a) 诊治人类或动物的诊断方法、治疗方法及外科手术方法；(b) 除微生物之外的动、植物以及生产动、植物的主要生物学方法（essentially biological processes）；生产动、植物的非生物学方法及微生物方法除外；但成员应以专利制度或有效的特殊制度（an effective sui generis system）或以前二者组合之制度给植物新品种以保护。对本项规定应在世界贸易组织协定生效 4 年后进行审查。可见，TRIPS 27.3（b）允许成员拒绝对植物和动物授予专利权，关于植物新品种，成员可以选择以专利制度、有效的特殊制度或二者组合的方式给予保护，但特殊制度包括什么内容则没有规定。

---

① International Union for the Protection of New Varieties of Plants（UPOV），即保护植物新品种国际联盟，是一个政府间国际组织。UPOV 成立于 1961 年签订于巴黎的《保护植物新品种国际公约》，这个公约被称为 UPOV 公约（the UPOV Convention）。UPOV 公约历经 1972 年、1978 年、1991 年三次修订，目前三个文本的公约同时有效。

② Savita Mullapudi Narasimhan, *Towards a Balanced " Sui Generis" Plant Variety Regime: Guidelines to Establish a National PVP Law and an Understanding of TRIPS-plus Aspects of Plant Rights*, http: //www. undp. org/content/dam/aplaws/publication/en/publications/poverty-reduction/poverty-website/toward-a-balanced-sui-generis-plant-variety-regime/TowardaBalancedSuiGenerisPlantVarietyRegime. pdf.

自 1998 年开始，发达国家与发展中国家纷纷就 TRIPS 27.3（b）的审查提出各种议案。发达国家多认为有效的特殊制度应是符合 UPOV 公约的规定，生物遗传资源丰富的发展中国家认为 UPOV 公约对于遗传资源的保护及利益分享机制的建立却只字未提，所以认为有效的特殊制度应该符合《生物多样性公约》（Convention on Biological Diversity，CBD）及《粮食和农业植物遗传资源国际条约》（International Treaty on Plant Genetic Resources for Food and Agriculture，IPTGR）。① 由于分歧太大，1999 年召开的西雅图 WTO 部长级会议不得不决定将议题延至隔年再讨论。2000 年并未能针对此议题再展开讨论。由于 2001 年多哈回合谈判的焦点主要集中于药品专利与公共健康问题上，所以《多哈宣言》第 19 段对 TRIPS 27.3（b）关注较少。因 2003 年坎昆会议中农产品问题的激化，TRIPS 27.3（b）再次受到重视。2001—2006 年，各成员国就此向 WTO 所提交的议案就达 69 件之多，争议的焦点集中在 TRIPS 27.3（b）中的"一种有效的特殊制度"是否只能以 UPOV 公约为标准等。② 2006 年，WTO 宣布无限期中止谈判。谈判破裂后，仍有不少国家继续向 WTO 提出议案，敦促其尽快解决 TRIPS 27.3（b）的相关问题。③ 目前 WTO 在澄清或重新定义 TRIPS 27.3（b）上没有取得实质进展。

理论上，TRIPS 27.3（b）的折中规定在一定程度上对发展中国家是有利的，发展中国家可以建立与各自国情相适应的法律制度来保护植物新品种，而不必非用专利手段。"有效的特殊制度"这一含糊的措辞又使发展中国家面临着被迫接受发达国家对这一措辞进行定义的风险。实际上，很多国家承受美国和其他发达国家的压力，往往只是接受这套法律框架，而不是去制定一个替代法案。

（二）植物新品种的知识产权保护对发展中国家粮食安全的威胁

1993 年 TRIPS 谈判正在进行时，数千万印度农民就示威反对 TRIPS

---

① CBD 的目标主要在于保护生物多样性（第 8—9 条）、永续利用（第 10 条）及公平合理利用遗传资源（第 11 条），强调生物遗传资源是国家的主权资源。IPTGR 的目标主要在于保存粮食种原的持续性使用并公平分享因使用所产生的利益（第 9 条）。

② TRIPS 理事会，IP/C/W/370/Rev.1，March（2006）.

③ 如 2007 年 5 月 7 日，挪威提出 IP/C/W/491 "协调 TRIPS 与 CBD 和传统知识保护关系"议案；2007 年 9 月 14 日，秘鲁提出 IP/C/W/493 "反对生物剽窃"议案；2007 年 10 月 17 日，日本提出 IP/C/W/504 "专利制度与生物遗传资源"议案等。

提议，声称会侵害到他们保留、复制和改良种子的权利。TRIPS 签订后，草根活动家、农民组织、环境组织以及人权和消费者组织在全球范围内开展"生命无专利"运动，要求修改 TRIPS，明确允许国家将生命形式和与生物多样性有关的知识从知识产权垄断中排除，并宣称 CBD优先于 TRIPS。可以说，反对活动从未停止过，因为植物新品种的知识产权保护对发展中国家的粮食安全有威胁之虞。

1. 以专利保护植物新品种对发展中国家粮食安全的威胁

农业是各国"稳民心、安天下"的第一战略产业，自从有农业以来，植物就是农业的基础，而植物种苗则是农业生产中最基础也最重要的基本元素，有了质、量均优的种苗种类与来源，配合农业生产技术，农业经济才能有效运作，满足基本的民生需求。

如果以专利保护植物新品种，那么：（1）由于专利权不包括农民免责和育种者免责的规定，农民在购买并种植具有专利权的植物品种种子之后，每年都需要向专利企业重新购买种子，不可以自行留种再种，因为自行留种就会被控侵犯专利权，这与农民长期以来的留种、换种的习惯不符，农民传统的自繁自用的权利被剥夺。美国专利法扩及植物品种后，美国农民每年需要以两倍以上的价格去购买种子，因自行留种而被控侵犯专利权的案件也相当多。农民每年重新购买昂贵的种子，生产成本随之提高，这种成本势必转嫁给所有的消费者，会严重影响到国民的生计。（2）以专利保护植物新品种，专利权人必会对植物新品种的开发及所研发种苗的分配进行全面的控制、垄断，这将断绝其他人改良植株的机会，使农业的正常经营与运作受到影响，甚至生物科技不发达的国家将因此而受到其他国家的控制。即便是以品种权（又称植物育种者权，plant breeder's rights）保护植物新品种，由于育种者对其新品种的专有权利，意味着在一定时期内独享对某一新品种的生产、销售等，从而获得一定的市场支配力，育种者凭借市场支配力可能就该品种获得垄断价格，进而获得垄断利润，而利润的增加，不仅会使育种者强化对其研发的投入，也将吸引更多的社会资金进入，社会资金向市场支配力不断增强的公司快速转移，促进这些种子公司不断扩张。而欠缺育种创新能力的种子公司，难以进入由植物品种权或专利权所维系的新品种市场，市场支配力不断下降，缺乏投资的吸引力，融资将会越来越困难，最终被市场支配力强大的公司并购或倒闭，种子企业会出现高度集中的现象。据统计，十大种子公司1996年仅占全球商业种子市场37%的份额，2004年占49%。2006年，全球商业种子市场销售额共计229亿美元，十大跨国种子公司的销售额就达130.14亿美元，占全球种子市场销售额的57%，仅孟山都的销售额就占20%。2009年，全球商业种子市场销售额共计274亿美元，十大跨国种子公司的销售额达200.62亿美元，占全球种子市场销售额的73%，仅孟山都的销售额就占27%（见表5-1）。由此可见，跨国种子公司已经控制了世界商业种子市场，全球种子产业已经呈现高度集中的态势，全球种子供源来自越来越少的公司。"为了保障研发技术而制定的种源法、专利权法等，更导致'种源私财化'。当种子被掌控在资金雄厚的跨国企业后，农民为确保收益，只能被迫选择种植购买来的种子。作物不再是生命而是贸易的商品……"①这样，种子实际上就发挥了一种与"计算机操作系统"一样的功能，一旦这种"操作系统"——它要求特别的环境——安置下来，农民的选择性就会在这种垄断或有特别要求的环境下种植统一的品种中消灭，农民所能控制的便一无所有了。② 植物育种者获得广泛的专利和经济集中的结合意味着一些跨国公司在竭尽全力控制世界粮食供应并使农民和当地居民承担愈加复杂的认证费和使用费。（3）由于植物新品种的知识产权拥有者大多是实力强大的跨国公司，它们追求的最高目标就是利润最大化，为此，它们必然不遗余力地推广自己拥有知识产权的植物品种以获取高额利润。长此下去，单一的植物品种将损害生物多样性，威胁粮食安全，甚至给生态系统带来毁灭性的破坏，最终受害的将是整个人类。就植物新品种的知识产权保护对人类所造成的冲击而言，我们可以毫不夸张地说，控制种子者控制世界。对食物链的始端——种子的垄断控制，导致发展中国家在粮食基本需求上受制于发达国家，使国家安全受到威胁。

---

① 《拒绝基改　守护农业——推动台湾"无基改岛"2011年度报告》，第47页，http：//gmo. agron. ntu. edu. tw/noGM/2011report. pdf。

② Ruiz M. , C. Fernandez and T. Young, *Regional Workship on the Synergies Between the Convention on Biological Diversity and the Cites Regarding Access to PGRs and Distribution of Benefits：the Role of the Certification of Origin Preliminary Report*, IUCN, Lima, Peru, 2003.

表 5 - 1   全球十大种子公司的销售额

单位：亿美元

种子公司名称	2004 年		2006 年		2009 年	
	排名	种子销售额	排名	种子销售额	排名	种子销售额
Monsanto（美国）	1	28.03	1	44.76	1	72.97
DuPont（美国）	2	26.00	2	27.81	2	46.41
Syngenta（瑞士）	3	12.39	3	17.43	3	25.64
Groupe Limagrain（法国）	4	10.44	4	10.35	4	12.52
Land O'Lakes（美国）	6	5.38	5	7.56	5	11.00
KWS AG（德国）	5	6.22	6	6.15	6	9.97
Bayer Crop Science（德国）	8	3.87	7	4.30	7	7.00
Takii（日本）	9	3.66	8	4.25		
Dow Agro Sciences（美国）					8	6.35
Sakata（日本）	7	4.16	9	4.01	9	4.91
DLF-Trifolium（丹麦）	10	3.20	10	3.52	10	3.85
合 计		103.35		130.14		200.62

资料来源：根据 ETC 网站资料整理（http：//www.etcgroup.org）。

2. 以品种权保护保护植物新品种对发展中国家粮食安全的威胁

在专利制度外，目前比较成熟的非专利保护制度主要就是 UPOV 公约。大部分国家签署的都是该公约的 1978 年文本与 1991 年文本。1991年文本的规定对于品种权人较为有利，1978 年文本的规定对于使用新品种的农民及下游育种者较为有利（见表 5 - 2）。因此，发展中国家大都加入 1978 年文本，而发达国家大都加入 1991 年文本（见表 5 - 3）。

表 5 - 2   UPOV1978 年文本与 1991 年文本之比较

主要内容	UPOV1978 年文本	UPOV1991 年文本
保护范围	保护物种自加入 8 年后扩增至24 种	保护物种自加入 10 年后扩增至所有植物
保护期间	林木或果树 18 年 其他植物 15 年	林木或果树 25 年 其他植物 20 年
权利范围	植物繁殖材料	繁殖材料、收获材料、直接加工物、从属品种

续表

主要内容	UPOV1978 年文本	UPOV1991 年文本
育种者免责	育种者运用原始品种开发出之从属品种无须取得授权	从原始品种孕育出之从属品种需要经同意授权
农民免责	农民免责权为当然解释之结果，成员国无法排除	成员国可自行决定是否要规定农民免责条款
UPOV 公约与专利制度双重保护	禁止	允许

资料来源：黄昭翰：《台湾与美国植物智慧财产权制度之比较研究》，硕士学位论文，中兴大学科技法律研究所，2008 年，第 31 页。

表 5 - 3　　UPOV 公约成员国/组织一览表（截至 2016 年 4 月 15 日）

UPOV 公约	UPOV 公约成员国/组织	合计（74）
1972 文本	比利时	1
1978 文本	阿根廷、玻利维亚、巴西、智利、中国、哥伦比亚、厄瓜尔、意大利、墨西哥、新西兰、尼加拉瓜、挪威、巴拉圭、葡萄牙、南非、特立尼达和多巴哥、乌拉圭	17
1991 文本	非洲知识产权组织、阿尔巴尼亚、澳大利亚、奥地利、阿塞拜疆、白俄罗斯、保加利亚、加拿大、哥斯达黎加、克罗地亚、捷克共和国、丹麦、多米尼加共和国、爱沙尼亚、欧盟、芬兰、法国、格鲁吉亚、德国、匈牙利、冰岛、爱尔兰、以色列、日本、约旦、肯尼亚、吉尔吉斯斯坦、拉脱维亚、立陶宛、黑山、摩洛哥、荷兰、阿曼、巴拿马、秘鲁、波兰、韩国、摩尔多瓦、罗马尼亚、俄罗斯联邦、塞尔维亚、新加坡、斯洛伐克、斯洛文尼亚、西班牙、瑞典、瑞士、南斯拉夫、马其顿共和国、突尼斯、土耳其、乌克兰、英国、坦桑尼亚、美国、乌兹别克斯坦、越南	56

资料来源：http://www.upov.int/export/sites/upov/members/en/pdf/pub423.pdf。

发达国家力图将 TRIPS 规定的"有效的特殊制度"作狭义解释，即仅指 UPOV，以达到借 TRIPS 强制推行 UPOV1991 年文本的目的。草根活动家认为美国生物技术产业通过 TRIPS 27.3（b）特殊保护制度的专门解释，实现与 TRIPS 相同的目标。[①] 发展中国家强调可以自行采用适

---

① 参见［美］苏姗·K. 塞尔《私权、公法——知识产权的全球化》，董刚、周超译，王传丽审校，中国人民大学出版社 2008 年版，第 140 页。

合各自国情的特殊保护，许多发展中国家不愿加入（如印度、泰国、印尼、菲律宾、马来西亚、巴基斯坦等国）主要反映商业育种者利益的UPOV，继续游离于 UPOV 之外，并在积极寻求 UPOV 公约模式这种特殊保护之外的替代制度，例如：印度就通过了《植物新品种保护与农民权利法》，采用植物品种权的形式对植物新品种予以保护。泰国、马来西亚等国通过专门的国内立法对植物新品种加以保护。无论是 UP-OV1978 年文本还是 1991 年文本，对植物新品种都是高水平的品种权保护，植物品种权属于知识产权，品种权保护的程度已经接近专利的保护。一个品种想要从 UPOV 中获益，必须满足三个条件：要和别的品种严格区分；所有的后代中都呈现相同的性状；所有相关的植物都有统一性征。而过分强调一个植物新品种的独特性和稳定性的结果就是育种者只关注那些精华的基因材料，重复利用常用的改良材料而不是在广泛的基因多样性范围内繁殖、开发品种，他们被迫在简单基因上集中注意力来区分两个截然不同的品种。而育种者提供给农民的那些种子，虽在不同商标和名称的掩盖下，但事实上是极其相似的。即用统一基因的现代品种来代替适合本地条件的宽谱基因品种，UPOV 最终会导致作物品种的单一化和基因的单一化，导致遗传资源的缩减，威胁到生物多样性，进而威胁到粮食安全。

三　对发展中国家有利规定的有意模糊

多边贸易谈判是那些喜欢密谋、操纵、掩饰、伪装和玩弄权术的人运用这些技巧的地方，这些技巧为达成谈判交易而服务。谈判最终达成的交易都得用公约的语言表达出来。"谈判代表们的基本原则是找到最清晰的语言，以有利于他们的方式表达出来，同时，尽量用模糊性的语言表述对于他们做出让步的内容。谈判就是寻找清晰的表达和'有建设性的模糊含义'并存的过程。"① 语言的性质决定了不同的国家可能会对协议的同一内容有完全不同的理解，有的国家认为该文本根本不会使其国家受益，而有的国家却相信该文本为其国家开启了后门。甚至有学

①　参见［澳］彼得·达沃豪斯、约翰·布雷斯韦特《信息封建主义》，刘雪涛译，知识产权出版社 2005 年版，第 162 页。

者指出，TRIPS 充满模糊性、模棱两可和漏洞，它是关于保护知识产权的国际协议中最为含糊的。① 对于 TRIPS 中有利于发展中国家的规定，发达国家有意采取技术性措施进行规避，使其难以发挥实际效用。具体表现为：

（一）强制许可规定"建设性模糊"

专利的强制许可（complusory licensing），又称为非自愿许可（involuntory licensing），是指在一定情况下国家不经专利权人同意，直接向专利权人以外的第三人（其他单位或个人）颁发许可证书，允许该第三人使用受专利保护的技术，包括生产、销售、进口有关专利产品等，该第三人要向专利权人支付一定的补偿费用。TRIPS 中的强制许可是一项重要的弹性条款，它赋予成员方控制知识产权滥用的权利，是维持私权与国内公共利益平衡的重要手段。

发展中国家和发达国家对强制许可的态度有明显差异。在发展中国家的努力下，TRIPS 第 31 条规定了强制许可制度，强制许可具有的弹性虽然使发展中国家的利益得到了体现，但这方面的弹性利益难以真正实现。因为尽管 TRIPS 第 31 条对强制许可的事由没有明文规定或限制，其主要采取所谓的"条件式规范态样"（conditions approach），即各成员国实施强制许可必须遵守列举的各项条件及义务，但所列举的条件，却是从保障专利权人利益的角度出发的，基本思考点似乎是既然经由强制许可而减损专利权人权利的自主内涵；相对的，也应给予其相对平衡的保障，以防止对专利权的不当侵害。② "美国对强制实施许可的强烈敌意在 TRIPS 的条文中随处可见。"③

TRIPS 第 31 条条文名称为"未经权利持有人许可的其他使用"，规定：如果成员的法律允许未经权利持有人许可而就专利的内容进行其他

---

① J. H. Reichman, "Compliance with the TRIPS Agreement: Introduction to a Scholarly Debate", Vand. J. Tranat'l L., Vol. 29, 1996.

② 参见倪贵荣《WTO 会员设定强制授权事由的权限：以维也纳条约法公约之解释原则分析飞利浦 CD-R 专利特许实施事由与 TRIPS 的相容性》，《国立台湾大学法学论丛》第 39 卷第 3 期。

③ 参见林秀芹《TRIPs 体制下的专利强制许可制度研究》，法律出版社 2006 年版，第 5 页。

使用，包括政府使用或政府授权的第三方使用，则应遵守下列规定：（a）对这类使用的（官方）授权应各案酌处。（b）只有在使用前，意图使用之人已经努力向权利持有人要求依合理的商业条款及条件获得许可，但在合理期限内未获成功，方可允许这类使用。一旦某成员进入国家紧急状态，或在其他特别紧急情况下，或在公共的非商业性场合，则可以不受上述要求约束。但在国家紧急状态或其他特别紧急状态下，应合理可行地尽快通知权利持有人。在公共非商业使用场合，如果政府或政府授权之合同人未经专利检索而知或有明显理由应知政府将使用或将为政府而使用某有效专利，则应立即通知权利持有人。（c）使用范围及期限均应局限于原先允许使用时的目的之内；如果所使用的是半导体技术，则仅仅应进行公共的非商业性使用，或经司法或行政程序已确定为反竞争行为而给予救济的使用。（d）这类使用应系非专有使用。（e）这类使用不得转让，除非与从事使用的那部分企业或商誉一并转让。（f）任何这类使用的授权，均应主要为供应授权之成员域内市场之需。（g）在适当保护被授权使用人之合法利益的前提下，一旦导致授权的情况不复存在，又很难再发生，则应中止该使用的授权。主管当局应有权主动要求审查导致授权的情况是否继续存在。（h）在考虑许可的经济价值的基础上，上述各种场合均应支付权利持有人充分的补偿。（i）关于这种授权之决定的法律效力，应接受司法审查，或显然更高级主管当局的其他独立审查。（j）任何规范这类使用费的决定，均应接受司法审查，或接受该成员的显然更高级主管当局的其他独立审查。（k）如果有关使用系经司法或行政程序业已确定为反竞争行为的救济方才允许的使用，则成员无义务适用上述第（b）项及（f）项所定的条件。确定这类情况的使用费额度时，可考虑纠正反竞争行为的需要。一旦导致授权的情况可能再发生，主管当局即应有权拒绝中止该授权；（l）如果这类授权使用是为允许开发一项专利（'第二专利'），而若不侵犯另一专利（'第一专利'）又无法开发，则授权时应适用下列条件：（i）第二专利之权利要求书所覆盖的发明，比起第一专利之权利要求书所覆盖的发明，应具有重大经济价值的重要技术进步；（ii）第一专利所有人应有权按合理条款取得第二专利所覆盖之发明的交叉使用许可证；（iii）就第一专利发出的授权使用，除与第二专利一并转让外，不得转让。

TRIPS 第 31 条并未直接使用"强制许可"这一概念，而是使用"未经权利持有人许可的其他使用"这个笼统的概念。此外，第 31 条还使用了许多表述模糊、容易引起争端的概念。包括：

1."国家紧急状态"或"其他特别紧急情况"文义模糊不清，难以判断

对于何种情形构成第 31 条（b）款中的"国家紧急状态"或"其他特别紧急情况"，并无具体规定。虽然根据 2001 年《多哈宣言》的规定，何种情况构成国家紧急情况或其他紧急情况由各成员国自行决定。表面上看，似乎这一问题已经解决，但各成员国对于国家紧急情况或其他紧急情况可能有完全不同的理解和认识，完全由成员国自行考量亦有不妥。例如：2001 年美国被炭疽病闹得人心惶惶时，需要进口德国拜尔公司（Bayer）生产的、治疗该病毒的特效药——西普洛。该药品在美国的专利有效期到 2003 年 12 月止，在到期前，未经拜尔公司同意，其他医药公司不能在美国从事该药品的商业化制造和销售，除非遇有国内极端紧急情况，可以允许强制许可和平行进口获得该药品。西普洛的正常销售价是每片 5—7 美元。美国要求拜尔公司下调西普洛的价格，否则将动用"紧急状态"条款采购廉价的仿制药。拜尔公司最后不得不同美国达成协议，下调药价。当时美国所谓的"紧急状态"指的是美国患炭疽病的人数在增加，而其实美国当时发现的炭疽病患者总共还不到 20 名。[1] 在该案中，"如果美国用强制许可来解决国内紧急情况（连续几起死亡，但不确定袭击的幅度），那么又怎能否决发展中国家每天面对数以千计的可预防的死亡享有与美国同样的特权？"[2] 而在我国台湾地区（以下简称台湾）克流感强制许可案中，对国家紧急情况的认定又有不同。由于 WHO 多次发出警讯，认为 2005 年有可能爆发大规模流感，建议各国准备好抗流感药物。台湾"行政院"卫生署于2004 年 12 月 9 日正式公告 H5N1 流感为法定传染病，公告称，以疾病侵袭率为 25% 计算，H5N1 流感将造成 300 余万人发病就诊，6.4 万人

① 参见陈德照《TRIPS 与公共健康问题》，《世界知识》2003 年第 18 期。
② ［美］苏姗·K. 塞尔：《私权、公法——知识产权的全球化》，董刚、周超译，王传丽审校，中国人民大学出版社 2008 年版，第 157 页。

住院治疗，1.3 万人死亡，致死率高达 50%，势必对台湾各方面造成严重冲击。克流感（Tamiflu）是当时治疗 H5N1 流感的少数有效药物，专利权人是美国吉李德科学股份有限公司（Gilead Science, Inc.，以下简称吉李德公司），此公司独占许可瑞士罗氏公司（F. Hoffmann-La Roche Ltd.，以下简称罗氏公司）制造、生产、贩卖此药。由于罗氏公司拒绝自愿许可台湾生产该药，卫生署援引台湾专利法的规定，以国家紧急情况为由，向"经济部"智慧财产局提出强制许可申请。"行政院"卫生署是本件强制授权案的申请人，相对人是吉李德公司（专利权人），罗氏公司（被许可人）以关系人的身份参与。罗氏公司以卫生署不具有申请人资格、台湾因为没有发生任何一起 H5N1 病毒感染的案例所以不符合国家紧急情况要件等理由抗辩，但未被智慧财产局采纳。台湾"经济部"智慧财产局于 2005 年 12 月 8 日附条件地核准了该克流感强制授权案，核准的主要理由是：《多哈宣言》第 5 段 c 项明确规定，国家紧急情况的认定，可由各成员基于本身客观情势自行判断决定。卫生署为"全国最高卫生主管机关"，认定何种状况属于国家紧急情况是其权限，而且卫生署提供的统计资料中，至 1994 年 11 月 29 日，从印度尼西亚、泰国、越南扩及中国大陆地区，133 例确定病例中有 68 人死亡，可以佐证卫生署的认定是有依据的。[①] 所以，"国家紧急状态"或"其他特别紧急情况"的规定模糊不清对发展中国家并不利。

　　2. 强制许可的经济补偿难以掌握

　　TRIPS 第 31 条（h）款规定，强制许可必须在"考虑许可的经济价值"（taking into account the economic value of the authorization）的基础上给予专利权人"充分的补偿"（adequate remuneration）。至于什么是"许可的经济价值"以及"充分的补偿"，TRIPS 并没有进一步明确的规定。强制许可的使用人通常都要给予专利权人一定的经济补偿，各国对于补偿标准却做法不一：发达国家通常要求给予专利权人充分的（adequate）补偿，发展中国家通常主张由成员国根据强制许可的情况确定补偿额，给予专利权人公平合理的（fair and equitable）补偿，通常

---

　　① 参见江亮颉《药品专利强制授权之研究——兼评智慧财产局克流感强制授权处分》，硕士学位论文，世新大学法学院法律研究所，2007 年，第 64—68 页。

倾向于较低的补偿。① TRIPS 关于补偿标准的规定基本上采纳了发达国家的主张，甚至 TRIPS 第 31 条的规定基本就是 1992 年 NAFTA 第 1709 条的翻版。在实践中，专利权人和强制许可的申请人就补偿标准问题很难达成一致。有学者认为，专利权人对强制许可的估价一般较高，对他们来说，强制许可等于被迫失去对他们至关重要的市场垄断权。如果完全按照专利权人的标准支付补偿费，那么就不需要 TRIPS 第 31 条，因为如果有高额的补偿，专利权人很可能就自愿许可他人使用专利技术，根本不需要强制。因此，按照专利权人的高额标准给予充分补偿，将会使 TRIPS 第 31 条失去意义。② 由于 TRIPS 第 31 条对"强制许可的经济价值"以及"充分的补偿"规定模糊，加上发达国家和发展中国家在补偿标准上本来就存在分歧，因此 TRIPS 的成员国不可避免地会因此发生纷争。

除以上所列两点外，第 31 条（b）款中的"公共非商业使用"，TRIPS 没有明确规定，其内涵也存在激烈争议；对于第 31 条（k）款规定的"反竞争行为"，TRIPS 也未有认定的标准或指南，由于成员国市场规模和经济发展水平的极大差异，对"反竞争行为"的理解也不可能一致；第 31 条（l）款规定依赖性专利情况下的强制许可，要求第二专利相对于第一专利而言必须是具有"重大经济价值的重要技术进步"（an important technical advance of considerable economic significance），但对于何为"重大经济价值""重要技术进步"却并无权威的解释或指南，也易导致成员国做出对各自有利的解释。

TRIPS 第 31 条的苛刻限制和模糊表述不可避免地会对发展中国家产生消极影响。第 31 条的含糊规定一方面极可能被发达国家利用，成为无理阻挠发展中国家使用强制许可制度、甚至要求其承担超过 TRIPS 要求的义务的借口和工具；③ 另一方面会使 WTO 成员方之间频繁产生

---

① TRIPS《布鲁塞尔草案》，art. 34（h），GATT Doc MTN. TNC/W/35/Rev. 1.

② R. Weissman, "A Long, Strange TRIPS: The Pharmaceutical Industry Drive to Harmonize Global Intellectual Property Rules, and Remaining WTO Legal Alternatives to Third World Countries", *U. Pa. J. Int'l Ecn. L.*, Vol. 17, 1996.

③ J. A. Harrelson, "TRIPS, Pharmaceutical Patents, and the HIV/AIDS Crisis: Finding the Proper Balance Between Intellectual Property Rights and Compassion", *Widener Law Symposium Journal*, Vol. 7, 2001.

争端，发展中国家无法不受干扰地使用强制许可制度，甚至发展中国家可能"不敢使用强制许可制度"。[①] 发展中国家不能有效运用强制许可制度，必然会对解决公共健康问题不利。

（二）过渡期安排形同虚设

TRIPS 中视发达国家、发展中国家和最不发达国家给予不同的过渡期限是发展中国家努力争取的对其有利的安排，但发展中国家的过渡期权利在发达国家具有极大经济利益的专利领域形同虚设。原因如下：

1. 发达国家为保证其在药品和农用化学品贸易上的比较优势，在 TRIPS 中设置了第 27 条第 1 项及第 70 条第 8、第 9 项来保障其利益的最终实现

TRIPS 第 70 条第 8、第 9 项规定的邮箱申请制度和独占销售权制度被认为是发展中国家在享受过渡期权利时所要承担的额外义务。印度药品和农用化学品专利保护案的直接起因就是印度与美国对 TRIPS 第 70 条第 8、第 9 项的理解不一，即发展中国家在享受实施 TRIPS 的过渡期（2000 年 1 月 1 日）之前是否必须建立"邮箱"制度，以便其他成员国国民"存放"药品与农用化学产品专利申请，并在 2000 年 1 月 1 日后被"提取"审查之前，根据规定条件授予申请人独占销售权。印度试图以 TRIPS 第 1 条第 2 项允许的国内法实施方法来延缓或减弱对药品和农用化学品的专利保护，而这恰恰与第 27 条第 1 项的不歧视原则相抵触。美国力主第 27 条第 1 项，实际上就是要将获得专利的主题扩大到药品与农业化学领域的发明。美国等发达国家依仗雄厚的科技实力，投入巨资研发的新药和农用化学品，一旦打入像印度这样的农业人口大国，将带来极大的经济利益。所以，美国是实施该条款的最大受益者。[②] 一般来说，新药从开发到试验再到经政府批准平均要花 10 年的时间，正好处于邮箱申请制度的保护之下，而独占销售权制度又将仿制药进入市场销售的机会堵死。也就是说，美国的药品和农业化学品完全可以获得与正常情况下相同的保护，根本不受印

---

① 有学者指出，南非长期没有运用强制许可制度解决严重的艾滋病危机，主要是因为惧怕美国和其他西方国家的贸易制裁。See J. A. Harrelson, "TRIPS, Pharmaceutical Patents, and the HIV/AIDS Crisis: Finding the Proper Balance Between Intellectual Property Rights and Compassion", *Widener Law Symposium Journal*, Vol. 7, 2001。

② 参见张乃根主编《新编国际经济法导论》，复旦大学出版社 2001 年版，第 261—263 页。

度过渡期的影响，印度作为发展中国家争取到的过渡期权利得而复失。作为对发展中国家特殊照顾的过渡期安排事实上不但没有起到平衡的作用，反而维持了发达国家和发展中国家间经济不平衡的现实，发展中国家在过渡期就要履行先期义务，使过渡期的规定名存实亡。

2. 发展中国家在知识产权方面面临着艰巨的制度建设任务

发展中国家为了适用 TRIPS，除了必须修正其国内法外，还需要专门技术及制度上的能力来了解 TRIPS 的复杂规定，并将复杂的规定在其国内实施。"发展中国家建立和运作知识产权基础设施涉及一系列的一次性成本和经常性开支。其中一次性成本用于购买办公场所和自动化（硬件和软件）办公设备、获取顾问服务（政策研究、新法律的草拟、自动化策略的设计和改革的管理等）和训练政策/法律的制定、管理与实施机构的工作人员。经常性开支包括工作人员的薪水和津贴、公共设施的使用费用、信息技术设备维护、通信服务（包括制定年度报告和开发网站）、参加国际组织或地区组织会议的差旅费用和每年向世界知识产权组织和地区性组织交纳的会费。"① UNCTAD 1996 年的一份调研报告对一些发展中国家因遵守 TRIPS 而付出的制度成本进行了评估："在智利，升级知识产权基础设施的额外固定成本大约是 71.8 万美元，每年的经常性开支增加到 83.7 万美元；在埃及，固定成本大约是 80 万美元，额外的年度训练成本在 100 万美元左右；在孟加拉，预计的一次性成本仅为 25 万美元（用于起草法案），每年用于司法工作、设备与执行的开支大约为 110 万美元（其中不包括训练开支）。"② 世界银行所做的一项估计表明，发展中国家如果对知识产权制度进行全面升级，其中包括训练，那么将需要 150 万—200 万美元的资金开支，尽管世界银行 1999 年的一项调查报告认为，这些成本可能会远远高于这个数目。③ 据

① 英国知识产权委员会：《知识产权与发展政策相结合》，2002 年，第 144 页，http://www.iprcommission.org/papers/pdfs/Multi_ Lingual_ Documents/Multi_ Lingual_ Main_ Report/DFID_ Main_ Report_ Chinese_ RR.pdf。

② 联合国贸易与发展会议（1996）：《〈与贸易有关的知识产权协议〉与发展中国家》，联合国贸易与发展会议，日内瓦。

③ 参见世界银行《2002 年全球经济展望与发展中国家》（第五章：知识产权：动力与竞争手段相平衡），http://www.worldbank.org/prospects/gep2002/full.htm。

关于牙买加知识产权制度现代化的一项报告估计，仅初期自动化成本就在 30 万美元左右。[①] 但发展中国家以高成本打造的知识产权的基础设施（专利局、版权局等），却主要是服务于外国权利人的需要。从这个意义上而言，"发展中国家得到的所谓过渡期的好处，不能认为是一种胜利，事实上也确实不是"[②]。

（三）技术合作和援助有名无实

TRIPS 中有利于发展中国家的另一个优惠安排是第 67 条规定的"技术合作"。第 67 条要求发达国家提供使发展中国家和最不发达国家成员受益的技术和金融合作，包括鼓励向最不发达国家的技术转让。但这仅仅只是原则性的规定，并无任何可操作性的具体内容或强制执行性，仅仅是在整个协议更有利于保护发达国家成员的总体趋势下，"不得不做出一点照顾发展中国家成员的样子罢了"[③]。发达国家并没有采取切实可行的措施履行其义务，致使最不发达国家吸收技术转让的环境远未得到根本改善。所以，本来有利于发展中国家的技术合作和援助规定由于无任何可操作性而变为有名无实的条款。

四　对发展中国家优势资源的保护缺位

"TRIPS 将知识产权的其他形式排除在其范围之外，这些形式不属于西式传统形式的知识产权（如专利、著作权、商标、商业秘密等）。这些不受推崇的知识产品如传统知识、民间文艺和遗传资源，代表着发展中国家重要的、土生土长的知识产权。因此，对这些知识产品的保护一直继续在 TRIPS 外……是 WIPO 在努力形成一项国际法律文书以保护传统知识、传统文化表达和遗传资源方面取得了重大进展——所有的这些保护都在 TRIPS 之外。"[④] TRIPS 是在发达国家的积极推动下缔结的，

---

① Lehman B.：《牙买加知识产权制度现代化》，国际知识产权协会，2000，http://www.iipi.org/activities/research.htm。

② ［澳］彼得·达沃豪斯、约翰·布雷斯韦特：《信息封建主义》，刘雪涛译，知识产权出版社 2005 年版，第 169 页。

③ 郑成思：《世界贸易组织与贸易有关的知识产权》，中国人民大学出版社 1996 年版，第 299 页。

④ Donald Harris，"Trips After Fifteen Years: Success or Failure, as Measured by Compulsory Licensing"，*J. Intell. Prop. L.*，Vol. 18，Spring 2011.

所以基本上都是对发达国家的长项（专利、商标等）加强保护，而发展中国家的优势资源则游离于 TRIPS 的知识产权保护之外。郑成思先生认为，传统知识（主要包括民间文学艺术与地方传统医药）及生物多样化（主要是遗传资源）是知识之"源"，而今天的各种智力创作与创造为知识之"流"。① "TRIPS 只保护'流'不保护'源'的做法，并不全面。"②

　　传统知识（traditional knowledge）、民间文艺（folklore）和遗传资源（genetic resources）等的具体所指很模糊甚至混乱，对同一事物有时使用"遗传资源"，有时使用"传统文化表达""民间文艺"等，WIPO 本身的文件也没有对多种定义和概念之间的归属进行系统的选用和认定。本书并不深入讨论这些客体的具体所指，而只是为了行文、分析的方便对其做最粗略的界定。按照 WIPO 的规定分析，传统知识有广义、中义、狭义之分。广义的传统知识包括遗传资源、狭义的传统知识、民间文学艺术。中义的传统知识包括遗传资源、狭义的传统知识。狭义的传统知识则不包括遗传资源，也不包括民间文学艺术，仅指产业领域内的传统技术性知识，包括农业知识、科学知识、技术知识、生态知识、医药知识等。而民间文学艺术也有广义和狭义之分，广义上的民间文学艺术包括了传统知识，而狭义的民间文学艺术则仅指向文学艺术领域。按照 WIPO 的界定和归纳，狭义上的民间文学艺术是指一国领土上的作者（推测系该国国民或其民族社区的成员）所创作的、代代相传的并作为传统文化遗产构成要素的所有文学、艺术、科学作品。③ 由于民间文学艺术在许多国家的语境中带有贬义，因而逐步被联合国制定的相关法律文件所抛弃。④ 李顺德认为，传统知识与非物质文化遗产在法学概念指向上具有同一性和交叉性。从定义对照中可以看出，"非物质文化

　　① 参见郑成思《传统知识与两类知识产权的保护》，《知识产权》2002 年第 4 期。

　　② 齐爱民：《论知识霸权——以国家知识产权战略的制定和实施为视角》，《苏州大学学报》（哲学社会科学版）2009 年第 2 期。

　　③ Lauren E. Godshall, "Making Space for Indigenous Intellectual Property Rights Under Current International Environment Law", *Geo. Int'l Envtl. L. Rev.*, Vol. 15, 2003.

　　④ 参见联合国教科文组织《关于应否制定一份在国际范围内保护传统文化和民间文化的新的准则文件的初步研究报告（161EX/15）》第 25 段。

遗产"概念是建立在主体对于保护对象认知基础之上的，而"传统知识"概念是基于保护对象的客观存在形式进行的概括，WIPO 对传统知识的定义采用列举的方式，其内容更确定和详细，但同时也具有片面性和不完备性；"传统知识"和"非物质文化遗产"的范围有交叉和重复；"非物质文化遗产"的分类更加清晰和条理，其内容覆盖了许多"传统文化表达"的内容。① 因此，本书使用遗传资源和非物质文化遗产来代替传统知识、民间文艺、传统文化表达、遗传资源等诸多概念所指，并将二者合称为传统资源。而且，本书也并不深入讨论以知识产权保护传统资源的正当性，而是在当然接受这样观点的前提下，探究二者为什么游离于 TRIPS 的保护之外。

（一）遗传资源处于 TRIPS 保护之外

在 1992 年 CBD 中，遗传资源被解释为"具有实际或潜在价值的遗传材料，包括来自植物、动物（应包括人）、微生物或其他来源的任何含有遗传功能单位的材料"。遗传资源并不是一个社区文化代表的智力成果。

作为以现代知识产权制度为指导的全球贸易机构，WTO 和 TRIPS 理事会在遗传资源的保护中态度消极。虽然 1992 年的 CBD 确认了生物多样性及遗传资源保护的大政方针，而 1994 年通过的 TRIPS 却并未对该主题加以考虑，致使在知识产权领域出现大量的"生物海盗"现象，导致 TRIPS 和 CBD 关系紧张。2001 通过的《多哈宣言》第 19 段提出了 TRIPS 与 CBD、传统知识及民间文学保护的关系问题。发达国家与发展中国家对遗传资源的保护存在争论：发达国家认为遗传资源不宜用知识产权来保护。它们认为知识产权的主要目标是鼓励创新，而遗传资源并未直接涉及知识产权的保护主题，遗传资源保护更多的是对农业社区一种回溯性的补偿，是基于其过去在培育生物多样性过程中所扮演的角色而产生的。遗传资源保护难以通过 TRIPS 理事会来处理，应该由其他组织，特别是联合国粮农组织加以解决。而一些发展中国家认为遗传资源应用知识产权加以保护。非洲集团认为："除非建立 TRIPS 框架内的

---

① 参见李顺德《非物质文化遗产的法律界定及知识产权保护》，《江西社会科学》2006年第 5 期。

国际体制，否则任何有关遗传资源和传统知识的保护措施都是无效的。"① 而围绕着是否需要修改 TRIPS、增加遗传资源的来源披露要求这一核心问题，美欧的立场也存在很大的分歧：欧盟及瑞士、挪威等国同意对专利申请人公开遗传资源及其相关传统知识来源的问题加以审视，并主张建立有国际约束力的机制，但美国、日本、韩国、加拿大、澳大利亚、新西兰等国则反对在 TRIPS 的框架内建立遗传资源和传统知识保护的国际规则，主张在国家的层面上以合同法的途径解决这一问题。发展中国家在 WTO 呼吁修订 TRIPS，建议在专利申请中披露发明中所使用的遗传资源的来源，要求专利申请人披露其在有关国内法下遵守遗传资源获取和惠益分享要求的情况。虽然有大量欠发达国家支持这一建议，但是美国和日本强烈反对，担心额外的要求会破坏现有的专利制度。② 迄今为止，TRIPS 理事会对遗传资源保护的审议也没有取得任何具有实质意义的成果。

（二）非物质文化遗产处于 TRIPS 保护之外

非物质文化遗产是文化遗产的下位概念，"是指在特定的社区世代相传的、作为该社区的文化和社会特性的组成部分的智力活动成果"③。根据 2003 年联合国教科文组织颁布的《保护非物质文化遗产公约》第 2 条第 2 项之规定，非物质文化遗产包括五大类：a. 口头传统和表现形式，主要指在民族民间流传的口头文学、诗歌、神话、故事、传说、谣谚等，包括作为非物质文化遗产媒介的相关濒危语言；b. 表演艺术，主要指在文化群体的节庆或礼仪活动中的表演艺术，包括肢体语言、音乐、戏剧、木偶、歌舞等表现形式；c. 社会实践、仪式、节庆活动，主要指反映某一民族或区域习惯风俗的重要礼仪、节日庆典活动、游艺活动等；d. 有关自然界和宇宙的知识和实践，主要指天文、地理、自然、人文、医药等，包括有关大自然和宇宙的观念（如

---

① Wend B. Wendland, "Intellectual Property, Traditional Knowledge and Folklore: WIPO's Exploratory Program", *IIC*, No. 4, 2002.

② Peter K. Yu, "Cultural Relics, Intellectual Property, and Intangible Heritage", *Temp. L. Rev.*, Vol. 81, Summer 2008.

③ 齐爱民等：《非物质文化遗产保护法——超越知识产权与知识产权的超越》，法律出版社 2009 年版，第 6 页。

时间、空间观念和宇宙观），农业知识和实践，生态知识和实践，药物知识和治疗方法，航海知识和实践等；e. 传统手工艺，主要指世代相传的具有鲜明民族风格和地区特色的传统工艺美术、手工技艺、传统生产、制作技艺等。①

随着人类对非物质文化遗产的逐渐关注，国际社会一致认为有必要对其提供法律上的保护，但对是否给予知识产权保护以及用知识产权保护的合适方式等方面存在严重分歧。绝大多数发展中国家支持以国际立法模式对非物质文化遗产进行法律保护，并主张将非物质文化遗产的保护纳入到 TRIPS 中，而发达国家尤其是美国仅勉强同意以合同途径保护非物质文化遗产，反对国际层面的立法，更反对在 TRIPS 框架内处理该问题。究其根本，乃在于发展中国家大都拥有悠久的历史文明，非物质文化遗产资源丰富，而美国的开国历史最短，"美国人，从拓荒到现在，走了两百多年的艰苦道路"②，美国并没有悠久的文明，自然也就缺少这方面的资源，所以坚决反对给予非物质文化遗产以知识产权保护，因为保护非物质文化遗产不符合美国的利益。由于受到美国的掣肘，TRIPS 并未就非物质文化遗产的保护问题进行任何规定。非物质文化遗产是历经多年传承而来的信息，虽不完全具有知识产权客体所需要具备的创新性，但其是无形的、抽象的，是人类脑力劳动的成果，属于知识财产，是知识产权的客体，理应属于知识产权的保护范围。目前对于非物质文化遗产的知识产权保护是在 WIPO 框架内进行的，WIPO 对于非物质文化遗产侧重于在知识产权制度内寻找最优保护途径。

传统资源在现代经济的发展中具有举足轻重的作用。传统部族发现了很多植物的药用功能，积累了丰富的植物医药知识，现代医药专家在这些知识的基础上开发出了极具商业价值的药品。据统计，世界上80%的药物都是以自然植物资源为基础的。③ 在制药业、农业、化妆品业、生物工程业等现代工业新产品的研究、开发过程中，传统资源发挥

---

① 参见齐爱民等《非物质文化遗产保护法——超越知识产权与知识产权的超越》，法律出版社 2009 年版，第 90 页。

② 陈纪安：《美国法律》，中国科学技术大学出版社 2002 年版，第 10 页。

③ Paul J. Heald, "The Rhetoric of Biopiracy", *Cardozo J. Int'l & Comp. L.*, Vol. 11, Summer 2003.

着重要的作用。传统资源的恰当开发和利用还可以促进相关产业的发展，产生巨大的商业利益，比如激活生态旅游文化产业可以为发展中国家的发展提供新的经济增长点。以原住民部落的非物质文化遗产为底蕴的生态文化旅游，在全球旅游市场中具有独特的魅力。据统计，1993年2月和3月，在澳大利亚的国外游客中，1/3—1/2的游客希望亲身领略和感受一下原住民部落的传统文化，如观看他们的图腾、有关器物、手工艺品等。与此相似，在新西兰的 Kaikouta，1987—1995年的生态文化游客从3400人增加到18.8万人，估计向外国游客出售的原住民艺术品和纪念品的年总收入将达到4.6亿美元。而美国西南原住民部落艺术家出售其原住民艺术品和工艺品每年将赚取8亿美元。① 但一旦支撑生态旅游文化产业的"卖点"出现大量的仿制品或渐渐淡化，其价值将不复存在，所以生态旅游文化产业是以传统资源受到知识产权保护为前提的。如果传统资源被赋予知识产权保护，发展中国家和传统部族对其商业化过程中所产生的巨额商业利益，将获得一定的份额。对传统资源给予知识产权保护，让发展中国家充分享有其上的各种知识产权利益，是实现发展中国家发展权的一条重要途径。

　　TRIPS 对发达国家的长项（专利、商标等）加强保护，而没有考虑发展中国家的优势资源（如传统资源）的知识产权保护问题，主要表现在：首先，就主体而言，TRIPS 的专利制度不承认传统部族作为知识产权的权利主体。② TRIPS 第1条第3款规定：各成员国应将本协定规定的待遇给予其他成员国的国民。这里"其他成员国"应是所有 WTO的成员国，"其他成员国的国民"应理解为是符合《巴黎公约》《伯尔尼公约》《罗马公约》和《关于集成电路的知识产权条约》所规定的保护资格标准的自然人或法人。可以看出，TRIPS 的专利制度主要体现了知识产权权利主体的个人主义。③"有学者认为，强调知识产权的私权性也使得专利法的个人特征（即个人主体主义）被进一步强化了，因

---

①　参见严永和《论传统知识的知识产权保护》，法律出版社 2006 年版，第 48 页。

②　本书以 TRIPS、TRIPS-plus 协议中的专利相关制度为中心进行分析。

③　参见严永和、吴汉东《传统知识权利主体问题研究》，载吴汉东主编《知识产权年刊》（创刊号），北京大学出版社 2005 年版，第 243 页。

而较难适用它来保护社会公众或公众组成部分的权利。"① 而传统部族或传统社区恰恰在知识方面并不存在个人财产的概念。长期以来，这些传统部族或传统社区延续着集体创新的实践，形成并信奉集体主义的权利哲学，财产共有和共享是传统社区的基本理念。② 遗传资源和非物质文化遗产多为群体创新，没有具体的、特定的发明者。其次，就可专利性（patentability）要件来看，TRIPS 的专利制度将遗传资源和非物质文化遗产排除在受保护的客体之外。TRIPS 第 27 条第 1 款规定：在遵守第 2 款和第 3 款规定的前提下，专利应授予所有技术领域的任何发明，不论是产品还是方法，只要它们具有新颖性、包含发明性步骤，并可供产业应用。该条款的注释将"发明性步骤""可供产业应用"解释为"非显而易见的"和"有用的"。在现代专利法框架下，一项专利必须具备新颖性、创造性和实用性的所谓发明专利的"三性"标准（即可专利性要件）。新颖性要求有关发明在国内没有公开使用、在国外没有公开发表；创造性要求有关发明必须具有突出的实质性特点和显著的进步；实用性是指有关发明能够制造和使用，并且能够产生积极效果。专利机关即按照上述标准来判断和确定有关发明的可专利性。就遗传资源和非物质文化遗产而言，在新颖性方面，遗传资源和非物质文化遗产大多都在传统社区中因口头流传而广为人知或已向现代社会公开，丧失了专利法上的新颖性，实践中可能出现在传统社区中已使用多年的技术却被现代科技人员加以盗用，并进而在某国被授予了专利的情况；在创造性方面，相当多的遗传资源和非物质文化遗产创造性程度不高，例如传统部族的"草医药"，传统部族只是知道某些植物或植物的特定部分具有治疗某种疾病的功能；在实用性方面，遗传资源和非物质文化遗产通常欠缺稳定性和统一性，并要在特定的地点和环境下才能复制，无法满足现代专利法上权利要求技术方案在技术特征上的可再现性、可复制性③。

以上分析表明，在发展中国家的长项、优势资源——传统资源的积

---

① 参见衣淑玲《国际人权法视角下〈TRIPS 协定〉的变革研究》，博士学位论文，厦门大学，2008 年，第 120 页。

② 同上。

③ 参见严永和《论传统知识的知识产权保护》，法律出版社 2006 年版，第 220 页。

极知识产权利益①的保护方面，TRIPS 所代表的现行知识产权制度存在着根本性的缺陷与不足。这种制度实际上是以牺牲发展中国家的发展来维护发达国家的利益，限制了发展中国家享受发展利益的权利，是霸权行径在知识产权领域中的集中体现，而绝非维护权利的正义之举。

第二节　TRIPS-plus 协议中与专利相关制度的非正当性

　　"TRIPS 只是地板而不是天花板。"② 在 TRIPS 签订之后，发达国家步步为营，得陇望蜀，在之后的 TRIPS-plus 协议中，使知识霸权得到进一步加强。正如本书第四章所论述的，在过去的十多年间，以美国和欧盟为代表的发达国家与他国签订了大量的 FTAs，这些协议中大多有专章或专节规定了 TRIPS-plus 条款，协议的缔约他方往往是已有足够能力在国内生产、出口非专利药品却无足够实力抵抗发达国家贸易压力的中等收入发展中国家。英国著名学者艾伯特（F. M. Abbott）和莱奇曼（J. H. Reichman）总结了发达国家目前所缔结的双边 FTAs 中知识产权条款的主要特征：（1）将专利保护范围扩展至已知化合物、植物（有时还包括动物）的新用途（如之前未知的药用价值）；（2）延长专利保护期以补偿行政审批程序所耗时间；（3）限缩所允许的专利权保护例外的范围；（4）基于在国内或国外提交审批所需数据（尤其是临床试验数据）的行为，或基于对外国上市许可证的信赖，对广泛种类的（之前未批准上市的）产品提供一段固定期间的数据专有权；（5）在专利有效期内，未经专利所有人同意或默许，药品管理当局不得授予第三方上市许可；（6）允许以利益丧失或减损为由提起"非违法之诉"；（7）（在某些情况下）禁止平行进口；（8）限制强制许可的授予理由

---

　　①　积极知识产权利益是指遗传资源、非物质文化遗产的权利主体就遗传资源、非物质文化遗产本身获得的知识产权利益，如被授予专利权或其他类似专利的权利等。关于知识产权利益的划分参见严永和《论传统知识的知识产权保护》，法律出版社 2006 年版，第 124 页。

　　②　Monika Ermert，"European Commission on ACTA：TRIPS Is Floor Not Ceiling"，cited from Charles R. McManis，"The Proposed Anti-counterfeiting Trade Agreement（Acta）：Two Tales of Atreaty"，*Hous. L. Rev.*，Vol. 46，2009.

（主要针对收入较高国家）。① 归纳起来，TRIPS-plus 条款不外乎三个方面的内容：增加知识产权保护的条款；削减 TRIPS 现有的弹性机制；将知识产权保护扩大到新领域。具体分析如下：

一 专利权客体的扩张——可专利性及于动物及植物

关于专利权的客体，TRIPS 中有明确规定。根据 TRIPS 第 27 条的规定，成员国可自行决定是否排除动物及植物的可专利性，也就是说各国可依据国情与科技水准，各自于本国专利法中制定是否保护或排除动、植物发明。近年来美国所签订之 FTAs 均强化了专利保护条款，对签约国提出了比 TRIPS 更加严格的专利保护标准，要求对方促进对生命形式和生物技术发明的专利保护，要求动植物（产品）受到专利的普遍保护。CAFTA-DR 第 15.9 条第 2 项、美国—秘鲁 TPA 第 16.9 第 2 项、美国—巴拿马 TPA 第 15.9 第 2 项虽不阻止缔约国利用 TRIPS 第 27.2 条和第 27.3 条来排除动物、植物之可专利性，然而也规定在协定生效时尚未准予植物专利的缔约国应采取一切合理的努力使植物具有可专利性，在协定生效时或生效后，缔约任何一方给予动物、植物专利保护的，应维持这样的保护。美国—摩洛哥 FTA 第 15.9 条第 2 项直接规定可专利性应及于动物及植物。美国—新加坡 FTA 第 16.7 条第 1 项规定：缔约方仅能排除 TRIPS 第 27.2 条和 27.3 条（a）规定的发明的可专利性，不允许将动植物排除在专利保护的范围之外（见表 5 - 4）。这样的"冻结条款"就阻止国家实施 TRIPS 现有的弹性机制以使本国的知识产权制度适应不断变化的经济、技术和社会背景需要。②

---

① F. M. Abbott and J. H. Reichman, "The Doha Round's Public Health Legacy: Strategies for the Production and Diffusion of Patented Medicines Under the Amended TRIPS Provisions", *Journal of International Economic Law*, Vol. 10, 2007.

② Henning Grosse Ruse-Khan, "The International Law Relation Between TRIPS and Subsequent TRIPS-plus Free Trade Agreements: towards Safeguarding TRIPS Flexibilities?" *J. Intell. Prop. L.*, Vol. 18, Spring 2011.

表 5 – 4　　美国近年贸易协定中涉及生命形式专利保护情况统计

序号	签订时间及协定名称	涉及生命形式专利的条款	涉及生命形式专利的具体规定
1	2000 年美国—约旦 FTA	ART. 4. 18	约旦不能排除植物与动物的可专利性
2	2000 年美国—越南 BTA		越南必须对所有形式的植物和动物进行专利保护
3	2003 年美国—老挝 BTA		老挝必须对包括植物和动物在内的领域内的发明进行专利保护
4	2003 年美国—新加坡 FTA	ART. 16.7 第 1 项	不允许将动植物排除在专利保护的范围之外
5	2003 年美国—智利 FTA	ART. 17.9 第 2 项	自协定生效起 4 年内智利应采取合理的努力对植物提供专利保护
6	2004 年美国—中美洲及多米尼加自由贸易协定（CAFTA-DR）	ART. 15.9 第 2 项	不阻止缔约国利用 TRIPS 第 27.2 条和第 27.3 条来排除动物、植物之可专利性，但同时规定在协定生效时尚未准予植物专利的缔约国应采取一切合理的努力使植物具有可专利性，在协定生效时或生效后，缔约任何一方给予动物、植物专利保护的，应维持这样的保护
7	2004 年美国—摩洛哥 FTA	ART. 15.9 第 2 项	摩洛哥必须对植物和动物提供专利保护
8	2004 年美国—澳大利亚 FTA	ART. 17.9 第 2 项	澳大利亚不能排除植物与动物的可专利性
9	2004 年美国—巴林 FTA	ART. 14.8 第 2 项	巴林必须对植物发明提供专利保护
10	2006 年美国—哥伦比亚 TPA	ART. 16.9 第 2 项	不阻止缔约国利用 TRIPS 第 27.2 条和第 27.3 条来排除动物、植物之可专利性，但同时规定在协定生效时尚未准予植物专利的缔约国应采取一切合理的努力使植物具有可专利性，在协定生效时或生效后，缔约任何一方给予动物、植物专利保护的，应维持这样的保护
11	2006 年美国—阿曼 FTA	ART. 15.8 第 2 项	阿曼可以排除微生物之外动物的专利保护，但不能排除植物的可专利性
12	2006 年美国—秘鲁 TPA	ART. 16.9 第 2 项	不阻止缔约国利用 TRIPS 第 27.2 条和第 27.3 条来排除动物、植物之可专利性，但同时规定在协定生效时尚未准予植物专利的缔约国应采取一切合理的努力使植物具有可专利性，在协定生效时或生效后，缔约任何一方给予动物、植物专利保护的，应维持这样的保护

序号	签订时间及协定名称	涉及生命形式专利的条款	涉及生命形式专利的具体规定
13	2007 年美国—巴拿马 TPA	ART. 15.9 第 2 项	不阻止缔约国利用 TRIPS 第 27.2 条和第 27.3 条来排除动物、植物之可专利性，但同时规定在协定生效时尚未准予植物专利的缔约国应采取一切合理的努力使植物具有可专利性，在协定生效时或生效后，缔约任何一方给予动物、植物专利保护的，应维持这样的保护。
14	2010 年美国—韩国 FTA	ART. 18.8 第 2 项	韩国不能排除植物与动物的可专利性

资料来源：整理自美国贸易代表办公室网站（http://www.ustr.gov/trade-agreements/free-trade-agreements）。

　　动、植物专利背后不仅蕴含着巨大的经济价值，而且转基因动物可以被用来改善食物的来源、生产医药品、研究人类的疾病、药物的试验以及提供器官移植的来源等，带给人类福祉，所以科技先进的国家纷纷致力于生物科技研发，但在解决人类各方面需求的同时，其带给动物的痛苦、对农民生计的影响、对生态平衡的破坏、对人体健康带来的风险等，导致道德、伦理、环境之种种冲击。关于植物专利，主要争议在于转基因植物的食用安全性问题和可能会对生态环境、原有生物种群的安全存在潜在的危险以及发展中国家的农民权深受影响等，均牵涉社会舆论或伦理道德、环境安全等难题，尚有许多的争论与不安的因素。因此，各国出于维护公共健康、生物安全、经济秩序等考量对转基因作物和食品严加管理甚至颁发禁令。"发展中国家如玻利维亚建议对生命形式的专利颁发禁令。继 2010 年 6 月 8 日至 9 日对 TRIPS 27.3 （b）的讨论之后，TRIPS 理事会再次聚焦于这些建议。据透露，成员国基本上保持先前的立场，关于禁令的建议，大多数发展中国家支持玻利维亚，大多数发达国家加以辩驳，指出保护生物技术发明的必要性……"① 在对35 个发展中国家和最不发达国家的研究中，菲利普·索普（Philip

────────────

① Elizabeth Siew-Kuan Ng, "The Impact of the Bilateral US-Singapore Free Trade Agreement on Singapore's Post-TRIPs Patent Regime in the Pharmaceuticals Context", *Int. T. L. R.*, Vol. 16, No. 5, 2010.

Thorpe）发现其中的 71% 已利用 TRIPS 中的弹性机制，通过立法排除了植物和其他生命形式专利。[①]

"美国是世界上种植转基因作物最多的国家，其 1/4 的耕地种植的是转基因作物，约占世界转基因作物种植总面积的 70% 以上，目前已批准 50 多种转基因作物产品商业化。孟山都、杜邦先锋和陶氏益农等大型生物技术公司垄断了全球大部分转基因技术与产品专利，每年通过出售转基因作物种子和收取专利使用费获取巨额利润。"[②] 由于各国对转基因作物和食品的严格管理甚至禁止，极大地限制了美国农产品进入外国市场。根据世界观察研究所提供的数字，由于欧盟自 1998 年 10 月以来暂停对转基因农产品市场准入申请的批准，因此美国对欧盟的大豆出口从 1998 年的 1100 万吨下跌到近年来的 600 万吨，玉米出口从 200 万吨减少到 13.7 万吨，农产品出口损失了将近 10 亿美元。美式 FTAs 置 TRIPS 于不顾，置各国的国情及科学技术水平于不顾，要求这些发展中国家将专利权的客体扩及动、植物，实际上是要求这些国家对美国转基因产品大开方便之门，最终目的是巩固自身优势地位，强化其在世界贸易体系中的领导权，但这对发展中国家却极为不公。因为：

（一）动、植物专利会为生物剽窃提供合法的平台

对动、植物等生命形式提供专利保护，实际上使生命形式沦为纯粹的商品，为生物剽窃提供了合法的平台。近年来发达国家多家研究机构在发展中国家采集遗传资源，无偿使用这些资源开发出生物技术产品后，立即申请专利，获取巨额垄断利润，这是典型的生物剽窃行为。

（二）植物专利对发展中国家的农业生产造成威胁

生物技术企业通过基因工程研究，获得重要粮食品种和重要家禽产品的大批专利，对发展中国家的相关农业生产极为不利。很多粮农植

[①]　Philip Thorpe, *Study on the Implementation of the TRIPS Agreement by Developing Countries* 16, Study Paper No. 7, 2002, http：//www. iprcommission. org/papers/pdfs/study papers/sp7 thorpe study. pdf.

[②]　杨静：《美国自由贸易协定研究——以生物技术内容为视角》，《河北法学》2009 年第 4 期。

物，是世世代代的农民在当地原生境环境下筛选、培植、改良粮农植物的结果和产物，它们适应于特定的生态环境，能够抵抗不同的病虫害，质好味佳，是一种存在了千百年甚至更长时间的优良农作物品种，但"生物海盗"们对这些粮农作物品种未进行任何创新就在其他国家申请专利。如印度的香稻（Bastmati Rice）、泰国的香稻（Jasmine Rice）、墨西哥的爱娜纳豆（Enola Bean）等都是品质上乘的粮食作物品种，存在巨大的市场生命力，在美国就曾被授予专利权。美国 DNAP 公司（DNA Plant Technology Corp.）拥有所有的转基因胡椒作物的专利；美国 Calgene 公司已经取得了芸苔科的所有基因工程植物包括油菜籽、椰菜、花椰菜、甘蓝和抱子甘蓝的专利权；美国 ESCAgenetics 公司拥有对所有源自基因工程的咖啡植物的专利，非洲国家埃塞俄比亚出产优质咖啡胚质，但是当埃塞俄比亚利用该胚质进行商业性开发和出口高科技含量的咖啡品种的时候，受到了该公司的严重限制，后者主张其对此享有专利权。[①] 原产于某国并已在某国长期种植的植物如果在其他国家被授予专利，种子就成为专利权的标的，农民要进行种植，就得有种子，就必须取得专利权人允许其使用这些种子的许可。植物专利形成的种子的垄断性的高昂价格往往使农民可望而不可即，这就限制了农民利用收获的种子进行粮食生产的机会，限制了植物原产国的农民生产粮食的手段，影响他们食物权的享有和实现。

（三）植物专利会导致生物多样性的衰减

粮食长期安全性的根本保障依赖于生物多样性，多样化的生态体系对干旱或其他生态失衡有更好的抗性，能提升种植当地的生态条件。农业物种的多样化是农民和环境之间连续不断地相互作用的结果。农民通过观察、试验和革新，发展了适合本地生态系统的农业生产实践，培育出适合于当地独特地形和气候的物种，是农民不断地磨合、培植和杂交已有品种，从而获得了更适合我们需要的新品种，是农民在每个季节过后都妥善保留部分种子以备来年再播种，是一代又一代的农民，创造了

---

① 参见杨静《美国自由贸易协定研究——以生物技术内容为视角》，《河北法学》2009 年第 4 期。

我们今天所用的丰富的植物品种，保持了丰富的生物多样性。① 而植物专利导致只有极少数经过跨国种子公司转基因处理的"精英"品种才能得到大面积的种植，而且跨国种子公司为了维护其垄断利润、为了防止农民获得用于播种的种子，不断研究防止种子再生的技术，即所谓的种子"终结者"技术②，"终结者"技术是跨国种子公司找到的迫使农民每年都要购买新种子的方法，被证明是比杂交技术更有力的能保证种子重复购买的武器，因为农民收获的种子是不育的。"终结者"最主要的目的就是阻止农民保留或交换种子，就是迫使他们每个季节都购买新种子。③ "而自然界里的成百上千种、同类型的种子，则被排斥在规模种植之外。从而使得人类的食物，从最初的原材料开始，走向了单一化。不仅是农作物多样性丧失，居民餐桌和营养结构多样性的丧失，而且是人类从食物上更加脱离自然，从而使得各个国家、民族、人民以及文化等，都进一步被食物王国控制，从而不再具有自生能力，只能沦为资本和强国的服膺。"④

二　专利保护期限的延长

　　TRIPS 第 33 条规定：可享有的保护期应不少于自提交申请之日起的 20 年年终。第 62 条第 2 项规定：如果某种知识产权须经授权或注册方可获得，成员应使授权或注册程序能够保证在合理期限内批准授权或注册，以免无保障地缩短保护期。由于专利保护期间不是从核准专利权

---

① 参见［法］R. A. B. 皮埃尔、法兰克·苏瑞特《美丽的新种子——转基因作物对农民的威胁》，许云错译，商务印书馆 2005 年版，第 11 页。

② 种子"终结者"技术就是使种子不育的技术，这项技术可以阻止收获的种子发芽。其应用的基本原理是把绝育基因引入植物的遗传基因中，绝育基因能够令种子绝育而不影响植物的生长，即植物正常地成熟，却结出生物概念上不育的种子。这就是国际农村进步基金会称这种技术为"终结者"的原因。不同的农业化学工业公司将"终结者"技术分别称为"基因保护"、"遗传利用的限制"或"基因表达的调控"，其专利名称为"植物基因表达的控制"。参见［法］R. A. B. 皮埃尔、法兰克·苏瑞特《美丽的新种子—转基因作物对农民的威胁》，许云错译，商务印书馆 2005 年版，第 31—33 页。

③ 参见［法］R. A. B. 皮埃尔、法兰克·苏瑞特《美丽的新种子——转基因作物对农民的威胁》，许云错译，商务印书馆 2005 年版，第 35 页。

④ CCTV 中央电视台《中国财经报道》栏目组编：《粮食战争》，机械工业出版社 2008 年版，第 50—51 页。

之日起算，所以 20 年的期间仅仅是名义上的保护期间，扣除行政审批所耗费的时间后才是专利权人可以享受专有权的有效保护期间。而且 TRIPS 并未明确定义何谓"合理期限"，也未规定专利保护期间如遭受不当缩减时应如何补偿专利权人，均留给成员国自由决定。

　　医药产品不同于其他的专利产品，一般都要经过行政审批。行政审批包括专利审查程序和上市审批程序。在美国与其他国家签订的 FTAs 中，就专利审查程序和上市审批程序所造成的时间耗费，分别有延长专利期间的规定。除了美国—约旦 FTA 外，其他美式 FTAs 中均就专利审查程序部分延长专利保护期间。美国—新加坡 FTA 第 16.7 条第 7 项规定：经专利权人请求，缔约国可以延长专利保护期间，以补偿专利审查中不合理的延迟。并定义了不合理的延迟至少包括自申请专利之日起 4 年尚未公布之延迟，或请求审查之日后 2 年后之延迟，以较晚者为准。美国—摩洛哥 FTA 第 15.9 条第 7 项、美国—澳大利亚 FTA 第 17.9 条第 8 项、美国—巴林 FTA 第 14.8 条第 6 项、美国—阿曼 FTA 第 15.8 条第 6 项也有类似规定。CAFTA-DR 第 15.9 条第 6 项、美国—智利 FTA 第 17.9 条第 6 项、美国—秘鲁 TPA 第 16.9 条第 6 项、美国—哥伦比亚 TPA 第 16.9 条第 6 项则将延迟的期间定义为自申请专利之日起 5 年及请求审查之日后 3 年。根据美国食品药品管理局（U. S. Food and Drug Administration，FDA）的规定，医药品上市审批程序包括临床试验（clinical testing）和审批时间（the approval phase）。自美国—约旦 FTA 以后，其他美式 FTAs 都规定，缔约国就专利医药产品可以延长专利期间，以补偿专利权人因上市审批程序以致不合理缩短有效专利期间。美国—巴林 FTA 第 14.8 条第 6 项、美国—阿曼 FTA 第 15.8 条第 6 项更进一步规定：如一缔约国以先前在其他国家审批的证据包括提交的与审批有关的安全性、有效性资料作为批准新药上市的基础，则该缔约国应调整专利期间以补偿专利权人在该缔约国及其他国家的上市审批程序中所导致的对有效专利期间的不合理缩短。也就是说，因其他国家上市审批程序所导致的延迟，也可以延长专利保护期间。

　　美国为补偿上市审批程序的延迟，在《专利法》第 156 条（又称为 Hatch-Waxman 法案）规定：专利权人可以申请延长的专利保护期间为 1/2 的临床试验期间加上审批时间，最长不超过 5 年，有效专利期间不超过 14 年（原有的专利期间扣除因上市审批程序缩短的时间，加上延长的期间）。① 前述美式 FTAs 的条文虽然移植了美国法上的规定，却仅规定原则事项，对于延长专利期间的例外、条件及限制则未规定，例如：因专利审查程序所造成延迟的补偿，FTAs 就未规定例外情形；上市审批程序所造成延迟的补偿，也未像美国法有最长 5 年的限制，也未规定临床试验期间以 1/2 计算、最长有效专利期间 14 年的限制。再者，FTAs 并未将 Hatch-Waxman 法案的所有规定纳入，Hatch-Waxman 法案固然保护有效专利期间，也同时简化上市审批程序，然而 FTAs 中则仅延长专利期间，却未简化上市审批程序。美式 FTAs 中关于专利审查程序和上市审批程序造成延迟的补偿，都是独立的事由，两种延迟所给予的专利延长期间是相加，而且没有最长期间的限制，这就导致专利权保护期间极有可能远超过 20 年。虽然延长药品专利权期间的目的在弥补专利权人为取得上市审批而无法实施的期间，但却意味着专利药品在延长的专利期间继续维持高价位，专利药厂会攫取高额利润，仿制药上市的时间将会被延后，更将使病患无法早日以一般价格取得药品。专利保护期间每额外增加 1 年，对于签订 FTAs 的发展中国家而言，都会大大影响药品的可及性，对这些国家的公共健康会造成严重影响。

经济学家在讨论最优专利制度时利用的一个主要维度就是专利长度。专利长度（patent length）是指专利的保护年限。经济学家从专利保护期出发来阐述"什么样的知识产权保护制度才是最好的"这个问题。威廉·诺德豪斯（William D. Nordhaus）特别关注专利的保护期问题，他指出，专利期限或者效率的每一次增加，都会刺激发明活动的增长。由此产生的社会福利的受益包括由于更多的智力产品的分配而减少的消费者的盈余和生产者盈余的现值。最优专利保护期是专利权的期限或效率增加到边际效用与边际成本相等之处。② 专利保护期并不是越长越好。专利保护期实际上就是创新企业垄断利润的持续期。专利保护期

---

① Frederick M. Abbott, *Intellectual Property Provisions of Bilateral and Regional Trade Agreements in Light of U. S. Federal Law*, http：//www. iprsonline. org/unctadictsd/dialogue/2006 – 05 – 03/Frederick％20abbott％2012％20final. pdf.

② 参见［美］威廉·费歇尔《知识产权的理论》，黄海峰译，载刘春田主编《中国知识产权评论》，商务印书馆 2002 年版，第 14—15 页。

限的延长是一把双刃剑，更长的独占期限意味着企业从事创新的私人收益增加，从而刺激企业增加研发费用，导致生产技术进一步改进，成本进一步降低，企业能够获取更多的垄断利润，但不可避免会有减少社会福利的一面。因为在专利保护期内，市场结构处于完全垄断状态，完全垄断的市场结构意味着此阶段的生产是以部分社会福利的牺牲为代价的。专利保护期限越长，这种垄断情形就维持得越久，这部分社会福利损失也就越大，甚至造成社会净福利的下降，延迟社会公众对专利技术的共享。这种延期共享所丧失的社会福利，会超过进一步创新增加的收益。日本学者斋藤优教授在对专利的寿命周期进行研究后得出结论："在电器、机械及化学工业等领域，能够在 15 年内全部收回研究开发资金的专利占总数的 72.4%。"[①] 如果专利的保护期进一步增加超过 20 年，那么社会福利损失的增加额将会大大超过专利权人私人收益的增加额，对整个社会来说，这样的保护期是不合理的。TRIPS 规定的 20 年的专利保护期既体现了对专利权人足够的激励，能保障专利权人有足够的时间收回研发成本和获得合理的收益，又为竞争者及其他社会公众的后续发明和获取知识与信息的途径创造了公共领域空间。美式 FTAs 将药品专利保护期延长而远超过 20 年，是过于重视发达国家药品专利权人的利益而忽视社会公众利益的不明智之举。所以，就连美国 Hatch-Waxman 法案的倡导者之一 Waxman，如今也极力反对在双边协定中照搬该法规定："正如大多数良法，该法案也是为配合具体的管理体制和特定的情况而精心设计的。它在我国成功施行，却并不意味它一定适合于其他国家。这就是为何我对那些 FTA 的制定感到惊恐的原因，……我们的许多贸易伙伴面临着与我国完全不同的挑战和情况。"[②]

三　有利于发展中国家的弹性机制的削减

　　TRIPS 为兼顾成员各自政策及实际情况的考虑，规定了若干可以排

---

　　① ［日］斋藤优：《发明专利经济学》，谢燮正译，专利文献出版社 1990 年版，第 201 页。

　　② H. Waxman, *Statement, Subcommittee on Trade, Hearing on Implementation of U. S. Bilateral Free Trade Agreements with Chile and Singapore*, Tuesday, June 10, 2003, http://waysandmeans. house. gov/hearings. asp?formmode = view&id = 1107.

除专利权的范围与效力的规定，使成员在保护权利人权利的同时不致过于影响公共利益，赋予成员在立法上弹性的空间，学者称为弹性机制。强制许可、平行进口、专利权的例外等这些都是 TRIPS 中可供成员方灵活解释和实施的弹性机制，发展中国家依据这些弹性机制享有一定的自主立法空间和政策选择自由，但是 TRIPS-plus 协议对这些条款的使用都进行了限制，这样就削减了发展中国家所享有的自主立法和政策选择的自由。弹性机制的削减包括：

（一）严格限制专利强制许可

强制许可是专利制度中的重要内容，是对专利权的重要限制，也是 TRIPS 中最重要的弹性机制之一，该制度旨在平衡专利权人的私人利益与社会公共利益。强制许可制度在克服专利制度的弊端方面发挥着重要的作用。具体体现在：其一，通过授权非专利权人生产专利产品，直接与专利权人形成竞争，可降低产品的价格，满足低收入消费者的需求。其二，促使专利权人自愿许可他人使用其专利技术，从而减少或消除垄断。例如：当 Roche 公司在德国申请强制许可 Chiron 公司拥有的一项"HIV 血液屏幕探测"专利时，促使 Chiron 公司于 2001 年 5 月向 Roche 公司自愿许可使用该技术。美国学者拉达斯（Ladas）教授指出："专利法中强制许可制度的实际价值是它的威胁导致专利权人的自愿许可使用，因此促进专利技术的实际应用。"[1] 可见，仅仅存在强制许可条款本身就可以促使专利权人颁发自愿许可。其三，有利于促进专利技术的实际应用，实现专利的经济效益，避免社会资源的浪费。[2]

1. TRIPS 后续文件对强制许可的宽松修正

在 TRIPS 第 31 条的全文中，虽可发现一些实施强制许可的通常事由，如国家紧急状态、反竞争行为等，但这些事由都是融入所列的各项条件中，第 31 条并未就各成员设定强制许可事由的权利予以限制和设计，只是规定了非专利权人要申请强制许可必须满足 12 项苛刻的条件。诚如 Gervais 所言，TRIPS 设定了授予强制许可的特定条件，但并未列

---

[1] S. Ladas, *Patents, Trademarks and Related Rights-National and International Protection*, Cambridge: Havard University Press, 1975, p. 427.

[2] 参见林秀芹《TRIPs 体制下的专利强制许可制度研究》，法律出版社 2006 年版，第 143—147 页。

举或定义何种情形下可以许可。谈判者衡量各选项后，决定让强制许可的事由开放。相对地，他们建立了严格的防卫（strict safeguards）机制（即 TRIPS 第 31 条的各项条件）。① 其中第 31 条（f）款规定必须"主要为供应域内市场"，这就使强制许可具有适用上的不确定性，对于欠缺制药能力的国家而言，这一机制实际上根本毫无实施上的可能性。② 例如：患有某种流行病的病人急需某种药品，而该种药品在该国受到专利保护，他人未经专利权人许可不得随意生产。虽然国家为解决公共健康危机，可授予制造该药品的强制许可，但如果其本国企业不具备生产该药品的能力，则仍然只能靠专利权人（对发展中国家而言通常是外国企业）制造，这样并不能有效解决问题。由于有 TRIPS 第 31 条（f）款的规定，一方面该国很难从国际市场上购买或订购到专利药，另一方面在有专利制度存在的情况下，它也不能进口仿制药。在这样的知识产权保护环境下，没有药品生产能力的国家遇到的困难几乎是不可克服的。③ 因此这成为日后药品供应问题的导火线之一。

由于 TRIPS 第 31 条所规定的强制许可的条件相当烦琐和严格，不利于解决发展中国家和最不发达国家面临的日益严重的公共健康危机，发展中国家和发达国家最终达成《多哈宣言》，对有关强制许可的规定做了修正。《多哈宣言》第 5 段明确规定："根据上述第 4 款，在维护 TRIPS 所规定的义务的同时，承认上述灵活措施包括：（a）……（b）各成员国有权批准强制许可，并且可以自由决定批准强制许可的理由。（c）各成员国有权决定构成国家紧急状况或其他紧急情况的条件，可以理解公共健康危机，包括与艾滋病、结核病、疟疾以及其他传染病有关的危机，构成上述国家紧急状况或其他紧急情况……"批准强制许可的事由和何种情况构成国家紧急情况或其他紧急情况由各成员国自行决定。《多哈宣言》大大放宽了申请强制许可的条件。

---

① Daniel Gervais（ed.）, *The TRIPS Agreement*: *Drafting History and Analysis*（3rd）, London: Sweet & Maxwell, 2008, p. 390.

② Caterina Tuosto, "The TRIPS Council Decision of August 30, 2003, on the Import of Pharmaceuticals under Compulsory Licensing", *E. I. P. R.*, Vol. 26, No. 12, 2004.

③ 参见文希凯《TRIPS 协议与公共健康——评 WTO〈"TRIPS 协议和公共健康宣言"第六段的执行〉》，《知识产权》2003 年第 6 期。

2003 年《总理事会决议》为了解决 WTO 成员利用强制许可有可能会遇到困难的问题，对强制许可做了进一步的修正："……2. 根据本款所规定的下述条件，对出口成员为生产药品而批准强制许可以及向符合条件的成员出口该药品而言，将豁免 TRIPS 第 31 条（f）规定的义务：（a）符合条件的进口成员向 TRIPS 理事会做出通报，其内容包括：（i）指定其所需药品的名称和希望的数量；（ii）除最不发达国家成员之外，通报应当确认符合条件的进口成员方已根据本决议附件中规定的方式之一证实在所需药品的生产领域中制造能力不足或没有制造能力；（iii）在药品已在成员领土内被授予专利权的情况下，通报应当确认该成员方已根据 TRIPS 第 31 条和本决议的规定批准或打算批准强制许可。（b）出口成员根据本决议颁发的强制许可应包含以下条件：（i）根据该强制许可生产的药品数量只能是满足符合条件的进口成员所必需的数量，而且全部产品必须出口到已向 TRIPS 理事会通报有该需求的成员；（ii）根据该强制许可所生产的药品应当通过特别的标签或标记标识为是依据本协议确立的制度所生产的，供应商应当采用特殊包装、特殊色彩或形状来区分此类产品，其条件是这些区分方式是可行的并且对价格没有显著影响；（iii）在运送前，被许可人应当在网站上公布以下信息：……运送到上面（i）所述各个目的地的数量；……上面（ii）所述的产品区分特征；（c）出口成员方应当向 TRIPS 理事会通报该强制许可的批准，包括该强制许可所包含的条件。提供的信息应当包括被许可人的名称和地址、被许可的产品、被许可的数量、被许可产品输送到的国家以及许可期间。通报还要指明上面（b）（iii）中提及的网站地址。3. 当出口成员根据本决议确立的制度批准强制许可时，应当结合考虑许可给进口成员带来的经济价值，应当由出口成员支付 TRIPS 第 31 条（h）规定的报酬。当符合条件的进口成员对同一产品批准强制许可时，对于出口成员根据本段第一句话已经支付报酬的产品来说，该出口成员可以豁免 31 条（h）规定的义务。"《总理事会决议》包括了两项对发展中国家有利的豁免：一是在特定条件下药品的出口不适用 TRIPS 第 31 条（f）款的规定，即专利药品不受强制许可应主要供应域内市场的限制，取消对该药品专利的出口限制条件，在这样的规定下，有药品生产能力的国家可以将根据强制许可生产的仿制药品供应给没有生产能力而又面临公共健康危机的国家，从而解决药品的供应问题；二是进口国基于强制许可给予专利权人报酬的豁免，即豁免了 TRIPS 第 31 条（h）款所规定的义务，只要求出口国给予专利权人报酬，这样就避免了双重收费。《总理事会决议》解决了《多哈宣言》遗留下的问题，为无能力生产仿制药品的发展中国家获得廉价仿制药品扫清了制度上的障碍。

2005 年 12 月在香港举行的 WTO 第六次部长级会议通过《香港宣言》，同意修订 TRIPS 第 31 条（f）款。《香港宣言》将《总理事会决议》的豁免上升为 TRIPS 的一部分。新增加的 TRIPS "第 31 条'bis'"，允许利用强制许可生产的药品出口到缺乏生产能力的国家。TRIPS 修正案由 WTO 成员在 2007 年 12 月 1 日之前批准。

《多哈宣言》和《总理事会决议》所做的修正使适用强制许可的条件相较 TRIPS 较为宽松，对发展中国家较有利。

2. TRIPS-plus 协议对强制许可的进一步限制

在美国与其他国家签订的美式 FTAs 中将准予强制许可的情形又做了限制。美国—约旦 FTA 第 4.20 条规定："除以下情形外，缔约国不得准许未经专利权人授权之使用：（a）对于司法或行政程序已经认定为反竞争实施之救济；（b）在公共非商业性使用的情况下或在国家出现紧急状态或其他极端紧急状态的情况下，且限定仅由政府机构或经政府授权的法人实体才可以使用；（c）只要进口构成实施，虽然并未符合实施的要求……"美国—新加坡 FTAs 第 16.7 条第 6 项、美国—澳大利亚 FTAs 第 17.9 条第 7 项规定强制许可的事由包括反竞争行为、公共非商业性使用、国家紧急状态或其他极端紧急状态，均禁止以未实施专利为由颁发强制许可证。此外，即使是在构成国家紧急状态的情况下，缔约方对某专利实施强制许可时，也无权要求专利权人提供与该专利有关的未披露信息或者专有技术（know-how），这一额外限制意在保护应上市审批所需而提交的数据。而且还进一步规定：在公共非商业性使用、国家紧急状态或其他紧急情况下准予强制许可必须给予专利权人合理的补偿。可见，在美国与其他国家签订的 FTAs 中，缔约方只能在三种情况下颁发强制许可：紧急状态、反竞争行为、公共非商业性使用。这种对专利的保护超出了 TRIPS 的规定，TRIPS 仅针对半导体技术规定了限于为公共非商业使用或者用于经司法或行政程序确定为反竞争行为的法律救济，除此之外，只要满足必要的条件，颁发强制许可的事由是没有限制的。① 美式 FTAs 中限制强制许可的事由的"这些规定不但是超出TRIPS 的，而且甚至比美国的国内法还要严苛，在美国国内法中，强制许可在众多的领域受到保护，比国家紧急状态的情形广泛得多。例如：《清洁空气法》中包括关于预防空气污染的发明的强制许可条款，《拜杜法案》保护政府的介入权（march-in rights）②，《原子能法案》中含有保护能源生产中的公共利益的条款"③。"对强制许可采取强硬立场以及与其他国家签订的协议中将专利药品限制适用于极端情况下，美国政府的这种做法在关乎出乎意料的公共健康危机时只能是作茧自缚……2001 年炭疽病来袭后，一个共识迅速达成：需要保证有标准的抗生素——环丙沙星（Cipro）充足供应于炭疽病的治疗。假如布什政府未能与德国拜尔公司——环丙沙星的唯一生产者就药品降价谈判成功的话，那么它唯一的选择将只会是有赖于强制许可。"④ 这种限制强制许可事由的做法就大大限制了强制许可的可用性，对发展中国家解决公共健康危机极为不利。以新加坡为例，新加坡原有法律规定：为开发第二代专利及专利权人不实施专利的情形下可以颁发强制许可。而美国在美国—新加坡 FTA 中将强制许可的事由仅限于紧急状态、反竞争救济、公共非商业使用的情形，禁止在上述情况以外的其他情形下实施强制许可，迫使新加坡必须废除原有的规定，缩减了新加坡实施强制许可的政策空间，这势必会对新加坡的仿制药竞争、新药上市、药品价格、公众健康产生负面影响。

TRIPS 对于强制许可的规定之所以使用的是宽松的语言表述，是因为得到了欧共体的支持，欧共体出于对美国在农业谈判上对其施加压力的回敬，在强制许可的问题上与美国针锋相对。而美式 FTAs 是在"一

---

① Charles T. Collins-Chase, "The Case Against TRIPS-plus Protection in Developing Countries Facing AIDS Epidemics", *U. Pa. J. Int'l L.*, Vol. 29, Spring 2008.

② 介入权是 1980 年美国《拜杜法案》（*The Bayh-Dole Act*）赋予政府的一项权利，即当专利权人不实施或不采取有效步骤实施发明或出于公众健康或安全考虑的情况下，政府有权介入并直接向第三方颁发实施发明的许可证。See 35 U. S. C. §200、203（1980）.

③ Beatrice Lindstrom, "Scaling Back TRIPS-plus: an Analysis of Intellectual Property Provisions in Trade Agreements and Implications for Asia and Pacific", *N. Y. U. J. Int'l L. &Pol.*, Vol. 42, Spring 2010.

④ Ibid.

对一"的双边谈判中签订的,没有多边谈判中北北分歧的干扰,美国医药行业在强制许可的问题上当然是制定尽可能强大的限制以维护自己的利益。因此,对发展中国家尤其是最不发达国家而言,强制许可制度无异于望梅止渴。

(二) 禁止专利产品平行进口

平行进口是强制许可制度之外改善医药品可及性的另一个重要的弹性机制,对发展中国家而言尤为重要。所谓平行进口,是指当某一个知识产权获得两个以上国家的保护时,未经知识产权人许可,第三人所进行的进口并销售运用该知识财产制造的产品的行为。① 举一个例子来说明何为平行进口:A 公司就某产品含有的技术向甲国专利局申请获得了专利,并在甲国制造、销售该产品,该产品被从事国际贸易的 B 公司购买,并在未经 A 公司授权的情况下将其转运至乙国销售,而 A 公司也在乙国就该产品所覆盖的技术申请获得了专利,并直接或许可他人销售相同的产品。这时,同一种产品出现了 A 公司在乙国建立的"官方"销售渠道和 B 公司基于 A 公司在甲国的权利穷竭而将其产品进口到乙国而建立的"非官方"销售渠道。由于 A 公司和 B 公司相互独立并无关联,所以 B 公司所从事的贸易被称为平行贸易,从乙国的角度出发,B 公司向乙国进口该产品的行为就被称为平行进口。平行进口与权利穷竭之间存在着无法分割的关系,产品是否可以被平行进口取决于它们所体现的知识产权是否被先前的销售所穷竭。② 支持平行进口者以权利穷竭原则作为允许平行进口的依据所在。关于知识产权的权利穷竭问题,欧美各国主张国内穷竭,发展中国家主张国际穷竭。③

在 TRIPS 协商过程中,权利穷竭问题存在争议,各成员国对此无法达成共识。TRIPS 最终并未就权利穷竭原则的实体内容进行规范。

---

① 参见齐爱民《知识产权法总论》,北京大学出版社 2010 年版,第 106 页。

② Darren E. Donnelly, "Parallel Trade and International Harmonization of the Exhaustion of Rights Doctrine", *Santa Clara Computer & High Technology Law Journal*, Vol. 13, No. 2, 1997.

③ 权利穷竭大致上可分为国内穷竭和国际穷竭两种。国内穷竭指权利人第一次销售后,不论有无约定,都自动丧失其在国内转售的权利。国际穷竭指权利人第一次销售后所丧失的不但是国内转售的权利,也包括出口的权利。从权利人角度而言,最好可以在不同国家分别授权,因此采取国际穷竭对权利人较为不利。参见罗昌发《国际贸易法》,元照出版有限公司2002 年版,第 654—655 页。

TRIPS 第 6 条规定："在符合上述第 3 条至第 4 条的前提下，在依照本协议而进行的争端解决中，不得借本协议的任何条款，去涉及知识产权权利穷竭问题。"申言之，不论缔约国是采取国内穷竭或国际穷竭原则，在 TRIPS 之下均为合理，其他缔约国不得因此而利用争端解决程序对其提出控诉，除非是违反国民待遇原则或最惠国待遇原则。也就是说，TRIPS 虽然承认知识产权的权利穷竭问题是一个争议事项，但成员国可以自行决定相关规范。如果一国采取国际穷竭原则，当知识产权人自愿、首次将知识财产出售之后，买受人就可将之运往国外出售，知识产权人不得阻止，而运往国外销售的结果，对进口国而言，就是平行进口。因此，从 TRIPS 第 6 条规定看来，其并未排除一国采取国际穷竭原则，应该是承认一国可以规定平行进口为合法。

《多哈宣言》也未处理权利穷竭的实质问题，只在第 5 段（d）中规定：在 TRIPS 第 3 条、第 4 条有关最惠国待遇和国民待遇原则的规定前提下，TRIPS 中有关知识产权权利穷竭的规定应当使各成员国能够自由地、不受干扰地建立其权利穷竭体系。因此，发展中国家可采用国际穷竭原则，而国际穷竭原则是平行进口的理论基础，发展中国家可以平行进口的方式从国外进口价格便宜的专利药品。

"PhRMA 中的品牌会员公司在 TRIPS 的谈判中没有得到其他国家对禁止平行进口的支持，但是它们要得到在多边谈判中没有得到的东西，它们迫使美国将场所垂直转移到双边和区域论坛。"[①] 在美国与其他国家签订的美式 FTAs 中，都没有专门的条文规定权利穷竭问题，但却有关于平行进口的规定。例如：美国—澳大利亚 FTA 第 17.9 条第 4 项、美国—摩洛哥 FTA 第 15.9 条第 4 项规定：如果未经权利人同意（以契约或其他方法），则不得以进口专利产品的方式影响平行进口。美国—新加坡 FTA 第 16.7 条第 2 项规定：对于他人明知或有理由知道专利药品是违背专利权人与被许可人之间的合同而分发的，仍然非法获取药品，不管这种违反合同的行为发生在缔约国境内还是境外，都可以成为一个诉因。即专利权人可以通过合同的方式阻止药品的平行进口，从而

---

① Susan K. Sell，"TRIPS Was Never Enough：Vertical Forum Shifting，FTAS，ACTA，and TPP"，*J. Intell. Prop. L.*，Vol. 18，Spring 2011.

对缔约国进口便宜的专利药品设置障碍。总之，在美国与其他国家签订的美式 FTAs 中，禁止平行进口，这与美国国内法的精神是完全一致的。美国《专利法》第 154 条第（a）项第 1 款规定："每一个专利应包含发明的简称，以及授予专利权人、其继承人或其受让人有权排除他人在美国境内制造、使用、许诺销售或销售该发明，或进口该发明到美国的权利；如果是方法发明，则有权排除他人在美国境内使用、许诺销售或销售以该方法制成的产品，或进口该产品到美国。"① 美国《专利法》第 271 条第（a）项规定："除本法另有规定外，在专利权存续期间，任何人未经许可在美国境内制造、使用、许诺销售或销售任何已获专利的发明，或进口任何已获专利的发明到美国，即属侵害专利权。"② 美国《专利法》第 154 条第（a）项第 1 款说明了专利权人享有制造、使用、许诺销售或销售以及进口专利产品或以专利方法制成的产品的权利；《专利法》第 271 条第（a）项于 1996 年生效，增加了对专利权人进口权的保护，扩大了专利权的范围。从这两条规定可知，美国《专利法》明文禁止平行进口。美式 FTAs 中的规定实际上是复制了美国知识产权法建立的标准。③

　　药品平行进口的根源在于相同药品在不同国家的价格差异，跨国医药公司的差别定价、各国的关税差异以及汇率波动等是造成相同药品价格存在差异的原因所在。允许平行进口可能会造成药品在价格上的趋同，但却能确保贫穷国家得到更加廉价的药品。以南非为例，南非《药物和相关物品控制修正案》第 15 条（C）款（b）项授予卫生部长批准平行进口的权力，只要符合基本条件，卫生部长就可以根据该修正案增加任何药品的可利用性以解决国内公共健康危机。从经济学的角度来看，由于同种药品的价格在不同国家完全不同，允许平行进口能够改变市场上的价格歧视，能够使消费者有效地在全球市场上选购专利药品，尤其是在公共健康领域，从一个售价较低的国家进口专利药品将会使进

---

① 35 U. S. C. §154 (1980).

② 35 U. S. C. §271 (1980).

③ Beatrice Lindstrom, "Scaling Back TRIPS-plus: an Analysis of Intellectual Property Provisions in Trade Agreements and Implications for Asia and Pacific", *N. Y. U. J. Int'l L. & Pol.*, Vol. 42, Spring 2010.

口国更多的患者得到治疗的机会。即便是在美国，面对专利药品的高昂药价，也有国会议员及部分州提出法案，意欲通过平行进口的方式自 OECD 国家进口价格较为便宜的专利药品。[①] 美式 FTAs 的规定却与此种潮流背道而驰，表面上虽然维持自由选择是否采取国际穷竭原则，但却通过合同或其他方法来限制平行进口，而签署了 FTAs 的国家就接受了保护专利权人权利的条约义务，这种义务在将来没有进行调整的任何余地。[②] 这对发展中国家及最不发达国家解决公共健康危机极为不利。

四　撤销专利权事由的限制

TRIPS 第 32 条规定：撤销专利或宣布专利无效的任何决定，均应提供机会给予司法审查。该条是对专利权赋予程序上的保障。但是 TRIPS 并未规定在何种情况下可以撤销专利权，这在 TRIPS 协商过程中是具有高度争议的议题，TRIPS 最终版本回避了这一问题，并未直接规定撤销专利权的事由。多数见解认为 TRIPS 赋予成员国以裁量权，成员国可以自行决定撤销专利权的事由。因此成员国有权以公共利益、违反公共健康法律或专利权滥用等事由撤销专利权。[③]

美式 FTAs 中，除美国—约旦 FTA 外，其余 FTAs 都对撤销专利权的事由加以限制。美国—巴林 FTA 第 14.8 条第 4 项规定：只有在有充分的理由拒绝赋予专利权，或因为欺诈、不实陈述或不平等的行为等事由，才可撤销专利权或使专利权不能实施。美国—澳大利亚 FTA 第 17.9 条第 5 项、CAFTA-DR 第 15.9 条第 4 项、美国—智利 FTA 第 17.9 条第 5 项、美国—摩洛哥 FTA 第 15.9 条第 5 项、美国—新加坡 FTA 第 16.7 条第 4 项、美国—阿曼 FTA 第 15.8 条第 4 项、美国—秘鲁 TPA 第 16.9 条第 4 项、美国—哥伦比亚 TPA 第 16.9 条第 4 项都有类似的规

---

①　Francisco Rossi, "Free Trade Agreements and TRIPS-plus Measures", *Int. J. Intell. Prop. MGMT.*, Vol. 1, 2006.

②　Beatrice Lindstrom, "Scaling Back TRIPS-plus: an Analysis of Intellectual Property Provisions in Trade Agreements and Implications for Asia and Pacific", *N. Y. U. J. Int'l L. & Pol.*, Vol. 42, Spring 2010.

③　Morin, Jean-Frederic, "Tripping up TRIPS Debates IP and Health in Bilateral Agreements", *Int. J. Intellectual Property Management*, Vol. 37, 2006.

定。这种约定反映了美国《专利法》的规定。美国《专利法》对专利权的撤销采取的是"清晰的手原则"（clear hands doctrine），即在有充分的理由拒绝赋予专利权、欺诈、不实陈述或不平等的行为等事由时，可撤销专利权。

依据 FTAs 中的前述规定，限制可撤销专利权的事由，则即便扩张欺诈、不实陈述或不平等行为的概念，缔约国仍然无法将撤销专利权的事由扩张至其他公共利益如违反公共健康等事由，那么缔约国的司法机关便不能以该项专利违反公共健康为由而撤销该项专利。在滥用专利权或不实施专利权的情况下不能撤销该项专利，这是药品价格居高不下的普遍原因。[①] 药品价格居高不下，势必会对发展中国家药品的可及性问题产生负面影响。

五　未公开资料的专有权保护

未公开的资料包括有关试验或其他资料、使用新化学成分的药品和农用业化学品，排除先前已经申请审批上市的成分，因此保护范围应不包括新化合物、新剂量、已有药物的新配方等情形。根据 TRIPS 第 39 条的规定，要求成员国保护未公开的资料以防止不公平的商业利用，但成员国没有义务对未公开的资料提供专有权保护，成员国可自行决定是采取专有权保护还是采取竞争制度加以保护。

美式 FTAs 中对未公开的资料均提供专有权保护，具体包括：

（一）医药品上市审批程序中提出而未公开资料的保护

除了美国—约旦 FTA 第 4.22 条的条文是援用 TRIPS 第 39 条第 3 款，内容大致相同外，其他 FTAs 对医药品上市审批程序中提出而未公开的资料均赋予提供资料者 5 年的专有权保护。如美国—哥伦比亚 TPA 第 16.10 条第 1 项就规定：如果以提出安全性及有效性的资料作为批准新药的条件时，如未经提供该资料的人同意，第三人在批准上市日起 5 年内，不得引用前述资料申请批准上市。美国—新加坡 FTA 第 16.8 条第 2 项、美国—智利 FTA 第 17.10 条第 1 项、美国—摩洛哥 FTA 第

---

① Jakkrit Kuanpoth, "TRIPS-Plus Intellectual Property Rules: Impact on Thailand's Public Health", *The Journal of World Intellectual Property*, Vol. 9, No. 5, 2006.

15.10 条第 1 项、美国—澳大利亚 FTA 第 17.10 条第 1 项、CAFTA-DR 第 15.10 条第 1 项、美国—巴林 FTA 第 14.9 条第 1 项、美国—阿曼 FTA 第 15.9 条第 1 项、美国—秘鲁 TPA 第 16.10 条第 1 项都有类似的规定。医药品上市审批程序中所提出的资料，如给予专有权保护，则一旦新药申请者在本国提出试验资料，其他竞争者除非得到申请者的同意，否则不能在 5 年的专有权保护期间使用前述试验资料申请上市审批。当然，其他竞争者也可以提出自己进行试验的资料，但药品的临床试验既要耗费巨额的资金又需耗去大量的时间，不但在经济上不可行，还会因此给予提供资料者一段排他的期间。而且这种资料专有权还不同于专利权，其范围可及于已无专利权的医药品，形成另一种形式的独占，这样就可能会影响仿制药的价格及药品的可及性。

（二）新的临床试验资料的保护

医药品上市审批程序是由医药主管机关针对该医药品的一种或几种治疗适应征（therapeutic indications）进行审查，申请者必须就所申请的适应征提出具有安全性及有效性的临床试验资料。如后来发现该药品有其他的适应征，就必须提出新的临床试验资料。美国签署的部分 FTAs，如美国—约旦 FTA 第 4.22 条注释 10 将保护及于既有药品的新使用方式；美国—摩洛哥 FTA、美国—澳大利亚 FTA、美国—巴林 FTA、美国—阿曼 FTA 则除了 5 年的资料专有权保护外，另外给予新的临床试验资料提供者 3 年的专有权保护。新的临床试验资料的保护是针对已经存在的药品的新的适应征所进行的临床试验资料进行保护，这种保护规定所影响的不只是新药，还有专利期间届满后已经出现仿制药并发现新的适应征的药品。在这种情况下，原来申请医药品上市审批者可以借此延长专有权保护，使他们的专有权"长青"（evergreen their exclusive rights）。

（三）先前在其他国家申请上市审批所提出资料的保护

由于各国主管机关审查医药品的技术、能力、资源不尽相同，发达国家的主管机关如美国 FDA 完全有能力自行审查医药品，而且对于医药品的上市审批规定有非常严格的程序，而有些发展中国家的医药品审查机关甚至尚无能力自行审查医药品的安全性和有效性。因此有些发展中国家就承认其他国家（如美国）对于相同或类似药品上市审批的决定，作为其进行上市审批的依据。自美国—约旦签订 FTA 以来，美国签署的 FTAs 就申请人在其他国家医药品上市审批程序中所提出的资料，均受到保护，而且将保护对象延伸到其领域外，但保护程度则不尽相同。美国—约旦 FTA 第 4.22 条及该条注释 11 规定：如医药品上市审批程序是依靠在其他国家上市审批程序所提出的证据，约旦必须保护这些资料免受不公平的商业利用，期间与其他国家就相同情形所保护的期间相同。美国—新加坡 FTA 第 16.8 条第 2 项规定：如一缔约国对于某一产品上市审批的审查是以其他国家对相同或类似产品的上市审批作为基础时，如未经在其他国家提供资料的人同意，自在其他国家批准上市之日起或自在该缔约国境内批准上市之日起（以批准上市时间较晚者为准），药品 5 年内不应被批准上市，农用化学品 10 年内不应被批准上市。依照该条规定，提供试验资料者，即使是在其他国家获得上市批准，而未在缔约国申请上市审批，其所提出的资料在缔约国也受专有权保护。美国—澳大利亚 FTA、美国—巴林 FTA、美国—阿曼 FTA 等进一步规定：即使主管机关并未以外国上市审批决定作为依据，竞争厂商也不能使用在外国申请上市审批时所提出的资料。也就是说，即使药厂在协议以外的国家申请上市审批，资料专有保护在缔结协议的国家内也自动生效。例如：美国—澳大利亚 FTA 第 17.10 条第 1 项（c）规定：如缔约国允许第三人提出先前在其他国家已提出关于安全性和有效性的资料作为批准上市的条件时，未经在其他国家提出资料的人同意，第三人至少在其他国家取得上市许可之日起 5 年内，不得获得授权或不得使用先前在其他国家获得上市批准的证据或资料。

先前在其他国家申请药品上市审批所提出的关于安全性及有效性资料受专有权保护，使资料专有权保护的范围不限于在本国申请上市审批者，甚至扩张至其他国家申请药品上市审批时所提出的资料，从而仿制药厂就不能援引在其他国家上市审批提出的资料在本国提出申请。而除美国—新加坡 FTA 外，美国—秘鲁 TPA、美国—哥伦比亚 TPA、CAF-TA-DR、美国—澳大利亚 FTA、美国—巴林 FTA、美国—阿曼 FTA 并未规定审查是以其他上市审批作为基础，即便本国主管机关不承认其他国家上市审批的决定，其他国家上市审批中所提出的资料也受到专有权保护。换言之，一旦新药厂在缔约国中的任何一国，甚至在 FTA 缔约国外的任何一国提出药品上市审批，都将自动获得资料专有权保护。美国—秘鲁 TPA、美国—哥伦比亚 TPA、CAFTA-DR 除了有和美国—澳大利亚 FTA、美国—巴林 FTA、美国—阿曼 FTA 相同的规定外，更进一步规定：为取得前述保护，缔约国可以要求先前在其他国家提出资料者，在取得上市批准 5 年内才可在缔约国申请上市许可审批。如此，在其他国家提出药品上市审批资料者就获得一段等待的期间（waiting period），在其他国家上市批准之日起 5 年内可以在本国申请上市审批。如果先前在申请上市审批程序中提出资料者能够对此项规定善加运用的话，甚至可以获得长达 10 年的专有权保护。

医药品上市审批程序中所提出资料的保护及资料专有权保护与依照 2003 年《总理事会决议》使用强制许可制度存在着潜在的冲突。假如某国依照《总理事会决议》欲利用强制许可制度来生产仿制药，因为还在资料专有权保护期间，仿制药厂不能使用先前专利药厂所提出的临床试验等资料，而必须自行提出临床试验等资料才能获得上市批准，而高昂的临床试验费用足以让仿制药厂望而却步。在这种情况下，美式 FTAs 中所规定的对未公开资料的专有权保护使得发展中国家利用强制许可制度生产仿制药品的机会变得有名无实。

除上述情形外，美国签署的部分 FTAs 还对"使用新化学成分的医药品"加以定义。TRIPS 将使用新化学成分的医药品在上市审批程序中所提出的资料作为保护的对象，但对于什么是"使用新化学成分的医药品"并未下定义，给各成员国留有解释的空间，成员国有权在其国内法中自行定义。美国签署的部分 FTAs 对"使用新化学成分的医药品"加以定义，使之更加精确。如美国—智利 FTA、美国—摩洛哥 FTA、CAFTA-DR、美国—巴林 FTA、美国—阿曼 FTA、美国—秘鲁 TPA、美国—哥伦比亚 TPA 将新药定义为：并未包含使用在医药品上且已获得上市批准的化学成分。依照这一定义，只要先前未在该国获得批准，即使是已知的化学成分也可能获得专有权保护。但美国—新加坡 FTA 第 16.8 条第 1 项则并未限于使用新化学成分，只要是涉及医药品或农用化学品安全性和有效性的资料均受保护。通过对新药的定义，无疑扩张了资料专有权保护的范围。

总之，对未公开资料的专有权保护会大大延后仿制药的生产，会影响药品的可及性，不利于发展中国家解决公共健康危机。

六 药品上市审批与专利制度的挂钩

在大部分国家中，药品的上市必须经该国卫生主管机关审批登记，并取得许可证。专利法与规范药品上市审批的法规是两套独立的法律制度，是不同的国家行政行为，立法目的也不相同，药品上市审批的目的是确保药品的安全性和有效性，而专利法的目的在于赋予专利权人排他的权利。[①]

TRIPS 专利法部分，并没有将药品上市审批制度与专利法挂钩的规定。然而美式 FTAs 均将药品上市审批与专利制度相挂钩。除美国—约旦 FTA 外，其余 FTAs 均规定：如缔约国准予药品上市审批可使用先前申请人（通常是专利权人，无论在缔约国或其他国家）所提出的关于药品安全性及有效性的资料时，该缔约国须规定在专利权期间内，除非得到专利权人的同意或默示同意，否则卫生主管机关不得核准其他申请者就该专利药品的上市申请〔如美国—摩洛哥 FTA 第 15.10 条第 4 项（a）之规定〕。换言之，药品上市审批应经专利权人同意或默示同意。自美国—约旦签订 FTA 后，所有 FTAs 均规定：如缔约国准予第三人提出上市审批的申请，专利权人应被告知该项申请及申请人的身份〔如美国—摩洛哥 FTA 第 15.10 条第 4 项（b）之规定〕。也就是说，卫生主管机关在准予第三人提出的药品上市申请时应通知专利权人。美式 FTAs 的这些规定，甚至超过了美国国内法的标准。美国国内法中虽然将药品管制法制与专利法制相挂钩，但其挂钩机制复杂。药品专利权人必须将专利列在 FDA 的橘皮书（Orange Book）上，仿制药厂向 FDA 提交简化新药申请（abbreviated new drug application）时必须证明无有效的专利存在。FDA 仅通知橘皮书上的专利权人，使专利权人有机会启动诉讼程序以阻止仿制药进入市场。如果专利权人提起诉讼，则药品上市审批程序将自动延长 30 个月，直到法院做出该专利是否有效的裁决（有可能早于 30 个月）。该制度包含了旨在鼓励仿制药生产者寻求使他们的

---

① Francisco Rossi, "Free Trade Agreements and TRIPS-plus Measures", *Int. J. Intell. Prop. MG-MT.*, Vol. 1, 2006.

产品早日在市场上生效的因素（包括就专利的有效性提出质疑）。① 而
美式 FTAs 中的"药品上市审批应经专利权人同意或默示同意"的规定
实际上是允许专利权人介入到上市审批程序中，以阻止仿制药进入市
场，这显然超出了美国国内法的规定。即使采取与美国国内法相同的标
准（即卫生主管机关必须通知专利权人），发展中国家也将面临繁重的
负担，那就是法院将面临专利权人为阻止仿制药进入市场而提出的大量
市场准入禁令申请和诉讼案件。在这种情况下，为了减轻法律及行政上
的负担，发展中国家的卫生主管机关势必将仅根据形式认定专利权有效
而阻止仿制药的审批及进入市场。美式 FTAs 将药品上市审批与专利制
度相挂钩的规定，会对合法的仿制药的竞争造成不利影响。因为药品上
市审批要经专利权人同意或默示同意，那么专利权人就可以利用这一方
式无往而不利，无论是有效专利或事后被认定为无效的专利，都可以通
过"须取得专利权人明示同意或默示同意"的方式阻止药品上市审批，
就可能对合法的仿制药的竞争造成巨大的障碍。美式 FTAs 中的这种规
定也会限制强制许可的使用。由于在大部分国家中，药品的上市必须经
该国卫生主管机关审批登记，那么即使某一个 FTA 的缔约国已经以强
制许可的方式进口某药品，而如果该药品先前并未在该国登记，专利权
人虽不能阻止强制许可，但却可以拒绝同意该药品取得上市许可证，该
药品还是无法在该国使用。

小　　结

通过规定保护任何技术领域中的发明而将专利权的客体延及药品，
以知识产权保护植物新品种，用模糊性的语言表述有利于发展中国家的
内容，使发展中国家的优势资源游离于知识产权保护之外，TRIPS 中与
专利相关的这些规定有利于知识产权净出口国的利益，是知识霸权的集
中表现。但是发展中国家不久就发现，TRIPS 只不过是"地板"，

---

① Frederick M. Abbott, *Intellectual Property Provisions of Bilateral and Regional Trade Agreements in Light of U. S. Federal Law*, http：//www. iprsonline. org/unctadictsd/dialogue/2006 – 05 – 03/ Frederick％20abbott％2012％20final. pdf.

TRIPS-plus 协议才是"天花板"。美式 FTAs 将知识产权保护扩大到新领域，增加知识产权保护的条款，削减 TRIPS 现有的弹性机制，FTAs 中的这些规定不但是 TRIPS-plus，而且实际上是 U. S. -plus。[1] 有学者戏称，"目前世界各国的知识产权制度其实是一种越来越美国化了的制度而已，美国化也称全球化，美国的制度又名 WTO 世贸组织，是各国人民都在掏腰包买门票加入的"[2]。TRIPS、TRIPS-plus 协议中的这些规定背离了全球信息正义的要求，是非正当的。

---

[1] Susan K. Sell, "TRIPS Was Never Enough: Vertical Forum Shifting, FTAS, ACTA, and TPP", *J. Intell. Prop. L.*, Vol. 18, Spring 2011.

[2] 冯象:《木腿正义》(增订版)，北京大学出版社 2007 年版，第 3 页。

第六章　中国对知识霸权的应对

本书第四章、第五章分别以国际知识产权制度正当性的主、客观标准为视角分析了知识霸权的非正当性表现，换言之，对于知识霸权霸在何处，霸到什么程度，我们已经有了清晰的认识。那么发达国家所推行的知识霸权对发展中国家的知识产权制度有什么具体的影响？本章就以中国为例来加以阐述，并提出应对知识霸权的相应措施。

第一节　知识霸权对中国知识产权制度的影响

由于知识产权问题具有很大程度的政治性，所以如何建立知识产权制度，在国际社会上已经由一个单纯的技术问题演变为政治性问题。以美国为首的发达国家在国际上推行知识霸权，极力推销代表自己利益的知识产权制度，对发展中国家的知识产权立法指手画脚，强迫发展中国家干这干那。中国知识产权制度的建立，固然是出于自身经济发展和建设法治国家的需要，但从历史进程的客观角度而言，更是以美国为首的发达国家干预的结果。不容我们否认的是，知识霸权客观上对中国知识产权制度的构建和完善起了一定的促进作用，但更多的是负面的影响。

一　知识霸权对中国知识产权立法的干预

"知识产权是罗马法以来财产非物质化革命的制度创新成果，也是西方国家300多年来不断发展成长的制度文明典范。对发展中国家而言，知识产权是一种制度舶来品，是被动移植、外力强加的结果；知识产权立法不是基于自身国情的制度选择，往往是受到外来压力影响的结果。"① 纵观中国近代和当代的知识产权立法史，都有外力干预的身影。

（一）枪口下的法律——中国近代的知识产权立法

尽管早在太平天国时期，洪仁玕就在《资政新篇》中提到了知识产权，但在鸦片战争之后的十余年内，知识产权问题并没有在中西关系中凸显出来。② 近代中国的知识产权保护，是伴随着 19 世纪下半叶西方列强的经济文化侵略而被带入中国的。19 世纪末叶以来，从清朝政府实行新政向西方学习到北洋政府、中华民国政府取材外国法进行移植，知识产权法律无一不是被动立法的结果。1904 年，中国外交事务部邀请帝国海关（Imperial Maritime Customs）参加起草商标法，在英国领事馆官员和英国商人的积极参与下，起草出一个商标法草案。该草案基本上是照搬英国法律的内容，偏袒英国利益的地方多。由于列强之间的利益冲突和清政府部门之间的矛盾，该商标法草案一直未能付诸实施。1910 年，《大清著作权律》颁布。1923 年，中华民国政府颁布了《商标法》，1928 年，颁布了《著作权法》。近代中国的知识产权法律制度粗具雏形。

近代知识产权制度舶入中国，体现的是西方列强与晚清政府不同的利益诉求。西方列强想从中国获得一定的经济利益，晚清政府为了满足西方列强的要求，使其取消在中国的治外法权，于是配合西方国家进行知识产权立法。因此，近代中国的知识产权制度带有很强的功利主义色彩，"不仅是从西方输入的，而且是被强制输入的"③。虽然西方列强在将知识产权制度强加给中国时并未直接使用军事威胁，但对于当时的中国（刚刚结束的大规模反侵略战争中的战败方，领土上仍有外国军队驻扎）而言，实际上没有和西方列强讨价还价的任何余地。因此，有学者把中国早期的知识产权立法称为"枪口下的法律"④，显然是有依据的。

---

① 吴汉东：《中国知识产权法制建设的评价与反思》，《中国法学》2009 年第 1 期。

② 参见李雨峰《枪口下的法律——近代中国版权法的产生》，《北大法律评论》2004 年第 6 卷第 1 辑。

③ 王黎明：《最初的交锋》，知识产权出版社 2008 年版，第 233 页。

④ 李雨峰：《枪口下的法律——近代中国版权法的产生》，《北大法律评论》2004 年第 6 卷第 1 辑。

（二） 知识霸权对中国当代知识产权立法的干预

新中国成立之前的 28 年间，曾有过一些知识产权立法，新中国成立后均被废止。20 世纪 50—60 年代，新中国先后颁布实施或试行《保障发明权与专利权暂行条例》（1950 年）、《发明奖励条例》（1963 年）、《商标注册暂行条例》（1950 年）、《商标管理条例》（1963 年）、《关于文学和社会科学书籍稿酬的暂行规定》（1958 年）等保护知识产权的法律法规或规范性文件，① 但"新中国成立后，由于长期实行高度集中的计划经济体制，这种体制排斥财产私有权，同时也排斥作为财产权的知识产权"②，因此，当时，中国几乎没有知识产权制度。直至中国 20 世纪 70 年代末实行改革开放，才真正开始法律的全面重建工作，再次兴起保护知识产权的热情。这次重建，是外来经济、政治压力下的结果，而不是保护知识产权自身的需要。亨瑞·威东（Henry J. H. Weare）的一段话道破了问题的实质："中国引进知识产权法的根本动机来自对外开放政策的驱使，中国需要对外贸易，吸引外资以及从西方获取迫切需要的技术和设备。"③

"自晚清以降，中国的知识产权立法带有浓厚的美国色彩。"④ 中国改革开放的 30 余年，也是知识产权法制建设的 30 余年，其大致经历了重建、发展和完善三个阶段，⑤ 在这 30 余年的法制建设进程中，存在挥之不去的美国阴影。

1. 恢复重建阶段美国的干预

自中国实行改革开放政策以来，法制建设重新起步，知识产权立法工作进入一个新时期。中美贸易谈判与知识产权争端对中国知识产权立法的恢复重建产生了重大影响。中美两国在知识产权方面的联系是随着 1979 年两国建立正式外交关系开始的。1979 年 7 月双方签订的《中美

---

① 参见张乃根《论 WTO 法下的中国知识产权制度变革》，《世界贸易组织动态与研究》2011 年第 5 期。

② 任建新：《回顾中国知识产权制度的建立》，载刘春田主编《中国知识产权二十年（1978—1998）》，专利文献出版社 1998 年版，第 18 页。

③ Henry J. H. Weare, Lovell White Durrant, "Intellectual Property: China's Unrewarded Efforts?" *China Law and Practice*, Hongkong, Vol. 10, 1996.

④ 李雨峰：《枪口下的法律：中国版权史研究》，知识产权出版社 2006 年版，第 176 页。

⑤ 参见吴汉东《中国知识产权法制建设的评价与反思》，《中国法学》2009 年第 1 期。

贸易关系协定》中，在美国的要求下，协定规定在贸易关系中双方必须有效保护对方的知识产权。从这时开始，中国才真正开始接触、了解现代知识产权概念及其保护，并着手起草《著作权法》。1980 年中国加入 WIPO，迈出保护知识产权的第一步。1982 年中国颁布了《商标法》，1984 年颁布《专利法》。1985 年中国加入《巴黎公约》。USTR 曾对此给予了积极肯定和评价。

1988 年，美国政府对中国知识产权保护状况表示不满，认为中国知识产权立法存在不足：（1）缺乏对计算机软件的专门保护；（2）没有《著作权法》；（3）《专利法》保护不力，尤其是对美国的药品和化学品未提供适当、有效的保护。美国欲利用 1988 年《综合贸易与竞争法案》中规定的特别 301 条款对中国实施贸易制裁，中美之间的知识产权谈判开始。经过艰难的磋商，1989 年 5 月中美达成《谅解备忘录》。中国政府承诺制定符合国际惯例的《著作权法》，并将计算机软件纳入其中进行保护，中国还承诺修订《专利法》，延长专利保护期限，扩大专利保护范围。美国政府撤回对中国的恐吓，承诺不将中国列入特别 301 条款下的"重点国家"。① 中国履行承诺，同年加入《商标国际注册马德里协定》，1990 年，中国颁布《著作权法》。至此，在中美知识产权谈判和特别 301 条款的压力下，中国初步建立了知识产权法律体系。

2. 快速发展阶段美国的干预

自 20 世纪 90 年代初至 21 世纪初，中国知识产权立法进入快车道。美国 1991 年 4 月 26 日发布的特别 301 条款年度审查报告中，以中国计算机软件保护的相关规定并未出台为由，将中国列为特别 301 条款下的"重点国家"，并开始对中国进行特别 301 条款调查，核实中国知识产权保护现状与水准，USTR 宣布拟对中国向美国出口的 106 种商品加征 100% 关税的清单，价值达 15 亿美元。在此期间，中国于 1991 年 6 月出台《计算机软件保护条例》。1992 年 1 月，经过紧张的谈判，中美两国签署了第一个关于知识产权保护的协议，即《关于保护知识产权的谅解备忘录》。中国承诺加入《伯尔尼公约》等著作权保护国际公约；对

---

① 参见杨国华《中美知识产权谈判的影响及启示》，《国际经济合作》1998 年第 7 期。

《专利法》《商标法》进行修改；利用《反不正当竞争法》保护知识产权尤其是商业秘密。美国将中国从"重点国家"名单中撤下。1992—1994年，中国相继加入《伯尔尼公约》《保护录音制品制作者防止未经许可复制其录音制品公约》（以下简称《录音制品公约》）、《专利合作条约》和《商标注册用商品与服务国际分类尼斯协定》（以下简称《尼斯协定》）（见表6-1），并在1992年修订《专利法》，1993年修订《商标法》，同年颁布《反不正当竞争法》。1997年修订的《刑法》中设专节规定了"侵犯知识产权罪"，同年还通过了《植物新品种保护条例》。

表6-1　1978—2012年中国加入的知识产权国际组织/国际公约概况

国际组织/国际公约名称	加入时间	生效时间
建立 WIPO 公约	1980. 3. 3	1980. 6. 3
巴黎公约	1984. 12. 19	1985. 3. 19
马德里协定	1989. 7. 4	1989. 10. 4
伯尔尼公约	1992. 7. 10	1992. 10. 15
录音制品公约	1993. 1. 5	1993. 4. 30
专利合作条约	1993. 10. 1	1994. 1. 1
尼斯协定	1994. 5. 5	1994. 8. 9
布达佩斯条约	1995. 4. 1	1995. 7. 1
UPOV 公约	1999. 3. 23	1999. 4. 23
WIPO 版权公约	2007. 3. 9	2007. 6. 9
WIPO 表演和录音制品条约	2007. 3. 9	2007. 6. 9
TRIPS	2001. 11. 10	2001. 12. 11

　　资料来源：整理自 WIPO 网站（http：//www. wipo. int/treaties/en/ShowResults. jsp？search_ what = C&country_ id = 38C）。

　　"在国际贸易知识化的体制下，知识产权保护成为国际经贸领域的基本规则，中国不得不顺应知识产权国际化的潮流"[1]，加入 WTO，并根据 TRIPS 全面修订《专利法》（2000年）、《著作权法》（2001年）、《商标法》（2001年），颁布了《集成电路布图设计保护条例》（2001

---

　　[1]　吴汉东：《中国知识产权法制建设的评价与反思》，《中国法学》2009年第1期。

年)、《专利法实施细则》(2001 年) 等, 健全了知识产权法律体系,
力图与以美国为首的发达国家所主导的知识产权国际规则接轨。

　　3. 基本完善阶段美国的干预

　　自中国于 2001 年 12 月 11 日加入 WTO 之后,"美国对中国知识产
权问题的关注重点转向监督中国遵守 WTO 协议的情况。2002—2004
年, 美国国会监督中国履行 WTO 协议的委员会如'国会经济与安全评
估委员会'、'国会—行政部门委员会'等对中国遵守 WTO 的情况举行
了多次听证会。美国认为, 从立法角度看, 中国已经基本达到了 TRIPS
的要求, 中国知识产权保护存在的主要问题在执法方面"[1]。中国于
2002 年 8 月通过了《商标法实施条例》(2014 年 4 月修订)、《著作权
法实施条例》, 2002 年 12 月修订了《专利法实施细则》, 2004 年通过
了《著作权集体管理条例》, 2006 年通过了《信息网络传播权保护条
例》(2013 年修订)。2006 年 1 月, 胡锦涛总书记提出建设创新型国家
的战略目标。2008 年 6 月, 国务院发布《国家知识产权战略纲要》。为
了顺利实现纲要所确定的战略目标, 中国迎来了新一轮立法、修法高
潮。2007 年 8 月, 通过了《反垄断法》, 为规制知识产权滥用行为提供
了有力依据。对《专利法》(2008 年)、《著作权法》(2010 年)、《商
标法》(2013 年) 再次进行修正, 并在 2010 年 1 月对《专利法实施细
则》再次修订, 同月, 中国颁布了《侵权责任法》, 明确将著作权、专
利权、商标专用权等纳入民事主体合法权益的保护范围内, 补充和完善
了知识产权保护的法律体系(详见表6 - 2)。中国知识产权法律体系与
以美国为首的发达国家所主导的知识产权国际规则进一步靠拢。

表 6 - 2　　　　　　　　1978—2014 年中国知识产权立法概况

法律/法规名称		颁布时间	修订时间	
商标	商标法	1982.8	第一次修订	1993.2
			第二次修订	2001.10
	商标法实施条例	2002.8	第三次修订	2003.8
			第一次修订	2014.4

---

[1]　何兴强:《中国加入世贸组织以来的中美知识产权争端》,《美国研究》2008 年第
2 期。

续表

法律/法规名称		颁布时间	修订时间	
专利	专利法	1984.3	第一次修订	1992.9
			第二次修订	2000.8
			第三次修订	2008.12
	专利法实施细则	2001.6	第一次修订	2002.12
			第二次修订	2010.1
著作权	著作权法	1990.9	第一次修订	2001.10
			第二次修订	2010.2
	著作权法实施条例	2002.8		
	信息网络传播权保护条例	2006.5	第一次修订	2013.1
	计算机软件保护条例	2001.12		
	著作权集体管理条例	2004.12		
其他	植物新品种保护条例	1997.3		
	集成电路布图设计保护条例	2001.4		
	知识产权海关保护条例	2003.12		
	反垄断法	2007.8		
	侵权责任法	2009.12		

资料来源：整理自国家知识产权局网站（http://www.sipo.gov.cn/zcfg/）。

西方发达国家早在17、18世纪就开始了本国的知识产权立法进程，要比中国早两三百年。即使像印度、巴西这样的发展中国家，其知识产权制度的建立也比中国早100年。对于西方国家而言，它们既是知识产权制度的最早创制者，也是知识产权制度的最大受益者。它们的知识产权制度大抵经历了一个从"弱保护"到"强保护"的缓慢过程，中间经历了短则几十年，长至百余年的过渡期。① WIPO总干事阿帕德·鲍格胥（Arpad Bogsch）博士在回顾该组织与中国合作20年的历史时指出，中国用了不到20年的时间，走过了西方国家一两百年才能够完成的知识产权立法进程，这个成就是举世瞩目的。②

----

① 参见吴汉东《知识产权制度运作：他国经验分析与中国路径探索》，《中国版权》2007年第2期。

② 参见国家知识产权局《1994年中国知识产权保护状况》（白皮书），http://www.sipo.gov.cn。

二　知识霸权对中国知识产权执法的干涉

知识霸权不仅对中国的知识产权立法加以干预，还对中国的知识产权执法也横加干涉。

从 1994 年开始，中美知识产权问题出现了微妙的变化，美国将视角转向了中国知识产权执法。1994 年 6 月，USTR 以中国知识产权保护不力、侵权行为失控为理由，再次将中国升级为"重点国家"，并发起6 个月的特别 301 调查，双方又一次面临贸易战。后来两国各自做出让步，于 1995 年 2 月签署了第二个知识产权协议，即《中美知识产权保护协议》，结束了长达 20 个月的知识产权谈判。中国承诺：立即以实际行动打击盗版；采取确保知识产权保护法令能有效执行的长期改革措施和对美国知识产权所有者开放市场。1995 年中国颁布了《知识产权海关保护条例》等一系列知识产权条例，并组建包括司法和行政执法在内的全国知识产权执法体系，严厉打击知识产权侵权行为，尤其是清理整顿音像制品和计算机软件市场。

1996 年 4 月 29 日，USTR 发布了当年度的特别 301 条款审查报告，指责中国没有认真执行 1995 年的知识产权协议，在知识产权和相关的市场准入方面存在着严重的问题，再次将中国列为"重点国家"，并拟对来自中国的纺织品、服装和电子产品等征收惩罚性关税，价值 30 亿美元。面对美国的贸易制裁，中国也采取了针锋相对的态度。中国对外贸易经济合作部发布公告，提出了反报复措施。1996 年 6 月 17 日，在美国的贸易制裁生效之前，中美两国达成了第三个知识产权协议。该协议由中美部长换文和《关于中国在 1995 年的知识产权协议项下所采取的实施行动的报告》及《其他措施》两个附件组成。中国承诺：加强对 CD 工厂的监控，为制止 CD 工厂的盗版行为采取实际行动；采取措施防止盗版 CD、CD-ROM、LD 及 VCD 的进出境等。同日，USTR 宣布，取消对中国的"重点外国"的确定，终止对中国的贸易制裁措施。

从 1997 年到 2002 年，美国对中国的知识产权保护还是相当不满，但也对这一时期中国在知识产权保护方面取得的进展给予了肯定，这几年中 USTR 并未将中国升级为最高级别的"重点国家"或紧次之的"重点观察国家"，中美知识产权问题一度平静下来。这种平静状况并未持续多久，在美国国内商业界的推动下，USTR 在 2005 年的特别 301 条款报告中国部分即"非常规评估报告"中决定将中国升格为"重点观察国家"，并继续置于"306 条款监督国家"的地位。此次争端的焦点依然是中国知识产权执法问题，报告对 2004 年以来中国知识产权执法的透明度问题提出批评，还有执法不严、刑法保护的力度不够、行政处罚的额度太低，不足以威慑盗版者以及市场准入等问题，新出现的问题只有网络盗版问题（美国人认为它已经迅速成为美国在华知识产权保护的一大威胁）。美国认为，中国在加入 WTO 时承诺的到 2005 年之前显著降低仿冒和盗版的水平没有能够兑现，三年来中国的假冒、盗版现象反而越来越严重，中国仍然是侵犯美国知识产权的"头号公敌"。为此，美国近年来采取了很多措施试图解决所谓的知识产权问题：（1）将中美之间的知识产权交流更多的机制化、经常化、定期化。中美双方有了更多的双边和多边磋商机制来协商解决知识产权争端，中国每年都有知识产权的工作人员和美方进行交流。如 2003 年开始的中美知识产权圆桌会议，自 2004 年以来升格了的中美商务和贸易联合委员会（简称中美商贸联委会）①，2006 年开始的中美战略经济对话以及 WTO 争端解决机制等。2007 年 4 月 10 日，美国就"中国与知识产权保护和实施有关的措施（DS362）"和"中国影响部分出版物和视听娱乐产品贸易权和分销服务措施（DS363）"向 WTO 提起申诉。②（2）向美国驻北京、上

---

①　中美商贸联委会，始于 1983 年，号称中美贸易摩擦的"灭火器"。自成立以来，对增进两国之间相互了解、推动和加强双边经贸领域的互利合作、维护和促进双边经贸关系的稳定健康发展发挥了重要作用。2003 年年底，中国国务院总理温家宝访美时，两国领导人商定提高中美商贸联委会会议的级别，由中国副总理担任中方主席，美方主席由商务部长和贸易代表共同担任，联委会会议升级成为两国间最高层次的双边经贸磋商机制。

②　这两起申诉案件的最终裁定报告都已公布。2009 年 1 月 26 日，专家组公布了 DS362 的裁决报告，2009 年 3 月 20 日，WTO 争端解决机构会议审议通过了该争端案专家组报告。2009 年 8 月 12 日，专家组公布了 DS363 的裁决报告，因中、美分别向上诉机构上诉，2009 年 12 月 21 日，上诉机构公布了该争端案的最终裁决报告。详情参见 Dispute Settlement：Dispute DS362 China-Measures Affecting the Protection and Enforcement of Intellectual Property Rights, http：//www. wto. org/english/tratop_ e/dispu_ e/cases_ e/ds362_ e. htm；Dispute Settlement：Dispute DS363 China-Measures Affecting Trading Rights and Distribution Services for Certain Publications and Audiovisual Entertainment Products, http：//www. wto. org/english/tratop_ e/dispu_ e/cases_ e/ds363_ e. htm.

海、广州的使、领馆派驻知识产权专员，以协助知识产权执法。
（3）继续运用特殊 301 条款相威胁。2007—2012 年，在这六年的特别
301 条款审查报告中，中国一直被列为"重点观察国家"，并继续置于
"306 条款监督国家"的地位。① 而且自 2006 年开始，USTR 还对中国省
级的知识产权保护状况也进行审议。

在美国的施压下，自 2004 年之后，中国几乎每年都在全国范围内
开展保护知识产权的专项行动，如 2005 年的"山鹰"行动；2008、
2009 年的"雷雨""天网"行动；2010 年 10 月—2011 年 6 月的打击侵
犯知识产权和制售假冒伪劣商品专项行动；2012 年的知识产权执法维
权"护航"专项行动。② 在通过专项行动加大对侵权知识产权行为的集
中打击力度的同时，知识产权各相关部门结合自身职能，加强日常执
法，大力推进知识产权保护工作。中国的司法机关也进一步加大知识产
权司法保护力度，知识产权司法保护工作有效开展。③ 中国行之有效地
采取行政执法和司法保护两条途径并行运作的保护模式，依法惩治侵犯
知识产权的违法犯罪行为，保护权利人的合法权益。

"美国打造知识霸权的醉翁之意并不在于对知识产权本身的保护这
瓶酒，而在乎的是美国经济利益这个山水。"④ 实际上，美国政府清醒
地知道，它们的要求是世界上任何一个国家都无法做到的。美国对发展
中国家不断施压，迫使这些国家的知识产权立法、执法达到美国标准，
但是翻开美国的历史，我们发现，今天知识产权最坚定的捍卫者美国，
当年却是一个盗版和仿冒大国：在著作权保护上，美国我行我素，曾长
期游离于《伯尔尼公约》之外，并非其不知知识产权保护的重要性，
而是由于当时美国的出版业远不如欧洲发达，美国出版业是建立在对欧
洲作品的盗版基础之上的。美国曾一度是盗版最严重的国家，使欧

① 2007/2008/2009/2010/2011/2012 *Special* 301 *Report*，http：//www. ustr. gov/about-us/
press-office/reports-and-publications/.

② 国家知识产权局：《关于印发〈2012 年知识产权执法维权"护航"专项行动方案〉的
通知》，http：//www. sipo. gov. cn/ztzl/zxhd/2012convoy/yw/201203/t20120327_ 660175. html。

③ 国家知识产权局：《2004/2005/2006/2007/2008/2009/2010/2011 年中国知识产权保护
状况》，国家知识产权战略网（http：//www. nipso. cn/）。

④ 齐爱民：《论知识霸权——以国家知识产权战略的制定和实施为视角》，《苏州大学学
报》（哲学社会科学版）2009 年第 2 期。

洲国家不胜烦恼。"一个著名的例证是，早在 19 世纪，英国著名作家查尔斯·狄更斯的《圣诞颂歌》在美国被大量盗版，该书在英国的售价是 2.5 美元一本，而在美国仅仅卖 6 美分。气愤的狄更斯在 1842 年亲赴美国，强烈要求美国政府采取国际版权保护措施，但美国政府未予理睬。直到 1891 年，由于美国的文学出版业蒸蒸日上，开始需要海外保护其知识产权时，美国国会才通过法令，将版权保护扩大到外国作品，以取得其他国家对美国作家作品在海外的对等保护。"① 而在此之前，美国的著作权保护仅限于美国公民，美国一直拒绝对外国作家授予著作权保护，因为这对满足该国对知识和启蒙的需求是必不可少的。因此美国加入《伯尔尼公约》的时间被推迟至 1989 年，这个时间晚于其他几个主要发达国家如英国、法国、德国 100 多年（这三个国家早在 1887 年就加入了该公约）。在那个时候，读者所买的书的封面上经常会写着这样一行字："因著作权，此版不在美国发售。"另一个形成鲜明对比的事例是，美国曾在其出版业无法与欧洲国家相抗衡的时候，力促在联合国教科文组织的范围内签订了保护水平较低的《世界版权公约》，可是，当其成为世界文化大国时，却不满足于现有国际知识产权公约的保护水平，对著作权保护才真正重视起来。美国之所以这样做是因为美国意识到其庞大的软件产业将使其成为世界上最大的软件出口国。于是，美国千方百计地将知识产权问题纳入 GATT 的谈判当中，并最终促成 TRIPS 这个比以往的任何知识产权协议的保护水平都要高的国际知识产权协议的签订。② "美国被认为是在国际版权领域的伪君子。"③ 在专利保护上，1790—1836 年期间，美国作为当时的技术净进口国一直限制对其公民和居民授予专利权，即使到了 1836 年，外国人的专利申请费也高出美国公民的 9 倍（如果是英国人，还要再高 2/3），直到 1861

---

① 魏玮：《知识产权司法保护中的利益平衡》，博士学位论文，西南政法大学，2005 年，第 19 页。

② 国家知识产权局：《2004/2005/2006/2007/2008/2009/2010/2011 年中国知识产权保护状况》，国家知识产权战略网（http://www.nipso.cn/）。

③ 参见［澳］彼得·达沃豪斯、约翰·布雷斯韦特《信息封建主义》，刘雪涛译，知识产权出版社 2005 年版，第 149 页。

年，外国人在这方面才（几乎完全）不受歧视。① 美国专利专员 1858 年的报告中这样写道："这是个既需要重视又令人感叹的事实，在过去的 12 个月中，据知国外有 10359 项发明，但只有 42 项在美国申请到专利，究其原因，不过是外国人的专利申请费用过高，以及美国的专利申请制度对外国人过于另眼看待，可以说是严格有加……以得出这样的结论，美国政府对国外的发明如果不是视其为害的话，也是视其为险，与生俱来的危险。它在引入这些发明时课以重税，就如同你引入外国毒品需要课以重税一样，在道德上是正义的，在政治上是明智的。有关该问题有一种更高尚的见解，一种被认为是更加与时俱进的见解，这种见解真诚地欢迎发明天才的成果——不管它来自何处，高兴地称之为全球的共同财产，人类的幸事，有助于人类生活的改善。"② 但到了 19 世纪末，美国已成为工业强国，于是对专利采取了积极保护的知识产权政策，不仅如此，美国还向其他国家施压，要求它们改进专利法，适应《巴黎公约》的要求以保护美国的专利。

"历史告诉我们，今天的富裕国家之所以繁荣，部分是由于它们先模仿，后创新。韩国抄袭日本和西方国家，日本模仿美国和欧洲国家，美国反过来抄袭欧洲国家，它们相互抄袭，但它们很少承认它们抄袭中东和远东国家的东西。在今天的规则下，这些抄袭行为大部分不可能发生。如果它们根本不能够抄袭任何知识财产的话，我们就可合理地反问，它们会赶上今天的贫穷国家吗？"③ 在尊重外国人知识产权方面，没有哪一个国家能说自己是清白的，很多发达国家历史上都侵犯过外国的知识产权，它们在自己赶上技术领先者以后，却踢掉了那把攀登的梯

---

① 参见英国知识产权委员会《知识产权与发展政策相结合》，伦敦，2002 年，第 18 页，http：//www. iprcommission. org/papers/pdfs/Multi＿ Lingual＿ Documents/Multi＿ Lingual＿ Main＿ Report/DFID＿ Main＿ Report＿ Chinese＿ RR. pdf。

② Annual Report of the Commissioner of Patents for 1858, http：//www. myoutbox. net/poar1858. htm.

③ Graham Dutfield, *Knowledge Diplomacy and the New Intellectual Property Fundamentalism*, *from Interpreting and Implementing the TRIPS Agreement*：*Is It Fair*? Bodmin, Cornwall：MPG Books Ltd. , 2008, p. 32.

子。当然美国也不例外。① 美国自开国以来的知识产权保护历史表明，美国在知识产权保护方面经历了一个从"选择保护"到"全面保护"，从"弱保护"到"强保护"的渐进发展过程。美国在历史上曾经将知识产权保护作为灵活的政策工具，以加速工业化进程。通过拒绝保护知识产权或收取较高费用等方式歧视外国人在美国历史上是司空见惯的事情。美国的科技实力正是在宽松的知识产权法律背景下积累起来的。美国根据自己的国内经济发展状况和国际贸易的实际情况来制定本国的知识产权保护策略，在不同的经济发展阶段执行不同的知识产权制度，目的是找到知识产权保护的最有利的方式，以促进、维护其自以为是的经济利益。美国曾一度是盗版最为严重的"无赖"国家，并因此而发展起来了。② 现在美国却调转船头，不顾各国经济、文化、社会发展水平的参差不齐而在全世界推行统一的、最高的、最苛刻的知识产权保护标准。这种情形与美国后来的知识产权卫士形象大相径庭，无怪乎有学者说："版权、专利、商标、域名之属，不过是抄袭、盗版、仿制、假冒的另一副面孔——先抄先盗先仿先冒的那位不许后来的这位免费学他的样，这么一种越来越美国化的制度而已。可恨的是，知识产权的第一条规矩就叫先来后到。根据这条规矩，你晚到一步，人家占先，你就该让着忍着，别盗版假冒。"③ 从此而后，新兴工业化国家不能再像先一步实现工业化的发达国家那样，通过学习和模仿来实现其发展目标，相反，它们要向越来越多的知识产权持有人支付越来越高的信息和技术费用。同时，为了履行高标准的知识产权保护义务，它们还必须负担更高的成本。"从20世纪70年代到90年代，我们看到美国大公司指控大部分亚洲国家是窝藏知识产权盗版的中心……具有某种讽刺意味的是，最近同样是这些美国公司，也处于与它们曾经指控的盗版对象相同的境地，它们被土著人民指控生物盗窃：偷窃传统医药和知识。这正像在

---

① 参见 ［澳］彼得·达沃豪斯、约翰·布雷斯韦特《信息封建主义》，刘雪涛译，知识产权出版社2005年版，第40页。

② 参见朱建华《知识产权保护水平越高越好吗？》，http://www.66wen.com/03fx/faxue/faxue/061114/28254.html。

③ 冯象：《木腿正义》（增订版），北京大学出版社2007年版，第3页。

16 世纪的地中海地区，每个人都不同程度地参与了海盗活动。"① 与美国宣扬的相反，美国跨国公司才是地球上最大的"盗版者"。美国所奉行的行动准则完全是"本国利益至上"和"对人对己双重标准"。

第二节　中国在国际层面对知识霸权的应对

知识霸权出现在全球权力与政策失衡和混乱的时代，高歌猛进的政治力量和权力中心抓住机遇，在世界范围强行推进其偏好的理论、样板和模式，但任何一种具体的霸权都是过眼烟云，知识霸权也不例外，因为霸权总是难以持久。如何对知识霸权发动有效的挑战、对其进行应对，这是所有发展中国家必须面对的刻不容缓的问题。知识产权的国际保护是通过签订双边协定、国际公约、国内立法等途径来实现的，所以应对知识霸权也可以从国际和国内两方面来着手。

一　中国应坚持的基本原则及基本主张

（一）中国应该坚持国家利益至上的基本原则

在应对知识霸权的过程中，中国应该坚持国家利益至上的基本原则。马克思曾经说过："人们奋斗所争取的一切，都同他们的利益有关。"② 一般认为，国家利益指一切能满足民族国家全体人民的物质、精神需要的利益。国家利益是客观存在的，只要民族国家不消亡，就会有不同的国家利益。邓小平同志对外战略思想中最重要的就是国家利益原则。他强调中国在复杂多变的国际环境中要始终把握正确的方向，最大限度地实现国家利益。"国家作为国际贸易的'影子主体'，具有自己独立的利益目标。这种利益目标是最终的，是一种比私人和集团利益目标更高一层次的利益目标。当私人利益目标与国家利益目标发生冲突时，国家就可能借助国家机器的控制力，以种种经济的或非经济的手段，有效地把私人的利益要求加以转化或强行排除，从而能够并且必然

---

① ［澳］彼得·达沃豪斯、约翰·布雷斯韦特：《信息封建主义》，刘雪涛译，知识产权出版社 2005 年版，第 27 页。

② 《马克思恩格斯全集》第 1 卷，人民出版社 1956 年版，第 82 页。

要贯彻自己的利益目标。作为国际贸易活动的控制者，国家既可以利用政治、外交手段为国与国之间的贸易打通渠道，提供保证，也可以出于政治利益、外交利益制定自己的贸易政策。"① 各国政府代表着本国利益，总是站在本国的立场上，制定和推动有利于本国的国际贸易政策的形成。在知识产权的国际交往过程中会有不同民族国家之间国家利益的冲突，中国应该有效利用 WTO 规定的"其他缔约国不应谋求发展中国家做出有害其经济健全或发展的让步"等原则，在正视国家利益的客观性差别的基础上为自己谋求合法利益。换言之，在涉及知识产权保护的国际交往中，中国应该坚持国家利益原则，即从中国的基本国情和人民的基本利益出发，根据知识产权的科学原理，最大限度地争取制定知识产权规则的参与权，甚至是领导权，构建科学合理的知识产权保护、知识产权交易的新规则，最大限度地维护中国正当的国家利益。

（二）中国应该坚持建立国际经济新秩序的基本主张

"国际经济交往中所发生的国际经济关系，在每一特定历史阶段，往往形成某种相对稳定的格局、结构或模式，通常称之为国际经济秩序。"② 第二次世界大战后，在两极格局的基础上形成了一种国际政治秩序，与这种已有的国际政治旧秩序相联系的还有一个国际经济旧秩序。这是在广大发展中国家处于无权地位的情况下，按照主要发达资本主义国家的需要和意志建立起来的一种经济秩序。第二次世界大战结束以后的 70 多年来，在全球经济的发展过程中，始终贯穿着强权国家力图维护国际经济旧秩序与贫弱国家力争建立国际经济新秩序的争斗。"这些争斗往往以双方的妥协而告终，妥协之后又因新的矛盾而产生新的争斗，如此循环往复不已。这种历史进程似可概括地称为螺旋式的'6C 轨迹'或'6C 律'，即 Contradiction（矛盾）→Conflict（冲突或交锋）→Consultation（磋商）→Compromise（妥协）→Cooperation（合作）→Coordination（协调）→New Contradiction（新的矛盾）……但每

---

① 连忧蔚、李会明：《WTO 与国家利益原则》，《重庆工商大学学报》（社会科学版）2003 年第 4 期。

② 陈安：《论中国在建立国际经济新秩序中的战略定位——兼评"新自由主义经济秩序"论、"WTO 宪政秩序"论、"经济民族主义扰乱全球化秩序"论》，《现代法学》2009 年第 2 期。

一次循环往复，都并非简单的重复，而是螺旋式的上升，都把国际经济秩序以及和它相适应的国际经济法规范，推进到一个新的水平或一个新的发展阶段。"① 世间常理从来是"不破不立"，破旧才能立新。在国际经济旧秩序尚未完全退出历史舞台的背景下，为了实现南北公平，中国作为发展中的大国之一，理应以公正、公平、合理的国际经济新秩序作为长远奋斗目标，积极倡导和参与建设和谐世界。② 邓小平曾指出：世界上现在有两件事情要同时做，一个是建立国际政治新秩序，一个是建立国际经济新秩序。

旧的国际经济秩序是在广大发展中国家处于无权地位的情况下，由少数大国按照发达国家的意愿和利益建立起来的。由中国提出并主张的国际经济新秩序是指建立公正合理的国际政治经济新秩序。2005 年 9 月 15 日，联合国成立 60 周年首脑会议举行第二次全体会议，时任中国国家主席胡锦涛发表题为《努力建设持久和平、共同繁荣的和谐世界》的重要讲话，力在推动公正和平、共同发展的新经济秩序的形成。国际经济新秩序是以公正和共同发展价值理念为中心建构起来的一种和谐秩序。而在目前的国际经济环境下，知识产权贸易已经成为主要的贸易形式，因此建立国际经济新秩序，首先应该建立国际知识产权贸易新秩序，应该理性对待由美国少数大企业集团草拟并代表了它们利益的TRIPS 协议，对该协议进行必要的改革和修正。重构国际经济新秩序，理性对待 TRIPS 协议，才能消除知识霸权。知识霸权反映的是处于不同发展阶段的国家对制定国际经济规则的领导权。对制定国际经济规则的领导权的争夺的根源，是各国以及集团之间展开的经济竞争，乃至生存竞争。各国和集团对制定规则的领导权的争夺，是一个长期而复杂的历史过程，是"持久战"，不能期待速战速决速胜，不能期待"毕其功于一役"，也不能因一时之小进展、小胜利而盲目乐观，错误估计形势。而领导权的争夺，是不同社会力量在对抗中所展开的斗争的集中表现。

---

① 陈安：《中国加入 WTO 十年的法理断想：简论 WTO 的法治、立法、执法、守法与变法》，《现代法学》2010 年第 6 期。

② 参见陈安《论中国在建立国际经济新秩序中的战略定位——兼评"新自由主义经济秩序"论、"WTO 宪政秩序"论、"经济民族主义扰乱全球化秩序"论》，《现代法学》2009 年第 2 期。

而在这场旷日持久的战斗过程中，中国应坚定不移、始终不渝地成为建立国际经济新秩序的积极推手，致力为建立公正、公平、合理的国际经济新秩序而长期斗争。

二　中国应采取的战略方针及具体策略

（一）中国应该采取深化南南联合的战略方针

对抗知识霸权不是单凭中国一个国家的力量就可以完成的，要集结反对知识霸权的各种力量，形成合力。因此，在战略上，中国应该采取深化南南联合的方针。

以史为鉴，可以明兴替，知兴衰。自1947年至今，发展中国家南南联合自强的历史进程已有70多年。1947年10月，在日内瓦签订了《关税及贸易总协定》（以下简称《GATT 1947》），并成立了相应的组织机构。参加缔结《GATT 1947》的主要是以美国为首的西方发达国家，绝大多数第三世界国家当时还处于殖民地或半殖民地的地位，没有代表出席，所以协定的有关条款内容，当然是反映了西方发达国家的利益和要求，第三世界国家的利益和愿望在该协定中未能得到反映。20世纪40年代中期至60年代，众多弱小民族先后争得独立，开始自主地参与国际经贸交往，这些国家日益觉察《GATT 1947》的原则及其有关规范对它们而言显失公平。1955年4月，包括中国在内的28个已经摆脱殖民统治的亚非国家在万隆召开会议，以《亚非会议最后公报》向全世界宣告了亚非弱小民族共同的奋斗目标和行动准则，初步形成了南南联合自强这一明确的战略思想。1964年6月在 UNCTAD 上成立的"77国集团"，是全球众多发展中国家实行南南联合自强的重要组织形式。在"77国集团"的呼吁下，发展中国家经过将近30年的集体努力，使普惠原则和普惠制在1974年正式载入联合国大会通过的《建立国际经济新秩序宣言》和《各国经济权利和义务宪章》等具有国际权威性的法律文献。20世纪80年代初至90年代中期，"77国集团"所体现的南南合作的整体力量及其在国际舞台上的影响有所削弱，从而导致发展中国家在多边谈判特别是在 GATT/WTO 乌拉圭回合谈判中处于弱势地位。进入20—21世纪之交时，"77国集团"又重整旗鼓，恢复了活力。1995年，发展中国家建立"南方中心"，其宗旨是加强南方各国的团结，针对发展中国家所面临的各种问题，提出建议，供"77 国集团"以及其他所有发展中国家的决策当局参考和采用。其后，南方中心还形成了专门为众多发展中国家出谋划策的一个小型"智囊机构"。2000 年，南方首脑会议在哈瓦那举行，这是"77 国集团"成立 36 年以来第一次召开的层次最高、规模最大的会议。其中心主题是如何通过南方国家的团结一致和联合行动，力争南北完全平等地参与世界经济大政的决策和有关法律规则的制定等。该会议发表了《南方首脑会议宣言》及《哈瓦那行动纲领》。①"77 国集团"在 2001 年 10 月 22 日，发表了一份宣言②正式提交给在多哈举行的 WTO 最高决策机构——第四届部长级会议。在众多发展中国家的强烈要求下，WTO 第四届部长会议于 2001 年 11 月 10 日通过《多哈宣言》，决定全面启动新一轮的全球性多边贸易谈判，以便对现有 WTO 体制和规则加以必要的革新。多哈回合谈判虽然迄今尚未结束，谈判缓慢多次"奄奄一息"，也多次"起死回生"，但在南南联合的积极推动下，"变法"的合理要求还是不断获得进展，前景渐显光明。发展中国家南南联合 70 多年的历史进程表明，对一切旧法律规范和原有"游戏规则"的"变法"，不能期待发达国家强权势力的恩赐，而必须依靠发展中国家自身的长期联合奋斗。对处于国际弱势群体的发展中国家而言，欧仁·鲍狄埃（Eugène Edine Pottier）1871 年所撰《国际歌》中的警句仍具有现实指导意义："从来就没有什么救世主，也不靠神仙皇帝。要创造人类的幸福，全靠我们自己！"③

正如本书第四章所揭示的那样，TRIPS 协议之所以成为现实，只是因为少部分建立在知识产权基础上的精英公司（主要来自美国、日本和欧洲）将它们的分歧搁置在一边，就全球性的知识产权保护问题达成一致而联合起来。由美国 12 个跨国公司的高级管理人员所组成的 IPC 自

---

① *Declaration of the South Summit*；*Havana Programme of Action*，http：//www·g77·org/ summit/Declaration；summit/Programme of Action.

② *Declaration by the Group of 77 and China on the Fourth WTO Ministerial Conference at Doha*，Qatar，22 October 2001.

③ 陈安：《论中国在建立国际经济新秩序中的战略定位——兼评"新自由主义经济秩序"论、"WTO 宪政秩序"论、"经济民族主义扰乱全球化秩序"论》，《现代法学》2009 年第 2 期。

成立后一直进行游说活动。于内，IPC 积极游说，寻求美国政府的支持，不但成功地使美国国内法发生了变化，而且说服美国政府通过GATT 建立一个多边知识产权协议；于外，IPC 积极进行跨国动员活动，致力于建立发达国家间的一致联盟来推动知识产权国际立法。尽管部门之间、国家之间有分歧，IPC 成员还是在提高知识产权保护的共同目标下将许多不同和分散的力量联合起来，才完成了将它们的私人利益上升为国家利益、上升为国际法的过程。那么，TRIPS 协议的反对者可以仿效 TRIPS 协议的支持者通过联合起来取得成功的这一策略，在形势不利于自身的情况下，在承认利益差别的基础上寻求各方的共同利益，协调立场，搁置分歧，形成最广泛的国际联合，用同一种声音说话，用集体的力量同发达国家相抗衡，这样才可能取得重要的成果。中国应致力于成为南南联合自强的中流砥柱之一，充分认识到各个发展中国家之间的差异性，自觉抵制霸权国家的分化瓦解、各个击破策略，善于进行南南之间的沟通协调，力争在南南联合内部，求大同，存小异，实现一致对外。

　　这里最广泛的国际联合，不仅包括发展中国家之间的联合，还包括与各种 NGO、商业团体、个人、专业组织等所有反对 TRIPS 协议的力量的联合，将这些各自孤军奋战的力量组合起来，形成联盟，反对进一步提升知识产权标准。从 2001 年 11 月《多哈宣言》的通过，到 2003年 8 月的《总理事会决议》，再到 2005 年 12 月的《香港宣言》，TRIPS协议得以修改，其中的一个原因就是发展中国家在总结和吸取 GATT 乌拉圭回合知识产权问题谈判的教训后，搁置分歧，统一立场，利用其他政府间和非政府间组织对公共健康危机的高度关切，通过开展外交努力，形成强大的国际舆论，迫使发达国家在知识产权保护问题上改变其强硬的政策，从而表现了"南南联合"的力量与作用。这一事实说明组成联盟具有现实可能性。深化南南联合，团结一切可以团结的力量，是应对知识霸权的必由之路。

　　而且，联盟中的成员还应该学会彼此信任。在国际谈判中，盟友之间的信任对成功至关重要，缺乏信任会导致合作迅速解体。TRIPS 协议谈判中，在印度和巴西的领导下，发展中国家曾经组成了"十国集团"，但是由于发展中国家对印度是否愿意在 TRIPS 问题上承担责任产生怀疑，巴西也担心印度的支持力度不够，所以印度和巴西的合作首先开始瓦解，"十国集团"也最终被发达国家的分化策略所瓦解。

在经济全球化加速发展的条件下，全球经济大政以及有关国际经济、国际知识产权立法，实际上由寥寥几个经济强国把持和操纵，没有任何单一的发展中国家的力量能够改变这种现状。因此，今后在针对知识产权问题进行讨论和决策的国际论坛上和多边谈判中，南方各国比以往任何时候都更加需要采取集体行动，才能赢得公平、公正和合理的成果。应对知识霸权，"舍韧性的南南联合自强，别无他途可循！"①

（二）中国应该采取非暴力不合作和体制转换的具体策略

以美国为首的发达国家所推行的知识霸权之所以能大行其道，很重要的一个原因就是它们使用了恰当的策略。所以在应对知识霸权时，中国必须采取相应的针对性策略。中国应该采取非暴力不合作和体制转换的具体策略。

1. 非暴力不合作的斗争策略

非暴力不合作策略源于非暴力不合作运动，该运动是圣雄甘地（Mohandas Karamchand Gandhi）领导的印度人民反抗英国殖民统治的运动。甘地倡导以和平方式抵制政府，采取罢业、抵制英货、抗税等非暴力手段进行斗争。2003 年 5 月，印度总统阿卜杜尔·卡拉姆（Dr. A. P. J. Abdul Kalam）发表了含蓄批评知识产权并提倡采用开放源代码的讲话，在国内和国际引发了巨大的反响。印度被认为是反对知识霸权的发展中国家的中心，印度总统卡拉姆所发表的讲话被认为是以非暴力不合作方式反对知识霸权的开始。也有人基于此将卡拉姆总统称为"信息时代的圣雄甘地"。圣雄甘地通过"非暴力不合作"，反对英国的工业霸权；而卡拉姆总统则呼吁对美国的知识霸权进行"非暴力不合作"。卡拉姆总统指出："最不幸的是，印度似乎仍然相信专有权解决方案……信息技术正在影响每个人的日常生活，然而，按照包括这些专有权解决方案在内的商业惯例做出的任何细小改变，却可能使信息技术的

---

① 陈安：《南南联合自强五十年的国际经济立法反思——从万隆、多哈、坎昆到香港》，《中国法学》2006 年第 2 期。

进一步发展，对社会生活产生破坏性的后果。"① 而正是基于信息技术对人类社会的重大影响，卡拉姆总统才要求开放源代码，并宣称开放源代码软件的时代，一定要到来，这是符合印度亿万人民利益的必由之路。这是公开鲜明地表达的完全站在发展中国家立场的知识观。印度采取非暴力不合作策略反对知识霸权，成为发展中国家中的优秀代表。

反对知识霸权中的非暴力不合作策略是指通过拒绝与知识霸权者合作的方式来反对知识霸权。反对知识霸权中的非暴力不合作概念有两个法律特征：一是肯定知识产权本身。"非暴力"是指并不把矛头直接指向"知识产权"本身，避免国际关系的过度紧张，并由此引起国家经济的动荡。二是拒绝与知识霸权合作。"不合作"是指拒绝与知识霸权合作。在有选择的情况下，尽可能和折中主义者以及正当性知识产权主义者合作，而拒绝与知识霸权合作。②

2. 体制转换的立法策略

体制转换是美国、欧盟成员国、日本等发达国家用来重建新的知识产权规范、提高全球知识产权保护标准曾成功使用过的策略，本书在第四章中已有论述。中国有学者认为，在 WTO 框架内废除或修改 TRIPS 规则的难度很大，在 WTO 之外的其他国际组织或论坛研讨或制定知识产权方面的规则，便于各国自由、广泛地讨论知识产权问题，对 TRIPS 进行深入分析和批判。③ 美国学者 Laurence R. Helfer 利用 Stephen D. Krasner 的国际机制（international regimes）理论作为分析工具，将国际机制理解为包含实体、组织和关系三个方面的内涵，他认为发展中国家可以利用体制转换策略推动知识产权国际保护标准的变革，即为了修订现行的知识产权国际保护规则，发展中国家可以在 WHO 等国际行为体中进行知识产权保护标准的谈判和"立法"活动，然后将所产生的"立法"成果整合进 WTO 或 WIPO 所管理的知识产权国际保护规则之中。④ 本书赞同上

① 姜奇平：《为印度对抗知识霸权的宣言叫好》，http://www.ccmedu.com/bbs8_45763.html。

② 参见齐爱民《知识产权法总论》，北京大学出版社 2010 年版，第 232 页。

③ 参见刘笋《知识产权国际造法新趋势》，《法学研究》2006 年第 3 期。

④ Laurence R. Helfer, "Regime Shifting: The TRIPs Agreement and New Dynamics of International Intellectual Property Lawmaking", *Yale J. Int'l L.*, Vol. 29, Winter 2004.

述观点，笔者认为，体制转换的立法策略并不是只有发达国家可以用，发展中国家同样可以利用这一策略实现自己的利益诉求。作为发展中国家之首的中国，应当积极利用联合国人权机构、CBD-COP（The Conference of the Parties，CBD 成员国会议）、WHO 等国际谈判场所来推动 TRIPS 的变革进程，利用"软法"① 规则从外部对 TRIPS 的变革施加影响。利用此策略主要基于两个方面的考虑：

第一，弥补 WTO 能力和权限的有限性缺陷。要全面协调知识产权保护与诸多社会价值之间的关系，仅靠 WTO 是难以完成的。WTO 之所以能够插手知识产权保护问题，借助的理由就是知识产权保护与国际贸易有密切的关联，侵犯知识产权的冒牌货贸易严重地扭曲了国际贸易的正常流向、流量并导致了国际贸易竞争秩序的混乱。因此，WTO 将自身的管辖范围圈定为调整与贸易有关的知识产权保护问题，调整重点是制止侵犯知识产权的冒牌货贸易问题。而且，WTO 还处理着多边贸易谈判的组织与协调、贸易政策评审、贸易争端的解决等很多复杂问题，不宜全方位处理与知识产权保护相伴而生的人权、生物多样性等其他问题。② 利用体制转换策略，在 WTO 之外的机构、国际组织或论坛内，可以更专业化地解决因知识产权保护引发的一系列复杂多变的社会、经济问题，这比对 TRIPS 的现有规则进行修修补补可能更为有效，不失为一种切实可行的方法。

第二，为发展中国家和非国家行为体谋求新的话语权。要在 WTO 体制之内创造出维护发展中国家利益的知识产权规则，会面临发达国家顽强的抵抗及程序上的种种障碍，难度非常之大，只有把立法场所转移到 WTO 之外才有可能让国际社会听到发展中国家的声音，让那些在既有的国际立法体制中被边缘化的发展中国家和非国家行为体如 NGO 通过新的机构、决策程序、谈判对象、谈判氛围获取新的话语权，实现其

---

① 所谓"软法"是指那些倾向于形成但尚未形成规则的未确定的规则和原则，如建议、宣言、纲领等。软法不具有如条约或公约的法律约束力，不拥有制裁手段，只拥有施加压力（主要是舆论压力）的手段。参见李泽锐《略论国际经济软法与建立国际经济新秩序的斗争》，《法学研究》1983 年第 6 期。

② 参见姜奇平《为印度对抗知识霸权的宣言叫好》，http：//www.ccmedu.com/bbs8_45763.html。

原来无法实现的政策目标。

在体制转换立法策略的实施过程中产生的软法规则表面上看来与现有知识产权规则不和谐，实际上这正是采取此策略所要达到的目的之一。"策略性的不一致"（strategic inconsistency）正是为了推动国际法律规则的逐步协调。① 正如西方学者 Bronckers 所指出的那样，不同国际组织形成不同规则只是暂时的不幸，这种暂时的规则不协调是促成今后规则协调的强大动力。② 从长远角度来看，体制转换的立法策略是变革 TRIPS、促使国际知识产权保护制度走向合理的必经之路。

三　中国应积极推动国际知识产权立法机制的民主化改造

如前所述，WTO 和 WIPO 主导着现行国际知识产权制度建构的基本格局，现行的国际知识产权制度代表着民主进程和民主机制的失败。本书已在第三章论及国际知识产权立法机制民主化的三个条件：一是在国际知识产权政策及制度形成的过程中，成员及所有利益相关各方的利益都能得到代表。二是成员及所有利益相关各方必须能够获得充分、完整的各种相关决策信息。三是任何一方都不受其他力量的支配或胁迫。概言之，代表性、透明度、非支配性是民主的国际知识产权立法机制的应然状态。

关于实现国际知识产权立法机制的民主化问题，程恩富教授提出，为了提升现时期全球经济政治的民主治理水平，应改革联合国以及安理会、国际货币基金组织、世界银行、WTO 等，重建各国共同负责的全球经济政治文化新秩序，公正发展经济全球化、政治民主化、文化多元化、军事自卫化。③ 这一主张虽然涵盖了国际知识产权立法机制的民主化改造问题，但其对现行的国际政治经济治理架构、国际政治经济秩序的冲击太大，缺乏可操作性，因此不具有可行性。前联合国秘书长加利（Boutros Boutros-Ghali）曾就如何推进国际关系民主化的问题提出了他的系统看法，他认为："国际层面上的民主化有必要在三个相互关联的方面进行：

① Kal, Raustiala & David G., Victor, "The Regime Complex for Plant Genetic Resources", *International Organization*, Vol. 58, 2004..

② Macro C. E. J. Bronckers, "More Power to the WTO?" *Journal of International Economic Law*, Vol. 4, 2001.

③ 参见程恩富《超越霸权，建立全球经济政治文化新秩序》，《绿叶》2010 年第 Z1 期。

一是尽可能地发挥其现有设想的民主潜能，并改革那些未充分体现的民主结构。二是要给国际舞台上新的行为主体提供得到认可的参与正式体系的手段。三是在国际上造就一种民主文化。"① 本书认为，以民主的国际知识产权立法机制的应然状态为目标，借鉴加利关于推进国际关系民主化的思想，国际知识产权立法机制的民主化改造应从以下两个方面进行：

（一）改革"绿屋会议"

"绿屋会议"已经成为不民主、不透明的代名词。让每个成员都能够参与到与其自身利益相关的决策程序中，是民主的题中应有之义。因此，全面开放"绿屋会议"是最理想的状态。但是在短时间内全面开放或彻底废除"绿屋会议"是无法得到发达国家同意的，是很不现实的。有学者认为：应该采取"三步走"的计划，逐步消除掉"绿屋会议"中的不民主因素。第一步，逐步扩大"绿屋会议"参与方的范围；第二步，发展中国家应该团结一致，与发达国家在"绿屋会议"中进行"持久战"，在"有得有失"的基础上协调和谈判，逐步实现"绿屋会议"之内的小范围的真正民主；第三步，进一步扩大"绿屋会议"参与方的范围，直至将其变成能够吸纳全体成员方意见和照顾全体成员方利益的、某种程度上的全体会议。② 改革要渐进地而不是激进地进行，这一观点是在考虑到目前现状的基础上提高"绿屋会议"民主化程度的次优选择。这不但能为"绿屋会议"提供改革的动力，而且能为"绿屋会议"向其最理想的状态迈进铺就必要的路基。因此，本书对这一观点持赞同态度。以"三步走"的计划改革"绿屋会议"，是国际知识产权立法机制民主化改造的一条路径。

（二）使非国家行为体更多地参与国际知识产权立法机制

20 世纪 90 年代以来，全球治理问题日益为国际社会所关注。著名全球治理研究专家安东尼·麦克格鲁（Anthony McGrew）说："全球治理不仅意味着正式的制度和组织——国家机构、政府间合作等——制定（或不制定）和维持管理世界秩序的规则和规范，而且意味着所有其他

① ［埃及］加利：《联合国与民主化》，载刘军宁编《民主与民主化》，商务印书馆1999年版，第327页。

② 参见余锋《WTO决策法律制度的民主问题研究》，博士学位论文，厦门大学，2007年，第180页。

组织和压力团体——从多国公司、跨国社会运动到众多的 NGO——都追求对跨国规则和权威体系产生影响的目标和对象。很显然，联合国体系、世界贸易组织以及各国政府的活动是全球治理的核心因素，但是，它们绝不是唯一的因素。如果社会运动、NGO、区域性的政治组织等被排除在全球治理的含义之外，那么，全球治理的形式和动力将得不到恰当的理解。"① 全球治理理论的主要创始人之一詹姆斯·罗西瑙（James N. Rosenau）也认为，全球治理的单位不仅仅是国家和政府，"至少有10 个描述世界政治的相关术语已经得到人们的认可：NGO、非国家行为体、无主权行为体、议题网络（issue network）、政策协调网（policy networks）、社会运动、全球公民社会、跨国联盟、跨国游说团体和知识共同体（epistemic community）。"②

　　同样，知识产权全球治理的主体包括主权国家、国际组织和非国家行为体，国际知识产权制度的建构是这三类主体合力作用的结果。知识产权领域中的非国家行为体包括以知识产权为基础的跨国公司及其联盟（如 TRIPS 协议谈判过程中的美国知识产权利益集团最为典型）、国际性 NGO。转基因领域的绿色和平组织，与公共健康领域相关的无国界医生，与遗产资源相关的国际遗产资源行动以及在传统知识和公共健康等领域的第三世界网络等国际性 NGO 都是知识产权领域中比较活跃的非国家行为体。有利于发展中国家的《多哈宣言》的通过，公共健康、传统资源等领域的国际知识产权规则的修改、调整等都是国际性 NGO 大力推动的结果。正如英国知识产权委员会所阐述的那样："我们对近来 NGO 在知识产权方面的活动范围和影响感到震惊。我们认为 NGO 在宣扬发展中国家所关注的问题方面已做出并将能够继续做出积极的贡献。"③ 因此，对国际知识产权立法机制进行民主化改造时，WTO、WI-PO 应当给非国家行为体提供更多的机会，让它们参与有关进程，在合

---

　　① ［英］戴维·赫尔德等：《全球大变革：全球化时代的政治、经济与文化》，杨雪冬等译，社会科学文献出版社 2001 年版，第 70 页。

　　② 参见俞可平《全球治理引论》，《马克思主义与现实》2002 年第 1 期。

　　③ 英国知识产权委员会：《知识产权与发展政策相结合》，伦敦，2002 年，第 165 页，http：//www. iprcommission. org/papers/pdfs/Multi_ Lingual_ Documents/Multi_ Lingual_ Main_ Report/DFID_ Main_ Report_ Chinese_ RR. pdf。

法范围内发挥建设性作用。例如，邀请非国家行为体列席相应的咨询委员会或担任观察员，就非国家行为体可以参加的主题组织定期的公开对话等，使它们能够参与到国际知识产权立法机制当中。

四　中国应积极推动国际知识产权实体规则的变革与修正

所有的国际条约都是参与各方通过一次次的谈判达成的相互妥协。在知识产权领域也是如此。所有发展中国家在 TRIPS 谈判的整个过程中，所做的唯一事情就是"自始至终都在抱怨"。虽然实际上确实有许多事情值得抱怨，但是发展中国家在 TRIPS 谈判过程中完全处于被动挨打的境地，在谈判前既没有对知识产权保护进行充分的研究，也完全不了解发达国家发动这场高标准知识产权国际保护运动的真实意图，完全不了解它们签订 TRIPS 协议所带来的后果，不了解自己的利益，导致 TRIPS 签订时它们在"沉睡"，TRIPS 达成后它们才"苏醒过来"。"发展中国家不能满足于被动地、幼稚无知地充当北方经过精心包装的思想产品的消费者。它们必须武装起来，在全球舞台上（包括市场领域）变成老练的对话者和谈判人……"① 因此，要应对知识霸权，以中国为首的发展中国家就不应该仅仅是国际规则的被动接受者，而应该积极主动地行使制定国际规则的话语权。要熟悉国际知识产权的多边游戏规则，"在知识产权国际保护中，'弱方'应该学会适应多层次（multi-level）、多论域（multi-forum）的游戏规则"②，积极参与到未来与知识产权有关的所有国际谈判中，在谈判前对谈判议题进行充分的研究，明确议题对自身的利弊后作出反应，避免在谈判中处处陷于被动，确保标准制定过程的合法性。

行使话语权就要积极推动现有国际知识产权实体规则的变革与修正。"人们为实现某种目标功能而建立制度，如果由此得出的结果不符合初衷，我们就要修改制度，直至制度能产生出我们想要的结果。"③

---

① ［南斯拉夫］布拉尼斯拉夫·高索维奇：《全球知识霸权与国际发展议题》，祝东力译，《国际社会科学杂志》（中文版）2001 年第 4 期。

② Susan K. Sell，"The Quest For Global Governance in Intellectual Property And Public Health：Structural Discursive，And Institutional Dimension"，*Temp. L. Rev.* ，Vol. 77，2004.

③ ［美］道格拉斯·诺斯：《改变中的经济和经济学——诺斯 2002 年 3 月 20 日在北京大学中国经济研究中心的演讲》，《北京大学中国经济研究中心简报》2002 年第 13 期。

反对知识霸权，并不是要在制度建设上"平地起高楼"，不是"要在一张白纸上画最新最美的图画"，制度机制的设计和完善，不必一定要另辟蹊径、另起炉灶。① TRIPS 及 TRIPS-plus 协议已经成为既成事实，我们不可能再去废除它们。考虑到"构造国际机制的困难，尽可能地调整现有机制，而不是推倒重来，才是真正的理性行为"②。事实上，不考虑国际社会的权力政治局面与国家利益的现实状况，盲目强求完全按照普世主义的道德标准来构建国际知识产权秩序，只能是一个画饼充饥的美丽泡影。因此，在制度变革中，需要注意的是，不要试图完全颠覆现行的知识产权制度，而是应当致力于制度的完善和创新，以中国为首的发展中国家应该力争变革、修正现有的知识产权保护标准。

以丁伍迪（Dinwoodie）和德赖弗斯（Dreyfuss）为代表的一些学者认为 TRIPS 协议在知识产权国际立法中的重要性正在下降，部分是因为 TRIPS 协议没有进行必要的修改以应对新兴技术或趋势。③ 美国知识产权执法协调员（美国知识产权沙皇）维多利亚·埃斯皮内尔（Victoria A. Espinel）甚至声称 TRIPS 协议过时了。④ TRIPS 协议没有处理数字技术特别是网络引起的问题、体制转换、美国的特殊 301 条款、FTAs 中包括 TRIPS-plus 承诺、ACTA 的签订等，这些迹象表明 TRIPS 协议的重要性可能会下降。⑤ 但 TRIPS 协议的缔结是一个具有里程碑意义的事件，它曾被人们誉为"在跨国层面所缔结的、知识产权领域有史以来最深远和全面的法律制度……"和"无疑是上个世纪国际知识产权法中

①　参见张志铭《信访的法律定位》，http：//www. legalinfo. gov. cn/index/content/2012 - 05/16/content_ 3577488. htm? node =7879。

②　［美］罗伯特·基欧汉：《霸权之后：世界政治经济中的合作与纷争》，苏长和等译，上海人民出版社 2001 年版，第 130 页。

③　Donald Harris, "TRIPS after Fifteen Years：Success or Failure, as Measured by Compulsory Licensing", *J. Intell. Prop. L.* , Vol. 18, Spring 2011.

④　Nathan Pollard, "USTR, Intellectual Property：IP Czar Say ACTA Talks Moved Near Completion in Tokyo Round", *B. N. A. Int'l Trade Rep.* , Vol. 27, 2010.

⑤　Donald Harris, "TRIPS after Fifteen Years：Success or Failure, as Measured by Compulsory Licensing", *J. Intell. Prop. L.* , Vol. 18, Spring 2011.

最重要的发展"①。TRIPS 协议的存在仅仅只有 20 多年，和其他有关国际条约相比，时间相对要短得多。《伯尔尼公约》和《巴黎公约》这两个重要的知识产权国际条约已经存在了一个多世纪（19 世纪 80 年代以来），大约每 20 年修改一次，它们已历经多次修改。虽然现在还没有迹象表明 TRIPS 将进一步修订，但是根据国际知识产权条约以往的经验，放弃 TRIPS 为时尚早。"任何世界贸易组织成员方希望就该协议举行重新谈判的可能性极小。许多成员国害怕，为寻求特定的修订，它们将被迫在其他方面做出让步，那将可能不会给它们带来净利益。"② 所以，中国积极推动现有国际知识产权实体规则的变革、修正的重中之重就是推动 TRIPS 的变革。具体而言，中国在推动 TRIPS 协议的变革时，应主要从以下几个方面着手③：

（一）力争将中国的优势资源纳入国际知识产权的保护范围

中国国家知识产权战略已于 2008 年制定并已开始实施，但中国的专利权、商标权和著作权在国际上并不占优势，重大的和重要的发明专利、驰名商标、软件与视听作品等的知识产权都掌握在少数发达国家手中。中国要增强自己的国际地位，至少避免处于过于劣势的地位。借此，郑成思先生提出，反对知识霸权有两条路可走：一是力争在国际上降低现有专利、商标、版权的知识产权保护水平。这条路径为直接路径。二是力争把中国占优势而国际上还不保护（或者多数国家尚不保护）的有关客体纳入国际知识产权保护的范围以及提高中国占优势的某些客体的保护水平，如非物质文化遗产。这条路径为间接路径。

走直接路径，就是要力争在国际上降低现有专利、商标、版权的知识产权保护水平。1967—1970 年《伯尔尼公约》的修订过程及 TRIPS

---

① Charles R. McManis, "Intellectual Property and International Mergers and Acquisitions", *U. Cin. L. Rev.*, Vol. 66, 1998.

② 英国知识产权委员会：《知识产权与发展政策相结合》，伦敦，2002 年，第 160 页，http：//www. iprcommission. org/papers/pdfs/Multi_ Lingual_ Documents/Multi_ Lingual_ Main_ Report/DFID_ Main_ Report_ Chinese_ RR. pdf。

③ 由于本书是以 TRIPS 及 TRIPS-plus 协议中的专利相关制度为中心来阐述的，所以变革 TRIPS 协议的具体建议仅限于专利相关制度，不涉及著作权、商标权及其他有关制度。

形成的历史告诉我们，走这条路几乎是不可能的。相比于直接路径而言，间接路径倒是具有可行性的。从资源角度看，至少中国在传统资源方面是占有优势的，把它们纳入知识产权保护，并适用发达国家确立的高保护水平，可以借此对抗发达国家的知识霸权，对中国是有利的。知识产权制度不仅要保护智力成果本身，而且还应当注重保护创造智力成果的源泉。中国与其他发展中国家应致力于制度创新，对遗传资源和非物质文化遗产采用与现行知识产权制度有别的保护机制，避开倾覆知识产权制度根基的法律变动。同时，争取更多国家的理解和支持，在达成共识的基础上逐步建立起遗传资源和非物质文化遗产知识产权利用与保护的法律制度体系。

（二）减少使用强制许可的限制

如前所述，TRIPS 第 31 条关于强制许可的规定限制过多，阻碍了发展中国家有效利用该制度解决公共健康危机。曾有学者主张通过条约解释法纠正 TRIPS 第 31 条的不足，即由 WTO 的争端解决机构（Dispute Settlement Board，DSB）对 TRIPS 的模糊之处做出明确解释，以便发展中国家使用强制许可制度、解决公共健康危机，从而平衡专利权的利益和发展中国家病人对关键药品的需求。[①] 但 DSB 只有在有关成员国将争端提交其解决时，它才有权遵照国际公法上条约解释的一般原则、仅就个案中涉及的法律问题做出解释，而且其解释无判例法的效力。TRIPS 第 31 条存在的问题无法通过条约解释的途径解决，改善发展中国家使用强制许可的条件，需要修订 TRIPS 第 31 条的内容，减少对使用强制许可的限制。具体包括：

其一，简化使用强制许可的程序。第 31 条（a）款规定"对这类使用的（官方）授权应各案酌处"；（i）款规定"关于这种授权之决定的法律效力，应接受司法审查，或显然更高级主管当局的其他独立审查"；（j）款规定"任何规范这类使用费的决定，均应接受司法审查，或接受该成员的显然更高级主管当局的其他独立审查"。不管是政府使用还是政府授权的第三方使用强制许可，都要遵守这几方面的规定。其中什么

---

① S. M. Ford，"Compulsory Licensing Provisions under the TRIPs Agreement：Balancing Pills and Patents"，*American U. Int'l L. Rev.*，Vol. 15，No. 4，2000.

是"显然更高级主管当局的其他独立审查"并不明确。从字面上看，应该是指专利机关以外的政府机构。TRIPS 出台前，许多国家的立法规定，专利强制许可由专利管理机关做出决定；如果当事人不服强制许可的决定，可向专利复审委员会申请复议，不需要经过冗长的司法审查程序。TRIPS 禁止这种简便的行政程序，这意味着成员国要使用强制许可，必须设立或指定高于专利机关的机构审查强制许可案件。司法审查抑或显然更高级主管当局的其他独立审查，其结果都是拖延决定强制许可的时间、增加申请人的成本，并导致成员国在国家紧急状态或在其他特别紧急情况下不能及时地使用现有的专利技术，不利于对紧急情况的救济。① 因此，应当适当简化使用强制许可制度的程序，包括应允许成员国使用灵活的行政程序颁发强制许可以及确定补偿标准，而不必经过司法程序或者行政复议程序。

其二，降低强制许可的补偿标准。强制许可的补偿费是企业或个人判断是否申请强制许可的关键因素，费用过高或不明确都会打击适格主体申请强制许可的积极性。如本书第五章所分析，TRIPS 第 31 条（h）款规定，强制许可必须在"考虑许可的经济价值"的基础上给予专利权人"充分的补偿"。发达国家通常要求给予专利权人充分的补偿，TRIPS 关于补偿标准的规定基本上采纳了发达国家的主张。高额补偿，会影响发展中国家有效地利用强制许可制度。因此，TRIPS 应允许成员国制定灵活的补偿标准指南，强制许可的补偿费的具体数额应根据所涉及的专利产品的先进程度、研发投资等因素确定。总部在美国华盛顿的非营利性组织——"技术消费者组织"（Consumer Project on Technology，C. P. Tech. ）主席詹姆士·拉夫（J. Love）和 UNDP 都建议发展中国家应该制订明确、简便、易行的补偿额计算标准和办法。② UNDP 报告建议发展中国家关于强制许可的补偿费标准一般不超过利用专利技术所获净利润的 5%；具有治疗作用的专利技术的补偿费可以增加 1%—2%；

---

① 参见林秀芹《TRIPs 体制下的专利强制许可制度研究》，法律出版社 2006 年版，第 401—402 页。

② Human Development Report 2001, *Global Initiatives to Create Technologies for Human Development*, pp. 107 – 108，http：//www. undp. org/hdr2001/chapterfivee. pdf.

对政府提供的科研基金获得的专利技术的补偿费可减少1%—2%。① 总之，应当制订简便易行的补偿费计算标准和办法。

总之，中国等发展中国家应当制定可行的法律，建立快捷的程序和明确、运用简单、透明的专利费率（可以有不同级别）标准指南，以便利用强制许可机制。但要注意的是，强制许可制度虽然能改善发展中国家药品的可及性，解决公共健康的一小部分问题，② 然而它并非万能药，因为强制许可制度仅是试图引入竞争，处理高药价问题，但仍必须克服如公共健康基础设施建设、药品查验登记障碍、缺乏资金等其他因素，才能够完全解决问题。

（三）充分利用 TRIPS 的弹性机制

TRIPS 的弹性机制使成员国有余地在 TRIPS 的总框架之内形塑权利和权力的结构，维护自身的发展空间，对发展中国家尤其有利。但纵使弹性机制的重要性已经明朗，并为发展中国家所周知，多数发展中国家对弹性机制仍未善加利用，甚为可惜。

强制许可制度是 TRIPS 的弹性机制中最为重要的制度之一，2002年之前，"发展中国家几乎没有使用过强制许可"③，自《多哈宣言》通过后迄今十余年来，发展中国家利用强制许可制度改善药品可及性的实际案例并不多（见表 6－3）。这可能是因为：发展中国家为了适用 TRIPS 的强制许可制度，除了必须修正其国内法外，还需要专门技术（technical expertise）及制度上的能力（institutional capacity）来了解 TRIPS 的复杂规定，并将复杂的规定在其国内实施；发展中国家担心如专利权人依照 TRIPS 第 31 条之规定寻求司法机关审查，或由其上级机关独立审查，将花费巨额诉讼成本；另外，实施强制许可的政府担心影

①　J. love, "Check List for Fast Track Compulsory Licensing(v1.0)", http://www. cptech. rog/ip/health/cl/recommendedstatepractice. html.

②　欧盟贸易委员 Pascal Lamy 曾经指出，执行《多哈宣言》，仅是解决发展中国家药品可及性约10%的问题。See Slone Pearson, "Will the August 20, 2003 Decision of the WTO Provide Adequate Protection for Patent Holders Right and is Diversion still a Threat to the Pharmaceutical Industry?" *J. High Tech. L.*, Vol. 5, 2005.

③　英国知识产权委员会：《知识产权与发展政策相结合》，伦敦，2002 年，第 148 页，http：//www. iprcommission. org/papers/pdfs/Multi_ Lingual_ Documents/Multi_ Lingual_ Main_ Report/DFID_ Main_ Report_ Chinese_ RR. pdf。

响外国投资，并希望避免来自国外的政治压力。

表 6 - 3　　　　　　近十余年发展中国家使用强制许可的情况

国　家	时　间	使用强制 许可事由	是否发布 紧急命令	是否为政府 使用	强制许可 药品名称	本地制造 或进口
津巴布韦	2002.5	HIV/AIDS	是	国家紧急 状态	Combivir Nebirapin Stanalev Stavudine Lamivudine	本地制造及进口
马来西亚	2003.11	HIV/AIDS	否	政府使用	Didanosine Zisovudine Combivir	进口
莫桑比克	2004.4	国家紧急状态或 其他极端紧急情 况（HIV/AIDS）	否	国家紧急状 态或其他 极端紧急 情况	Lamivudine Stavidine Nevirapine	本地制造
赞比亚	2004.9	国家紧急状态或 其他极端紧急情 况（HIV/AIDS）	是	国家紧急状 态或其他极 端紧急情况	Lamivudine Stavudine Nevirapin	本地制造
印度尼西亚	2004.10	2004年第83号总 统令"关于政府 使用抗方转录酶 病毒治疗药物的 专利实施"	否	政府使用	Nevirapine Lamivudine	本地制造
厄立特里亚	2005.6	国家紧急状态 （HIV/AIDS）				进口
加纳	2005.10	HIV/AIDS				进口
泰国	2006.11	政府使用，有效 期至 2011 年 12 月 31 日	否	政府使用	Efavirenz	本地制造或进口
	2007.1	政府使用	否	政府使用	Lopinavir Ritonavir	本地制造或进口
巴西	2007.5	与专利持有人谈 判破裂后政府 使用	否	政府使用	Efavirenz	本地制造或进口
厄瓜多尔	2009.11	公共利益			Ritonavir	进口
印度	2012.3	未实施等			Sorafenib	

　　资料来源：张宏节：《后多哈时代开发中国家公共健康问题与 TRIPS 协议弹性机制之研究——兼论我国修法方向》，硕士学位论文，台湾交通大学管理学院硕士在职专班科技法律组，2007 年，第 873 页；South Centre Research Paper 41, *Pharmaceutical Innovation*, *Incremental Patenting and Compulsory Licensing*, September 2011, pp. 17 - 19, http：//www. southcentre. org；Betsy Vinolia Rajasingh, "India's First Compulsory Licence over Bayer's Patent", *Journal of Intellectual Property Law & Practice*, Vol. 7, No. 7, 2012。

TRIPS 的过渡期间有两种，一种是将产品专利保护扩张至原先未予保护的医药产品的发展中国家，过渡期间至 2005 年 1 月 1 日，另一种是最不发达国家的过渡期间至 2006 年 1 月 1 日，最长依 TRIPS 理事会决议至 2016 年 1 月 1 日，成员国通过延长过渡期间可获得 10 年的"喘息期间"以发展其知识产权制度。共有 13 个成员方通知 TRIPS 理事会将实施药品专利的期间延长至 2005 年 1 月 1 日，但至 2003 年仅有古巴、埃及、印度、巴基斯坦、卡塔尔及阿拉伯联合大公国使用此过渡期间，其余国家均已对药品实施专利，延期适用对这些国家已失去了意义。最不发达国家的过渡期间虽延长至 2006 年 1 月 1 日，然而实际上几乎所有的最不发达国家在 2006 年前就已经实施知识产权保护。《多哈宣言》第七段及 TRIPS 理事会决议将关于医药产品实行或适用专利、未公开资料保护的过渡期间延长至 2016 年 1 月 1 日。依照 TRIPS 第 66 条第 1 款，最不发达国家必须通知 TRIPS 理事会，才能延长过渡期间。《多哈宣言》第七段只是允许国内法在过渡期间就医药品部分尚不须符合 TRIPS 的规定，并非自动履行（self-executing），已经赋予医药品专利保护的最不发达国家成员国必须修改国内法，使过渡期间至 2016 年明文化，才能利用此过渡期间。柬埔寨是迄今唯一以国内法载明过渡期间至 2016 年的最不发达国家。柬埔寨《专利、实用新型专利及工业设计法》（*Law on Patents*，*Utility Model and Industrial Designs*）第 136 条规定：根据《多哈宣言》，医药产品在 2016 年 1 月 1 日前排除专利保护。① 此弹性机制利用的情形甚少。

虽然中国不属于最不发达国家，不可能适用延期至 2016 年的规定，但是强制许可、平行进口等其他弹性机制是可以为中国所充分利用的。中国应该充分研究 TRIPS 的原则性、框架性规定及弹性机制，在不违反协议的前提下灵活运用弹性空间，寻求最佳平衡点，制定符合中国自身情况的法律和政策，最大化主张自己的利益，维护自身的发展空间。

五　中国应高度警惕和防范 TRIPS-plus 条款

美国是有计划地在全球各个区域挑选适当的国家签署 FTAs，再逐

---

① http：//www.who.int/trade/en/3.4_C_Sokhan_Cambodia_experience.pdf.

步扩及整个区域。例如：美国与约旦签署 FTA，进而与摩洛哥、巴林、阿曼签署 FTA，其目的是希望签署美国—中东 FTA。美国与秘鲁、哥伦比亚签署 FTA，意图在于扩及至其他安地斯国家，如厄瓜多尔与玻利维亚。美国与新加坡签署 FTA，与泰国、马来西亚进行协商，是希望扩及至东南亚国家。由点到线到面，系统化地提高知识产权保护标准，使发展中国家逐渐习惯高标准的知识产权保护，也会使发展中国家不得不寻求技术援助，以符合 TRIPS-plus 条款的要求，使美国达到促使发展中国家履行 TRIPS 的目的。① 值得注意的是，关于自由贸易区的安排，在 WTO 的 GATT 第 24 条和《服务贸易总协定》（General Agreement on Trade in Service，GATS）第 5 条均做出了例外规定，而 TRIPS 作为与 GATT 和 GATS 并列的三大支柱协定，却没有对自由贸易区做出例外安排，这样，各种自由贸易区协定中的知识产权内容将适用 TRIPS 协议中的国民待遇和最惠国待遇原则。所以，美国与其他国家签署的 FTAs 影响的层面，不仅是签署 FTAs 的发展中国家，更可能造成多米诺骨牌效应（domino effect），波及其他发展中国家。

在中外 FTAs 方面，中国已参加和缔结的 FTAs 有：加入《亚太贸易协定》（APTA）（2002 年 1 月 1 日生效）、缔结 ASEAN—中国 RTAs（2003 年 7 月 1 日生效）、中国大陆与中国香港、中国大陆与中国澳门根据 GATT 第 24 条缔结的 FTA（2004 年 1 月 1 日生效）、与智利根据 GATT 第 24 条缔结的 FTA（2006 年 10 月 1 日生效）、与巴基斯坦根据 GATT 第 24 条缔结的 FTA（2007 年 7 月 1 日生效）。中国—新西兰 2008 年 4 月 7 日签订的 FTA 是我国与发达国家签署的第一个自由贸易协定。此外，中国和新加坡（2008 年 10 月 23 日）、中国和秘鲁（2008 年 11 月 19 日）、中国和冰岛（2013 年 4 月 15 日）、中国和瑞士（2013 年 7 月 6 日）分别签署了 FTA。与中国缔结 FTAs 的对象，除中国香港、中国澳门和新西兰属于 WTO 发达成员方之外，其他 FTAs 的缔约方均为发展中国家。中国参加和缔结的 FTAs 中，知识产权并未纳入优先合作的领域（有些协定如 APTA 则未涉及知识产权问题），且知识产权规定基

---

① Thelen，Christine，"Carrots and Sticks：Evaluating the Tools for Securing Successful TRIPS Implementation"，*Temp. J. Sci. Tech. & Envtl. L.*，Vol. 24，2005.

本上限于原则性的合作框架，均未超出 TRIPS 协议的义务范围。目前，美国和欧盟均尚未与中国签订双边 FTAs，因此，美国、欧盟通过双边贸易协定推行的 TRIPS-plus 标准还未实质性地影响到中国的知识产权保护和执法水平。可以断言，中国参加和缔结的 FTAs 不存在 TRIPS-plus 问题。

在中外 BITs 方面，在大多数 BITs 中，中国慎重把关，严格限制将外国投资者与东道国政府之间的争端提交国际仲裁的范围和程序等，总体上有利于对中国外资的保护。热衷于推行投资自由化的美国和欧盟，目前尚未与中国签订投资框架协定和双边投资条约。因此，美式和欧式投资协定中能够产生 TRIPS-plus 效果的原则、规则和制度不会对中国产生实质性影响。

虽然美国、欧盟、日本等尚未与中国签署双边 FTAs、BITs，中国目前参加或缔结的 FTAs、BITs 中基本不存在 TRIPS-plus 条款问题，但中国在以后缔结 FTAs 时很可能面临 TRIPS-plus 条款的压力。美国、欧盟等通过 FTAs、BITs 推行 TRIPS-plus 条款，实际上是它们对更加强大和更加自信的发展中国家所采取的一种应对策略。中国在今后缔结知识产权国际条约以及进行国内立法时，应当对 TRIPS-plus 条款保持高度警惕和相当谨慎的态度，警惕发达国家隐藏在双边主义背后的企图，尽量避免与其缔结不利于己的协定。就中国目前的情况而言，随着知识产权法律制度的日益完备，知识产权保护的工作重点逐渐由立法转向执法，美、欧对中国的关注重点也转向知识产权执法水平而非立法状况。因此，如果说中国将来存在着承受美国、欧盟 TRIPS-plus 义务的压力，那么，此类义务主要不在实体方面，而将主要集中于执法程序和执法救济措施方面。这是中国必须加以警惕和防范的方面。

第三节　中国在国内层面对知识霸权的应对

知识霸权是一个全球性问题，自然也是一个中国问题。除了在国际层面与其他发展中国家协同作战，共同对抗知识霸权外，在国内层面，中国在应对知识霸权方面也必须有所作为。

一　建立国家、企业、学界三位一体的防御体系

美国、欧盟成员国、日本等发达国家的过去和现在都证明了以知识产权为名的商业游戏需要多种博弈工具：司法、媒体、资本、机构等。所以，中国应对知识霸权，必须建立起国家、企业、学界三位一体的系统防御体系，因为防御就是最好的进攻。

（一）建立国家层面的防御体系

应对知识霸权主要是国家的责任，所以建立国家层面的防御体系尤为重要。国家层面的防御主要包括：继续推进国家知识产权战略的实施；建立以知识产权为导向的公共政策体系；培育知识产权文化等。具体包括：

1. 继续推进国家知识产权战略的实施

知识产权不仅是一种法律制度，更是一种政策方略。知识产权战略，既是国际竞争战略，更是中国发展战略。一国知识产权战略在解决国际、国内问题上具有双重意义。知识产权战略既是对知识经济时代发展趋势的回应，也是解决社会重大发展问题的举措，其目的是通过知识产权制度来提升知识创新能力，形成核心竞争力，实现社会经济跨越式发展。[1] 中国《国家知识产权战略纲要》已于 2008 年 6 月正式公布实施，实施知识产权战略，建设创新型国家，是中国在总揽全局、深刻分析国内现状和国际形势后做出的重要选择。在全球化的背景下，为了对抗知识霸权，如何更加有效地实施知识产权战略，是一个值得深思的问题。吴汉东教授对如何有效地实施知识产权战略提出了几点建议："一是致力于中国创造，实施专利战略，提高国家科技竞争力。二是激励中国创意，实施版权战略，增强国家文化软实力。三是树立中国形象，实施商标战略，提升国际品牌影响力。"[2] 本书认为，继续推进专利、版权、商标战略，提高国家科技竞争力，增强国家文化软实力，提升国际品牌影响力，不仅是建设创新型国家的必要之举，也是中国对抗知识霸

---

[1]　参见吴汉东《知识产权战略实施的国际环境与中国场景——纪念中国加入世界贸易组织及〈知识产权协议〉10 周年》，《法学》2012 年第 2 期。

[2]　同上。

权的必然选择。只有继续推进国家知识产权战略，致力于建设创新型国家，才能尽快形成自我满足的知识产品和知识产权市场，减少对知识霸权者知识产品的依赖，才能真正对抗知识霸权；只有继续推进国家知识产权战略，致力于建设创新型国家，才能增强中国的综合国力和国际竞争力，才能让国际社会听到中国对抗知识霸权的声音。

2. 建立以知识产权为导向的公共政策体系

在西方国家，知识产权制度是政府公共政策的有机组成部分，既是国内政策，也是对外政策，政策取向服务于国家利益。美国是西方国家中有效运作知识产权政策的典范。自 20 世纪 80 年代以来，美国的知识产权政策做了重大调整①：首先，在国内建立了促进知识经济发展、科学技术创新的政策体系。美国在其政策体系中，重视知识产权的规制与导向作用。多次修订、完善其专利法，加强对技术产权的保护；为激励技术创新，颁布了《发明人保护法》《技术创新法》；为鼓励成果应用，制定了《政府资助研发成果商品化法》《技术转让商品化法》等，形成了涵盖知识产权创造、应用和保护的完整法律制度。同时，美国强调知识产权制度与产业政策、科技政策、文化政策的有机整合。美国通过政策联动，推动产业结构调整和传统产业改造，扶持半导体芯片、计算机、通信、生物制药等"朝阳产业"，发展软件、唱片、电影等文化产业。其次，在国际上实施知识产权保护与对外贸易直接挂钩的政策举措。在 20 世纪 90 年代中期以前，美国主要凭借"特别 301 条款"等，把给予贸易对手的最惠国待遇与要求对方保护美国的知识产权直接挂钩，在 TRIPS 生效以后，美国更多是依赖缔约方的国家强制力和 WTO 的国际强制力，将缔约方所承诺的高水平的知识产权国际保护与享有无差别的最惠国待遇紧密联系起来。美国的实践表明，知识产权保护已不再是一国内部的法律义务，而是与国际经济、科技、文化交流紧密地联系在一起的。

"国际知识产权协会主席、美国斯坦福大学 John Barton 教授指出，发展中国家与发达国家在知识产权方面的差距不在于制度本身，而在于

---

① 参见杨国华《中美知识产权谈判的影响及启示》，《国际经济合作》1998 年第 7 期。

运用制度的经验。"① 中国可以借鉴美国、日本等国家的制度运作经验，把产业政策、投资政策、科技政策、文化政策、贸易政策等与知识产权制度紧密地结合起来，建立以知识产权为导向的公共政策体系。在国家知识产权战略的指引下，使知识产权制度与国家的科技政策、产业政策、文化政策、教育政策、外贸政策相互配合，并在有关政策出台时增加知识产权条款。在产业政策方面，应着力调整产业结构，促进智力成果产业化；在科技政策等方面，应加大对发明创造者的保护力度，注重科技成果的产权化、产业化；在对外贸易方面，应转变对外贸易增长方式，优化进出口商品结构，扩大具有自主知识产权、自主品牌的产品出口；在文化政策、教育政策方面，应鼓励文化创新，推动文化的版权化、市场化；在投资政策方面，应加强对创新资金的扶持，加大研发的财政投入。②

3. 培育知识产权文化

中国的知识产权制度，在近代是被迫移植而入，到现代是被动移植而来。知识产权法律进入中国只有 100 多年的时间，进入社会大众的生活也只是近一二十年的事情。建立在个人主义、自由主义、理性主义思想基础之上的近代知识产权制度要适应以个体农业为基础、以宗法家庭为单位、以伦理纲常为核心的中国的传统文化，其精神基础必须本土化，本土的文化精神必须现代化，而外来文化的转化以及本土文化的改造这一长期过程在中国尚未完成。③

WIPO 在 2003 年提出要"建立一种充满活力的知识产权文化"的构想，并明确把创建知识产权文化作为其 2004—2009 年的一项重点工作。但 WIPO 只提出了这一创意，关于知识产权文化的内涵和建设措施等则留给实践者进行摸索，这为各国根据本国的国情和需要，构建既有世界共性又有本土个性的知识产权文化的精神内涵和发展模式留下了很大空间。2008 年，中国颁布的《国家知识产权战略纲要》中，将培育知识产权文化列为战略重点之一。该纲要颁布实施后的几年中，中国在

---

① 参见吴汉东《知识产权制度运作：他国经验分析与中国路径探索》，《中国版权》2007 年第 2 期。

② 参见吴汉东《中国知识产权法制建设的评价与反思》，《中国法学》2009 年第 1 期。

③ 同上。

知识产权文化普及工作上取得了巨大进展，公众的知识产权文化素养指数和对知识产权的认知程度明显提升，但公众对盗版、假冒等侵权行为普遍仍抱有容忍态度，存在着大量的侵权复制品的消费群体。知识产权意识仍有待加强，知识产权文化还未形成。对抗知识霸权的前提条件之一就是在全社会要形成"尊重知识、崇尚创新"的价值观，要使知识产权成为公众的一种理念、精神和信仰。这就需要进行知识产权文化建设，在全社会普及知识产权法律知识，培养公众的知识产权权利观念和规则意识，实践中的具体做法有：可以通过强化青少年的知识产权教育，在学校教育中创建各种知识产权教育模式以培养青少年的创新能力、创新思维和变革意识；通过加强知识产权宣传普及提高全民尤其是企业知识产权意识和能力，进而完善知识产权市场环境和提升综合竞争力；通过加强知识产权研究，为丰富知识产权学术思想提供理论支持。①

4. 培养知识产权专业人才

《国家中长期人才发展规划纲要（2010—2020 年）》中提出人才是指具有一定的专业知识或专门技能，进行创造性劳动并对社会做出贡献的人，是人力资源中能力和素质较高的劳动者。② 对于知识产权专业人才的概念，学术界始终没有明确统一的界定，多是仁者见仁、智者见智。从知识产权运行环节出发，国内外学者比较认同的定义是：知识产权专业人才是指从事知识产权相关工作的专门人才，是在知识产权领域从事知识产权创造、运用、保护和管理工作的人才。实际工作中，知识产权专业人才通常分为六类：一是企事业单位的知识产权工程人员与管理经营人员，比如知识产权工程师、知识产权专员、知识产权经理等。二是专业服务机构的知识产权代理与法律服务人员，比如专利代理人、商标代理人、知识产权律师等。三是国家知识产权行政部门的专利及商标审查人员。四是各级司法机关知识产权司法人员，如法官、检察官、侦查人员等。五是各级知识产权管理机关的知识产权公共管理人员，比如知识产权局、工商局、版权局等部门的行政管理与执法人员等。六是

---

① 参见刘华、周莹《我国知识产权建设的层次与目标》，《知识产权》2006 年第 3 期。
② 国家知识产权局：《〈知识产权人才"十二五"规划〉解读》，http://www.sipo.gov.cn/zcfg/zcjd/201111/t20111110_ 630095. html。

高校、研究机构的知识产权教研人员。

知识产权专业人才是知识产权事业成功的基本保障。据统计，在发达国家的企业，从事知识产权工作的员工占本企业职工总数的 6‰。按照国际惯例，企业应按技术人员 4% 的比例配备知识产权人员。我国目前有 200 多万技术人员，这意味着对知识产权人才的总需求量约 8 万人，而实际上知识产权从业人员估计只有 1 万人左右，严重供不应求。知识产权人才匮乏，影响了我国知识产权事业的健康发展。WTO 秘书处王晓东参赞指出："专业人才的储备是发达国家和发展中国家之间真正的差距。"[①] 2010 年 11 月 22 日，国家知识产权局正式印发了《知识产权人才"十二五"规划（2011—2015 年）》，提出了未来五年中国知识产权人才的发展目标、指导思想、主要任务和具体措施等，说明培养知识产权人才得到了国家的高度重视。已如前述，TRIPS 谈判过程中，发展中国家成员方的一个硬伤就是缺乏参与谈判的知识产权专业人才、专业知识，发展中国家在只配备了贸易专家而没有知识产权专家的情况下进入了乌拉圭回合，致使它们在谈判中没有得到充分的信息，导致了有利于发达国家的知识产权国际规则的形成。因此，在对抗知识霸权的过程中，中国特别要吸取这样的教训，必须把储备、培养人才的工作摆在重要的位置，进一步发展、壮大知识产权人才队伍的规模，提高知识产权人才的素质，优化人才结构，改善人才环境。中国既要抓紧培养冲锋陷阵、功显今日的知识产权应急人才，又要培养放眼未来、作用在明天的知识产权长效人才。知识产权应急人才的社会需求是等米下锅、刻不容缓，应当通过短期在职培训已有相当工作经历者等方式来培养知识产权应急人才，以解燃眉之急。同时，中国不能永远亦步亦趋地跟在发达国家及其企业的后面。所以，中国还应该培养面向未来、面向世界的知识产权长效人才。不论是知识产权应急人才还是知识产权长效人才的着力培养，目标都应该是复合型、国际型的高层次、高素质人才，为建设创新型国家、促进知识产权事业发展和对抗知识霸权提供有力的人才保证和智力支持。

---

① 参见黄志瑾《经济全球化与中国转型发展——暨纪念中国加入 WTO 十周年研讨会综述》，《世界贸易组织动态与研究》2011 年第 5 期。

（二）建立企业层面的防御体系

虽然对抗知识霸权主要是国家的责任，但作为知识产权的最重要主体，企业在对抗知识霸权方面也有义不容辞的责任。知识产权是企业发展的"地雷阵"和"紧箍咒"，也是企业前进的"护身符"和"加速器"。企业在强化自己的知识产权保护的同时，更要主动出击，不断创新，提升企业的核心竞争力。

1. 企业必须加强知识产权保护

"从企业履行社会责任的层次来看，知识产权保护是企业的必尽责任。"[①] 作为知识产权的创造者和使用者，保护知识产权的责任贯穿于企业经营的各个领域，从生产、管理到销售，都应肩负社会责任。企业在知识产权保护方面考虑的重点是不侵权和积极维权，要提高自我保护意识，警惕潜藏的知识产权风险。不侵权是对他人知识产权成果的尊重；积极维权是在自身的知识产权受到侵犯时，采取措施挽回自己的损失，减少不公平、不正当竞争的事件发生。

企业加强知识产权保护的具体方式有：第一，推动知识产权保护的政策和做法。在企业内部制定知识产权保护制度，从企业整体发展战略，包括著作权、专利、商标、商业秘密等各方面考虑，针对知识产权的申请、维权、规避侵权及保护等各环节制定指导性的规章制度；在企业外部积极参与并推动知识产权保护相关法律法规的制定和宣传，为知识产权保护营造良好的社会环境。第二，开展与知识产权保护相关的培训、专题讲座等，提升企业员工及消费者的知识产权保护意识，教育员工不参与侵犯知识产权行为、不购买和使用侵犯知识产权的产品或服务。第三，建立知识产权保护的激励机制，把发明创造人的报酬和其发明创造的效益挂钩，最大限度地调动科技人员对知识产权保护的积极性。第四，依法维护自身的知识产权，一旦发现侵权行为，及时通过法律武器，维护企业的知识产权。

2. 企业应该提高技术创新能力

在知识经济时代和全球化背景下，知识产权正日益成为企业提高创

---

① 邓文杰、陈莉：《知识产权保护：企业社会责任的重要议题》，《WTO 经济导刊》2012年第 1 期。

新能力和市场竞争力的战略资源和有力武器。世界著名的企业大多都拥有自主知识产权的核心技术，而发展中国家的企业往往对培育和发展具有自主知识产权的核心技术重视不够，许多企业在技术上一直依赖引进，结果陷入了"引进—落后—再引进—再落后"的恶性循环。在知识经济时代，后发企业真正崛起必须掌握知识产权，否则难以摆脱知识产权所有者的控制。

发展中国家大都是通过反向工程和复制、模仿学习外国技术而发展本国产业的，中国的发展也是如此。复制固然是学习过程中必不可少的一个部分，模仿固然是创新过程中必不可少的一个步骤，但实践经验告诉我们，永远复制他人技术是没有出路的，技术创新才是唯一的出路。知识产权制度为技术创新打开了一扇门，中国经过多年的积累，已经具备了一定的科学技术基础能力，完全有能力通过技术创新迎头赶上发达国家，实现从劳动密集型产业向知识密集型产业的转变。所以中国应该鼓励更多的企业从事创造性的模仿、创新，产生更多的自主知识产权，提高企业的核心竞争力，才能彻底摆脱知识霸权者的控制。

（三）法学研究要为政府、企业提供前瞻性的法律意见

"全球化不仅是一种经济和政治现象，也是一种文化和学术现象，正在重塑我们的民族文化和学术研究，改变我们的思维所赖以参照的坐标系。全球化迫使人们进行前瞻性的思考，把理想模式建立在未来，而不再是过去。在这样一种背景下，对于学术研究而言，理论的创新显得前所未有的重要。"① 在全球化的大背景下，法学研究要能够提前把握具有潜力的对象，注重对研究对象的牵连性、影响性、可发展性的把握，对研究对象的本质（潜在性）的挖掘，在研究过程中，通过加强对研究对象动态的理解，从而延伸出一些新的理论，形成新的体系，衍生出让人惊叹的东西。

在对抗知识霸权的过程中，法学研究要具有高度针对性，要将现有的知识产权法律专家和专业资源的作用更大程度地发挥出来，积极对知识产权强国、知识产权保护国际发展的最新趋势进行动态跟踪，有针对性地进行超前研究，比如对正在谈判中的TPP进行研究和评估，包括到

---

① 俞可平：《全球化催变思维方式》，《决策探索》2010 年第 2 期（下）。

底它设了多少组，讨论的是什么问题，这些问题的标准要求和中国的国情、中国现在发展的阶段适不适合等，为政府在这方面的决策提供法律意见。另外，知识产权法学研究还应该针对企业运行过程中出现的各种知识产权法律问题进行针对性、前瞻性的研究，为中国还没有掌握知识产权这一博弈工具的企业提供可行性的法律意见。

二　加快中国传统资源保护的立法步伐

中国有着极其丰富的遗传资源和非物质文化遗产，其中许多都具有极大的经济价值，中国在保护这些传统优势资源方面有着巨大的实质性利益。出于维护自身合理权利的考虑，尽快建立相关保护制度是中国的当然国策。

自 20 世纪 80 年代以来，中国制定或修订的与遗传资源保护和管理有关的法律法规主要有《种子法》《人类遗传资源管理暂行办法》《专利法》等。《种子法》第二章"种质资源保护"对种质资源的保护、采集、管理和对外交换做出了相关规定，建立了对外提供种质资源的行政审批制度。2003 年农业部颁发的《农作物种质资源管理办法》更具体地规范了农作物种质资源的收集、整理、鉴定、登记、保存、交流、利用和管理等活动。考虑到利用遗传资源中的有用信息进行发明创造进而取得专利是发达国家进行"生物海盗"行为的主要模式，为了防止不合理利用遗传资源行为的发生，2008 年新修订的《专利法》增加规定了专利申请人强制披露遗传资源的义务。与 CBD 确立的遗传资源使用事先知情同意和惠益分享机制相比，《专利法》的这一最新修订虽然能够遏止"非法"专利的授予，但是没有赋予资源所有者分享开发遗传资源获取的经济利益的权利。中国还没有建立专门的植物遗传资源获取和利益分享的法律体系。1990 年通过的《著作权法》第 6 条规定："民间文学艺术作品的著作权保护办法由国务院另行规定。"所谓的"另行规定"至今未能落实。2001 年修正的《著作权法》明确规定，口述作品、音乐、戏剧、曲艺、舞蹈作品、美术作品等与民间传统文化艺术有关的作品形式包含在著作权法的保护范围内，这为在现有《著作权法》框架内保护民间文学艺术提供了法律基础。此外，中国也启动了对非物质文化遗产提供综合保护的立法进程。

虽然中国已开始构建传统资源的法律保护体系，但很多问题尚未解决。因此，中国需要积极行动起来，尽快探索出适合国情的保护传统资源的立法模式和实践方法。具体而言，中国需在以下三个方面进一步完善和改进：

（一）挖掘深度，抓紧制定传统资源保护的专门法律

目前有关保护遗传资源和非物质文化遗产的立法分散于各单行法律法规中，存在效力层次较低、规定过于原则化、缺乏可操作性等问题。为此，有必要尽快制定和通过保护传统资源的专门法律。

（二）拓宽广度，加大现有知识产权法律体系的覆盖面

现有法律制度还不能满足保护遗传资源和非物质文化遗产的需要，2008 年新修订的《专利法》为遗传资源知识产权保护提供了一个良好的示范，应在《著作权法》《商标法》的修订过程中，适当增加保护遗传资源和非物质文化遗产的法律条款。对于专利部分，可酝酿专利法实施办法的修改，以满足保护遗传资源的需要。

（三）加大力度，加紧完善相关的法律保护制度

从当前的国际形势来看，虽然有 CBD、《文化多样性公约》等提供的保护，但由于缺乏执行力和强制力，尚不能满足传统资源的保护需要，在短时间内重构保护传统资源的知识产权国际制度又不现实。因此，保护传统资源必须国内立法先行。只有首先在国内层面上加紧完善相关的法律保护制度，才能适应当前对传统资源保护的紧迫需要。

三　加强知识产权执法机制的长效性

知识产权制度建设包括立法和执法两个方面。入世后，通过对知识产权法律的全面修正，除了要集中精力加强对传统资源等中国优势领域的国内立法的综合保护外，中国的知识产权立法基本符合国情并达到了国际规则的要求。韩玉雄、李怀祖在 Ginarte-Park 方法的基础上，提出了度量转型期国家知识产权保护水平的修正方法和执法力度的度量方法。根据他们的定量分析，中国实际的知识产权保护水平呈逐年上升的趋势。其中，在 1992 年前后及 2001 年前后出现两次快速上升的阶段（这与 1992 年、2001 年中国大范围修订知识产权法律的事实是相一致的）。至 2002 年，中国实际的知识产权保护水平达到 2.840，超过了部

分发达国家 1990 年时的保护水平。也就是说，中国知识产权保护的法律条款已相当完备。但是，执法力度相对较低，2002 年的执法力度仅 0.678，换言之，中国所制定的法律有近 1/3 在实际操作中没有得到有效的执行。[1] 所以，在现阶段，加强执法力度是中国加强知识产权保护的有效手段。本书认为，中国知识产权保护最突出的问题就是知识产权侵权行为屡禁不止。如果不考虑其他方面，仅从知识产权执法机制中寻找原因的话，那么导致这一问题产生的原因就是知识产权保护行动缺乏连贯性，尚未建立起长效的监管机制。行政执法机构开展的专项整治行动确实能在短期内取得明显的效果，但往往专项整治活动一结束，盗版、侵权等非法行为又开始死灰复燃，导致知识产权侵权行为屡禁不止。知识产权执法问题是整个法治建设的重要方面，与我国的法制改革等一系列重大问题相关，难以一蹴而就。因此，本书认为，加强执法力度是中国加强知识产权保护的有效手段，而加强知识产权执法机制的长效性则是加强执法力度的重中之重。建立以民事司法保护为主导，包括行政保护在内的知识产权保护体系；改变目前知识产权执法的"运动式"模式，加强相关部门协调，完善知识产权保护的行政综合管理；加强知识产权侵权的社会监督，充分发挥媒体、知识产权权利人、社会中介机构以及普通民众的力量；加强法治教育，对政府机构、企业和公民进行知识产权保护知识普及与法制宣传等，都有助于提高知识产权的执法效率。

小　　结

发达国家假知识产权之名行知识霸权之实，对中国的知识产权制度产生了很大的负面影响。要对抗知识霸权，必须将国际、国内两条战线同时推进。在国际层面对抗知识霸权，不仅要坚持国家利益原则；建立国际经济新秩序；深化南南联合自强；采取非暴力不合作和体制转换的策略；还要积极推动国际知识产权立法机制的民主化改造；积极推动现

---

[1]　参见韩玉雄、李怀祖《关于中国知识产权保护水平的定量分析》，《科学学研究》2005 年第 3 期。

有国际知识产权实体规则的变革、修正，力争将中国的优势资源纳入国际知识产权的保护范围，减少使用强制许可的限制，充分利用 TRIPS 协议的弹性机制；更要对 TRIPS-plus 条款保持高度警惕，严加防范。在国内层面，应该努力打造国家、企业、学界三位一体的防御体系；加快中国传统资源保护立法的步伐；加强知识产权执法机制的长效性，更好地对抗知识霸权。

结　　论

在加入 WTO 之前，很多发展中国家（如阿拉伯国家）并未重视知识产权保护，并不是这些国家缺乏知识产权法，而是并未践行、实施知识产权，相对于发达国家，他们实施知识产权保护的利益是非常薄弱的。有见解认为在此阶段属于 TRIPS-minus 情形，加入 WTO 之后则采取 TRIPS 最低标准保护，如今则由于签署自由贸易协议，走向 TRIPS-plus。① 不仅阿拉伯国家，基本上所有的发展中国家都是刚刚翻过 TRIPS 协议的标尺，又有 TRIPS-plus 协议这样更新的挑战来临，在知识产权领域，发展中国家几乎总是被生拉硬拽着前行。短短数十年，发展中国家被迫走上从 TRIPS-minus 到 TRIPS，再到 TRIPS-plus 的道路，知识产权成为发达国家推行知识霸权的强有力工具。本书以 TRIPS、TRIPS-plus 协议为中心，对知识霸权的非正当性及其应对进行了梳理、剖析。归纳而言，本书主要形成了以下结论：

全球化背景下凸现的知识霸权尽管在当前的国际体系中举足轻重，却一直没有得到正视。TRIPS 是知识霸权的起点，TRIPS-plus 是知识霸权的继续发展。知识霸权是一个或数个发达国家依托知识产权国际条约的形式，将自己的意志、原则或规则强制性地推行，迫使发展中国家和落后国家接受高水平、高强度的、超出正当性界限的知识产权内容，并使其相关国内立法与之相适应的霸权行为。知识霸权与政治、经济、军事、文化霸权等其他形式的霸权不同，它是霸权行径在知识产权领域的集中体现，具有相当程度的隐蔽性、欺骗性和侵略性，合法但不正当。将法哲学的正当性标准运用到知识产权制度中，确立了国际知识产权制

---

① Mohammed El-said, "The Road from TRIPS-Minus, to TRIPS, to TRIPS-plus Implications of IPRs for the Arab World", *J. World Intell. Prop.*, Vol. 8, No. 1, 2005.

度正当性的主、客观标准，主观标准是民主协商必须具有代表性、透明度、非支配性，客观标准是全球信息正义。以国际知识产权制度的主、客观标准为视角分析 TRIPS、TRIPS-plus 协议，对知识霸权的非正当性有了更深入的认识。在中国自改革开放后 30 余年的法制建设进程中，知识产权立法和执法都存在着挥之不去的知识霸权阴影，但任何霸权总是难以持久。以中国为首的发展中国家要应对知识霸权，必须同时利用国际、国内两条战线，不仅要在国际层面上通过制定严密的、对抗霸权的基本原则、基本主张、战略方针、具体策略等做足文章，更要在国内层面下大力气，通过建立全方位的防御体系以及完善相关立法、加强执法来对抗霸权。

主要参考文献

一 中文著作、教材

［1］林秀芹：《TRIPs 体制下的专利强制许可制度研究》，法律出版社 2006 年版。

［2］萧延高、范晓波主编：《知识产权》（第二版），科学出版社 2014 年版。

［3］袁鹤龄：《全球化世界的治理》，台中若水堂股份有限公司 2004 年版。

［4］李学勇：《经济全球化背景下的中国知识产权保护》，人民法院出版社 2005 年版。

［5］阎学通、徐进等：《王霸天下思想及启迪》，世界知识出版社 2009 年版。

［6］吴汉东等：《知识产权基本问题研究》，中国人民大学出版社 2005 年版。

［7］王先林：《知识产权与反垄断法——知识产权滥用的反垄断问题研究》，法律出版社 2001 年版。

［8］齐爱民：《知识产权法总论》，北京大学出版社 2010 年版。

［9］漆多俊主编：《经济法学》，高等教育出版社 2007 年版。

［10］郑成思主编：《知识产权研究》第六卷，中国方正出版社 1998 年版。

［11］高鸿钧：《现代法治的出路》，清华大学出版社 2003 年版。

［12］刘杨：《法律正当性观念的转变——以近代西方两大法学派为中心的研究》，北京大学出版社 2008 年版。

［13］高鸿均等：《商谈法哲学与民主法治国》，清华大学出版社

2007 年版。

　　［14］郑成思：《知识产权论》（修订本），法律出版社 2001 年版。

　　［15］吴汉东：《知识产权基本问题研究》（总论）（第二版），中国人民大学出版社 2009 年版。

　　［16］吴伯明主编：《知识产权应用指南》，经济科学出版社 1993 年版。

　　［17］凌金铸：《知识产权因素与中美关系：1989—1996》，上海人民出版社 2007 年版。

　　［18］余劲松：《国际投资法》，法律出版社 1997 年版。

　　［19］张乃根主编：《新编国际经济法导论》，复旦大学出版社 2001 年版。

　　［20］郑成思：《世界贸易组织与贸易有关的知识产权》，中国人民大学出版社 1996 年版。

　　［21］齐爱民等：《非物质文化遗产保护法——超越知识产权与知识产权的超越》，法律出版社 2009 年版。

　　［22］陈纪安：《美国法律》，中国科学技术大学出版社 2002 年版。

　　［23］严永和：《论传统知识的知识产权保护》，法律出版社 2006 年版。

　　［24］CCTV 中央电视台《中国财经报道》栏目组编：《粮食战争》，机械工业出版社 2008 年版。

　　［25］齐爱民：《知识产权法总论》，北京大学出版社 2010 年版。

　　［26］冯象：《木腿正义》（增订版），北京大学出版社 2007 年版。

　　［27］王黎明：《最初的交锋》，知识产权出版社 2008 年版。

　　［28］李雨峰：《枪口下的法律：中国版权史研究》，知识产权出版社 2006 年版。

　　［29］王迁：《知识产权法教程》（第四版），中国人民大学出版社 2014 年第 4 版。

　　［30］刘春田：《知识产权法》（第五版），中国人民大学出版社 2014 年第 5 版。

　　［31］冯象：《政法笔记》（增订版），北京大学出版社 2012 年版。

　　［32］张志成：《知识产权战略研究》，科学出版社 2010 年版。

［33］薛虹：《十字路口的国际知识产权法》，法律出版社 2012 年版。

［34］曹阳：《国际知识产权制度：冲突、融合与反思》，法律出版社 2011 年版。

［35］刘银良：《国际知识产权政治问题研究》，知识产权出版社 2014 年版。

［36］吴汉东主编：《知识产权国际保护制度研究》，知识产权出版社 2007 年版。

［37］吴汉东、郭寿康主编：《知识产权制度国际化问题研究》，北京大学出版社 2010 年版。

［38］杨国华：《中美知识产权问题概观》，知识产权出版社 2008 年版。

［39］沈国兵：《与贸易有关知识产权协定下强化中国知识产权保护的经济分析》，中国财政经济出版社 2011 年版。

［40］韦贵红：《药品专利保护与公共健康》，知识产权出版社 2013 年版。

［41］郑成思：《关贸总协定与世界贸易组织中的知识产权》，中国人民大学出版社 1994 年版。

［42］古祖雪：《国际知识产权法》，法律出版社 2002 年版。

［43］张乃根：《TRIPS 协定：理论与实践》，上海人民出版社 2005 年版。

［44］唐广良、董炳和：《知识产权的国际保护》，知识产权出版社 2007 年版。

二　中文译著

［45］［爱尔兰］理查德·坎蒂隆：《商业性质概论》，余永定、徐寿冠译，商务印书馆 1986 年版。

［46］［美］苏姗·K. 塞尔：《私权、公法——知识产权的全球化》，董刚、周超译，王传丽审校，中国人民大学出版社 2008 年版。

［47］［美］伊曼纽尔·沃勒斯坦：《现代世界体系》第 1 卷，尤来寅等译，高等教育出版社 1998 年版。

［48］［德］伊曼努尔·康德：《永久和平》，何兆武译，上海世纪出版集团2005年版。

［49］［英］安东尼·吉登斯：《现代性的后果》，田禾译，黄平校，译林出版社2000年版。

［50］［葡］博温托·迪·苏萨·桑托斯：《迈向新的法律常识——法律、全球化和解放》，刘坤轮、叶传星译，中国人民大学出版社2009年版。

［51］［美］兹比格纽·布热津斯基：《大棋局——美国的首要地位及其地缘战略》，中国国际问题研究所译，上海人民出版社1998年版。

［52］［德］拉德布鲁赫：《法哲学》，王朴译，法律出版社2005年版。

［53］［美］E.博登海默：《法理学：法律哲学与法律方法》，邓正来译，中国政法大学出版社1999年版。

［54］［德］考夫曼、哈斯默尔主编：《当代法哲学和法律理论导论》，郑永流译，法律出版社2002年版。

［55］［德］依曼努尔·康德：《法的形而上学原理——权利的科学》，沈叔平译，林荣远校，商务印书馆1991年版。

［56］［英］哈特：《法律的概念》（第2版），徐家馨、李冠宜译，法律出版社2006年版。

［57］［美］罗尔斯：《政治自由主义》，万俊人译，译林出版社2000年版。

［58］［法］让－雅克·卢梭：《社会契约论》，何兆武译，商务印书馆2003年版。

［59］［美］乔治·霍兰·萨拜因：《政治学说史》（下册），刘山等译，商务印书馆1986年版。

［60］［法］孟德斯鸠：《论法的精神》（上册），张雁深译，商务印书馆2004年版。

［61］［澳］彼得·德霍斯：《知识财产法哲学》，周林译，商务印书馆2008年版。

［62］［加］威尔·金里卡：《当代政治哲学》，刘莘译，上海三联书店2004年版。

［63］［法］卢梭：《论人与人之间不平等的起因和基础》，李平沤译，商务印书馆 2007 年版。

［64］［美］科恩：《论民主》，聂崇信等译，商务印书馆 1988 年版。

［65］［美］弗雷泽：《正义的中断——对"后社会主义"状况的批判性反思》，于海青译，上海人民出版社 2009 年版。

［66］［英］弗里德利希·冯·哈耶克：《法律、立法与自由》第二、三卷，邓正来等译，中国大百科全书出版社 2000 年版。

［67］［美］E. 拉兹洛：《决定命运的选择》，李吟波等译，生活·读书·新知三联书店 1997 年版。

［68］［英］伯纳德·霍克曼，迈克尔·考斯泰基：《世界贸易体制的政治经济学——从关贸总协定到世界贸易组织》，刘平等译，法律出版社 1999 年版。

［69］［新西兰］迈克·穆尔：《没有壁垒的世界——自由、发展、自由贸易和全球治理》，巫尤译，商务印书馆 2007 年版。

［70］［澳］彼得·达沃豪斯、约翰·布雷斯韦特：《信息封建主义》，刘雪涛译，知识产权出版社 2005 年版。

［71］［法］居伊·奥立维·福尔、［美］杰弗里·Z. 鲁宾：《文化与谈判：解决水争端》，联合国教科文组织翻译组译，社会科学文献出版社 2001 年版。

［72］［法］R. A. B. 皮埃尔、法兰克·苏瑞特：《美丽的新种子——转基因作物对农民的威胁》，许云锴译，商务印书馆 2005 年版。

［73］［日］斋藤优：《发明专利经济学》，谢燮正译，专利文献出版社 1990 年版。

［74］［英］戴维·赫尔德等：《全球大变革：全球化时代的政治、经济与文化》，杨雪冬等译，社会科学文献出版社 2001 年版。

［75］［美］罗伯特·基欧汉：《霸权之后：世界政治经济中的合作与纷争》，苏长和等译，上海人民出版社 2001 年版。

［76］［英］丹宁勋爵：《法律的正当程序》，李克强、杨百揆等译，法律出版社 2011 年第 2 版。

［77］［美］亨廷顿：《文明的冲突与世界秩序的重建》（修订版），

周琪等译，新华出版社 2009 年版。

［78］［美］希比：《国际知识产权》（第三版），倪晓宁等译，中国人民大学出版社 2012 年版。

［79］［美］弗雷德里克·M. 阿伯特：《世界经济一体化进程中的国际知识产权法》（上、下册），王清译，商务印书馆 2014 年版。

三　中文论文

［80］颜厥安：《再访法实证主义》，载《法理学论丛——纪念杨日然教授》，元照出版有限公司 1999 年版。

［81］陈真：《全球正义及其可能性》，载单继刚等主编《政治与文明：应用政治哲学的视角》，人民出版社 2006 年版。

［82］严永和、吴汉东：《传统知识权利主体问题研究》，载吴汉东主编《知识产权年刊》（创刊号），北京大学出版社 2005 年版。

［83］［美］威廉·费歇尔：《知识产权的理论》，黄海峰译，载刘春田主编《中国知识产权评论》，商务印书馆 2002 年版。

［84］任建新：《回顾中国知识产权制度的建立》，载刘春田主编《中国知识产权二十年（1978—1998）》，专利文献出版社 1998 年版。

［85］［埃及］加利：《联合国与民主化》，载刘军宁编《民主与民主化》，商务印书馆 1999 年版。

［86］齐爱民：《土地法、动产法到信息法的社会历史变迁》，《河北法学》2005 年第 2 期。

［87］［南斯拉夫］布拉尼斯拉夫·高索维奇：《全球知识霸权与国际发展议题》，祝东力译，《国际社会科学杂志》（中文版）2001 年第 4 期。

［88］黄凤志：《知识霸权与美国的世界新秩序》，《当代亚太》2003 年第 8 期。

［89］石贤泽：《国际关系的美国知识霸权：生成机理、维持机制及影响评估》，《国际论坛》2007 年第 6 期。

［90］李扬：《知识霸权与本土化应对》，《法商研究》2005 年第 5 期。

［91］魏森：《法律文化帝国主义研究——以中国知识产权立法为

中心》,《法商研究》2009 年第 3 期。

[92] 齐爱民:《论知识霸权——以国家知识产权战略的制定和实施为视角》,《苏州大学学报》(哲学社会科学版) 2009 年第 2 期。

[93] 吴汉东:《知识产权的私权与人权属性——以〈知识产权协议〉与〈世界人权公约〉为对象》,《法学研究》2003 年第 3 期。

[94] 杨静:《美国自由贸易协定研究——以生物技术内容为视角》,《河北法学》2009 年第 4 期。

[95] 杨静:《美国自由贸易协定中 TRIPS-plus 规则的立法动力分析》,《知识产权》2011 年第 7 期。

[96] 吴雪燕:《TRIPS-plus 条款的扩张及中国的应对策略——以药品的专利保护为视角》,《现代法学》2010 年第 5 期。

[97] 余敏友、廖丽:《简评 TRIPS-Plus 知识产权执法及其合法性》,《法学杂志》2011 年第 12 期。

[98] 谢晖:《论规范分析方法》,《中国法学》2009 年第 2 期。

[99] 高鸿钧:《美国法全球化:典型例证与法理反思》,《中国法学》2011 年第 1 期。

[100] [美] 斯坦利·霍夫曼:《全球化的冲突》,刘慧华译,《世界经济与政治》2003 年第 4 期。

[101] 张建邦:《"TRIPS-递增"协定:类型化与特征分析(上)——基于后 TRIPS 时代知识产权国际保护制度发展趋势的一种考察》,《世界贸易组织动态与研究》2008 年第 5 期。

[102] 魏森:《法律文化帝国主义研究——以中国知识产权立法为中心》,《法商研究》2009 年第 3 期。

[103] 李扬:《知识产权霸权主义与本土化应对》,《法商研究》2005 年第 5 期。

[104] 王辑思:《美国霸权的逻辑》,《美国研究》2003 年第 3 期。

[105] 刘杨:《正当性与合法性概念辨析》,《法制与社会发展》2008 年第 3 期。

[106] 郑成思:《民法典(专家意见稿)知识产权篇第一章逐条论述》,《环球法律评论》2002 年秋季号。

[107] 冯浩、陈烨:《排他性法律实证主义理论的基本命题研究》,

《山东社会科学》2011 年第 2 期。

[108] 周赟：《论程序主义的合法性理论——以罗尔斯、哈贝马斯相关理论为例》，《环球法律评论》2006 年第 6 期。

[109] 季卫东：《法律程序的形式性与实质性——以对程序理论的批判和批判理论的程序化为线索》，《北京大学学报》（哲学社会科学版）2006 年第 1 期。

[110] 占茂华：《自然法观念及其对我国当代法治建设的意义》，《法治论丛》2007 年第 4 期。

[111] 李旸、常永强：《公平之思 正义之辨——"当代中国正义理论的构建"学术研讨会综述》，《中国人民大学学报》2012 年第 1 期。

[112] 吴汉东：《知识产权国际保护制度的变革与发展》，《法学研究》2005 年第 3 期。

[113] 张胜军：《试论当代国际社会的法治基础》，《国际论坛》2007 年第 2 期。

[114] 严存生：《"法治"之法的协商性与公益性》，《法商研究》2000 年第 3 期。

[115] 蔡从燕：《论国际法的财产权逻辑》，《法律科学》（西北政法大学学报）2011 年第 1 期。

[116] 张潇剑：《WTO 透明度原则研究》，《清华法学》2007 年第 3 期。

[117] 冉光仙：《全球正义：问题与焦点》，《哲学动态》2008 年第 6 期。

[118] 杨国荣：《全球正义：意义与限度》，《哲学动态》2004 年第 3 期。

[119] ［土耳其］I. 库苏拉蒂：《正义：社会正义和全球正义》，赵剑译，《世界哲学》2010 年第 2 期。

[120] 吴晓燕：《新自由主义与全球化中的国家经济安全》，《前沿》2006 年第 12 期。

[121] 周湘莲、梁建新：《国内外关于新自由主义的批判性研究述评》，《湖南师范大学社会科学学报》2005 年第 3 期。

[122] 王信东、李振杰：《知识经济与技术经济的关系》，《工业技

术经济》2003 年第 3 期。

［123］张建邦：《议题挂钩谈判及其在知识产权领域的运用和发展》，《政治与法律》2008 年第 2 期。

［124］傅星国：《WTO 非正式决策机制"绿屋会议"研究》，《世界贸易组织动态与研究》2010 年第 2 期。

［125］杨静：《自由贸易协定中知识产权保护的南北矛盾及其消解》，《知识产权》2011 年第 10 期。

［126］黄玉烨：《知识产权利益衡量论——兼论后 TRIPs 时代知识产权国际保护的新发展》，《法商研究》2004 年第 5 期。

［127］倪贵荣：《WTO 会员设定强制授权事由的权限：以维也纳条约法公约之解释原则分析飞利浦 CD-R 专利特许实施事由与 TRIPS 的相容性》，《国立台湾大学法学论丛》第 39 卷第 3 期。

［128］陈德照：《TRIPS 与公共健康问题》，《世界知识》2003 年第 18 期。

［129］郑成思：《传统知识与两类知识产权的保护》，《知识产权》2002 年第 4 期。

［130］李顺德：《非物质文化遗产的法律界定及知识产权保护》，《江西社会科学》2006 年第 5 期。

［131］文希凯：《TRIPS 协议与公共健康——评 WTO〈"TRIPS 协议和公共健康宣言"第六段的执行〉》，《知识产权》2003 年第 6 期。

［132］吴汉东：《中国知识产权法制建设的评价与反思》，《中国法学》2009 年第 1 期。

［133］李雨峰：《枪口下的法律——近代中国版权法的产生》，《北大法律评论》2004 年第 6 卷第 1 辑。

［134］张乃根：《论 WTO 法下的中国知识产权制度变革》，《世界贸易组织动态与研究》2011 年第 5 期。

［135］何兴强：《中国加入世贸组织以来的中美知识产权争端》，《美国研究》2008 年第 2 期。

［136］杨国华：《中美知识产权谈判的影响及启示》，《国际经济合作》1998 年第 7 期。

［137］连忧蔚、李会明：《WTO 与国家利益原则》，《重庆工商大

学学报》（社会科学版）2003 年第 4 期。

　　［138］陈安：《论中国在建立国际经济新秩序中的战略定位——兼评"新自由主义经济秩序"论、"WTO 宪政秩序"论、"经济民族主义扰乱全球化秩序"论》，《现代法学》2009 年第 2 期。

　　［139］陈安：《中国加入 WTO 十年的法理断想：简论 WTO 的法治、立法、执法、守法与变法》，《现代法学》2010 年第 6 期。

　　［140］陈安：《南南联合自强五十年的国际经济立法反思——从万隆、多哈、坎昆到香港》，《中国法学》2006 年第 2 期。

　　［141］刘笋：《知识产权国际造法新趋势》，《法学研究》2006 年第 3 期。

　　［142］程恩富：《超越霸权，建立全球经济政治文化新秩序》，《绿叶》2010 年第 Z1 期。

　　［143］俞可平：《全球治理引论》，《马克思主义与现实》2002 年第 1 期。

　　［144］吴汉东：《知识产权战略实施的国际环境与中国场景——纪念中国加入世界贸易组织及〈知识产权协议〉10 周年》，《法学》2012 年第 2 期。

　　［145］吴汉东：《知识产权制度运作：他国经验分析与中国路径探索》，《中国版权》2007 年第 2 期。

　　［146］刘华、周莹：《我国知识产权建设的层次与目标》，《知识产权》2006 年第 3 期。

　　［147］黄志瑾：《经济全球化与中国转型发展——暨纪念中国加入 WTO 十周年研讨会综述》，《世界贸易组织动态与研究》2011 年第 5 期。

　　［148］俞可平：《全球化催变思维方式》，《决策探索》2010 年第 2 期（下）。

　　［149］吴郁秋：《与贸易相关的知识产权保护摩擦的政治经济学分析》，博士学位论文，华中科技大学，2009 年。

　　［150］叶志华：《TRIPs 框架下药品专利强制许可之修法趋势研究》，博士学位论文，中国政法大学，2006 年。

　　［151］钟立松：《TRIPS 协议第 13 条的理论考察》，硕士学位论文，

湖南师范大学，2003 年。

[152] 冯洁菡：《公共健康危机与 WTO 知识产权制度的改革——以 TRIPS 协议为中心》，博士学位论文，武汉大学，2003 年。

[153] 周超：《 TRIPS 协定与公共利益》，博士学位论文，中国政法大学，2007 年。

[154] 衣淑玲：《国际人权法视角下〈TRIPS 协定〉的变革研究》，博士学位论文，厦门大学，2008 年。

[155] 揭捷：《 "TRIPs-plus" 协定研究》，硕士学位论文，厦门大学，2009 年。

[156] 韦洪发：《法律全球化的理论与实践探究》，博士学位论文，吉林大学，2008 年。

[157] 武长海：《论知识产权滥用的法律规制——以民法基本原则之权利不得滥用为视角》，博士学位论文，对外经济贸易大学，2007 年。

[158] 李志贤：《欧洲自然法之演变：以圣汤玛斯·阿奎纳斯为中心》，硕士学位论文，南华大学欧洲研究所，2003 年。

[159] 孙国东：《合法律性、合道德性与合法性：对哈贝马斯商谈论合法化理论的一种解读》，博士学位论文，吉林大学，2008 年。

[160] 余锋：《 WTO 决策法律制度的民主问题研究》，博士学位论文，厦门大学，2007 年。

[161] 江亮颉：《药品专利强制授权之研究——兼评智慧财产局克流感强制授权处分》，硕士学位论文，世新大学法学院法律研究所，2007 年。

[162] 魏玮：《知识产权司法保护中的利益平衡》，博士学位论文，西南政法大学，2005 年。

四　中文报纸类文章

[163] 方兴东：《 "维纳斯" 计划的台前幕后》，《南方周末》1999 年 3 月 12 日第 12 版。

[164] 龚雯：《多哈回合的香港六日》，《环球时报》2005 年 12 月 19 日第 18 版。

[165] 王汉坡：《分歧与合作——中美两国创新战略中的知识产权

政策对比分析》（上），《中国知识产权报》2012 年 4 月 18 日第 5 版。

五 外文资料

［166］Andreas Rahmatian，"Neo-Colonial Aspects of Global Intellectual Property Protection"，*The Journal of World Intellectual Property*，Vol. 12，No. 1，2009.

［167］Musungu，Sisule F. ，Cecilia Oh. ，*The Use of Flexibilities in TRIPS by Developing Countries：Can They Promote Access to Medicines* ? Geneva，Switzerland：South Centre，World Health Organization，2006.

［168］Peter M. Gerhart，"Why Lawmaking for Global Intellectual Property is Unbalanced"，*European Intellectual Property Review*，Vol. 7，2000.

［169］Donald Harris，"TRIPS after Fifteen Years：Success or Failure，as Measured by Compulsory Licensing"，*J. Intell. Prop. L.* ，Vol. 18，Spring 2011.

［170］Beatrice Lindstrom，"Scaling back TRIPS-plus：an Analysis of Intellectual Property Provisions in Trade Agreements and Implications for Asia and Pacific"，*N. Y. U. J. Int'l L. & Pol.* ，Vol. 42，Spring 2010.

［171］Matthew Turk，"Bargaining and Intellectual Property Treaties：the Case for a Pro-development Interpretation of TRIPS but not TRIPS plus"，*N. Y. U. J. Int'l L. & Pol.* ，Vol. 42，Spring 2010.

［172］Susan K. Sell，"TRIPS Was Never Enough：Vertical Forum Shifting，FTAS，ACTA，and TPP"，*J. Intell. Prop. L.* ，Vol. 18，Spring 2011.

［173］Julia Ya Qin，"WTO-plus Obligations and Their Implications for the World Trade Organization Legal System：An Appraisal of the China Accession Protocol"，*Journal of World Trade*，Vol. 37，2003.

［174］Bryan Mercurio，"TRIPS-plus Provisions in FTAs：Recent Trends"，in Lorand Bartels & Federico Ortino（eds. ），*Regional Trade Agreements and the WTO Legal System*，Oxford：Oxford University Press，2006.

［175］James Caporaso，"International Relations Theory and Multilateralism：The Search for Foundations"，*International Organization*，Vol. 46，No. 3，1992.

［176］*Websters New Universal Unabridged Dictionary*，New York：Dorset & Baber, 1979.

[177] Jean-Marc Coicaud, *Legitimacy and Politics: A Contribution to the Study of Political Right and Political Responsibility*, Cambridge: Cambridge University Press, 2002.

[178] John Rawls, *A Theory of Justice*, Cambridge, Massachusetts: The Belknap Press of Harvard University Press, 1971.

[179] William B. T. Mock, "An Interdisciplinary Introduction to Legal Transparency: A Tool for Rational Development", *Dick. J. Int'l L.*, Vol. 18, 2000.

[180] Michael P. Ryan, "The Function-Specific and Linkage-Bargain Diplomacy of International Intellectual Property Lawmaking", *U. Pa. J. Int'l Econ. L.*, Vol. 19, Summer 1998.

[181] Salacuse J. W., *Towards a Global Treaty on Foreign Investment: The Search for a Grand Bargain*, New York: Kluwer Law International, 2004.

[182] Richard H. Steinberg, "In the Shadow of Law or Power? Consensus-Based Bargaining and Outcomes in the GATT/WTO", *International Organization*, Vol. 56, No. 2, Spring 2002.

[183] Norma Breda dos Santos, Rogerio Farias & Raphael Cunha, "Generalized System of Preference in General Agreement on Tariffs and Trade, World Trade Organization: History and Current Issues", *Journal of World Trade*, Vol. 39, No. 4, 2005.

[184] Lei Zhaoxia, "Intellectual Hegemony and Its Restraint in Post-TRIPs Era", *China Legal Science*, No. 2, 2010.

[185] C. Correa, "Bilateralism in Intellectual Property: Defeating the WTO System for Access to Medicines Case Western Reserve", *Journal of International Law*, Vol. 36, No. 1, Winter 2004.

[186] Michael Barnett and Raymond Duvall, "Power in Global Governance", in Michael Barnett and Raymond Duvall, *Power in Global Governance*, Cambridge: Cambridge University Press, 2005.

[187] Saadia Touval and I. William Zartman, *International Mediation in Theory and Practice*, Boulder, Colo: Westview Press, 1985.

［188］Basheer Shamnad, "Policy Style Reasoning at the Indian Patent Office", *Intellectual Property Quarterly*, Vol. 3, 2005.

［189］Anupam Chander and Madhavi Sunder, "The Romance of the Public domain", *Calif. L. Rev.* , Vol. 92, No. 5, 2004.

［190］Ruiz M. , C. Fernandez and T. Young, *Regional Workship on the Synergies Between the Convention on Biological Diversity and the Cites Regarding Access to PGRs and Distribution of Benefits: the Role of the Certification of Origin Preliminary Report*, IUCN, Lima, Peru, 2003.

［191］J. H. Reichman, "Compliance with the TRIPS Agreement: Introduction to a Scholarly Debate", *Vand. J. Tranat'l L.* , Vol. 29, 1996.

［192］R. Weissman, "A Long, Strange TRIPS: the Pharmaceutical Industry Drive to Harmonize Global Intellectual Property Rules, and Remaining WTO Legal Alternatives to Third World Countries", *U. Pa. J. Int'l Ecn. L.* , Vol. 17, 1996.

［193］J. A. Harrelson, "TRIPS, Pharmaceutical Patents, and the HIV/AIDS Crisis: Finding the Proper Balance between Intellectual Property Rights and Compassion", *Widener Law Symposium Journal*, Vol. 7, 2001.

［194］Lauren E. Godshall, "Making Space for Indigenous Intellectual Property Rights Under Current International Environment Law", *Geo. Int'l Envtl. L. Rev.* , Vol. 15, 2003.

［195］Wend B. Wendland, "Intellectual Property, Traditional Knowledge and Folklore: WIPO's Exploratory Program", *IIC*, No. 4, 2002.

［196］Peter K. Yu, "Cultural Relics, Intellectual Property, and Intangible Heritage", *Temp. L. Rev.* , Vol. 81, Summer 2008.

［197］Paul J. Heald, "The Rhetoric of Biopiracy", *Cardozo J. Int'l & Comp. L.* , Vol. 11, Summer 2003.

［198］Coenraad J. , Vissre, "Making Intellectual Property Laws Work for Traditional Knowledge", J. Michael Finger & Philip, Schuler (eds.), *Poor People's Knowledge: Promoting Intellectual Property in Developing Countries*, A copublication of the World Bank and Oxford University Press, 2004.

［199］F. M. Abbott and J. H. Reichman, " 'The Doha Round's Public

Health Legacy: Strategies for the Production and Diffusion of Patented Medicines Under the Amended TRIPS Provisions", *Journal of International Economic Law*, Vol. 10, 2007.

[200] Henning Grosse Ruse-Khan, "The International Law Relation between TRIPS and Subsequent TRIPS-plus Free Trade Agreements: towards Safeguarding TRIPS Flexibilities?" *J. Intell. Prop. L.*, Vol. 18, Spring 2011.

[201] Elizabeth Siew-Kuan Ng, "The Impact of the Bilateral US-Singapore Free Trade Agreement on Singapore's Post-TRIPs Patent Regime in the Pharmaceuticals Context", *Int. T. L. R.*, Vol. 16, 2010.

[202] S. Ladas, *Patents, Trademarks and Related Rights-National and International Protection*, Cambridge: Havard University Press, 1975.

[203] Daniel Gervais (ed.), *The TRIPS Agreement: Drafting History and Analysis* (3rd), London: Sweet & Maxwell, 2008.

[204] Caterina Tuosto, "The TRIPS Council Decision of August 30, 2003, on the Import of Pharmaceuticals under Compulsory Licensing", *E. I. P. R.*, Vol. 26, 2004.

[205] Charles T. Collins-Chase, "The Case against TRIPS-plus Protection in Developing Countries Facing AIDS Epidemics", *U. Pa. J. Int'l L.*, Vol. 29, Spring 2008.

[206] Darren E. Donnelly, "Parallel Trade and International Harmonization of the Exhaustion of Rights Doctrine", *Santa Clara Computer & High Technology Law Journal*, Vol. 13, 1997.

[207] Francisco Rossi, "Free Trade Agreements and TRIPS-plus Measures", *Int. J. Intell. Prop. MGMT.*, Vol. 1, 2006.

[208] Morin, Jean-Frederic, "Tripping up TRIPS Debates IP and Health in Bilateral Agreements", *Int. J. Intellectual Property Management*, Vol. 1, No. 1 – 2, 2006.

[209] Jakkrit Kuanpoth, "TRIPS-Plus Intellectual Property Rules: Impact on Thailand's Public Health", *The Journal of World Intellectual Property*, Vol. 9, No. 5, 2006.

[210] Henry J. H. Weare, Lovell White Durrant, "Intellectual Proper-

ty: China's Unrewarded Efforts?" *China Law and Practice*, Vol. 10, 1996.

[211] Graham Dutfield, *Knowledge Diplomacy and the New Intellectual Property Fundamentalism*, *from Interpreting and Implementing the TRIPS Agreement: Is It Fair?* Bodmin, Cornwall: MPG Books Ltd. , 2008.

[212] Kal, Raustiala & David G. , Victor, "The Regime Complex for Plant Genetic Resources", *International Organization*, Vol. 58, 2004.

[213] Macro C. E. J. Bronckers, "More Power to the WTO?" *Journal of International Economic Law*, Vol. 4, 2001.

[214] Susan K. Sell, "The Quest For Global Governance in Intellectual Property And Public Health: Structural Discursive, And Institutional Dimension", *Temp. L. Rev.* , Vol. 77, 2004.

[215] Nathan Pollard, "USTR, Intellectual Property: IP Czar Say ACTA Talks Moved Near Completion in Tokyo Round", *B. N. A. Int'l Trade Rep.* , Vol. 27, Oct. 7, 2010.

[216] S. M. Ford, "Compulsory Licensing Provisions under the TRIPs Agreement: Balancing Pills and Patents", *American U Int'l L. Rev.* , Vol. 15, No. 4, 2000.

[217] Thelen, Christine, "Carrots and Sticks: Evaluating the Tools for Securing Successful TRIPS Implementation", *Temp. J. Sci. Tech. & Envtl. L.* , Vol. 24, 2005.

[218] Mohammed El-said, "The Road from TRIPS-Minus, to TRIPS, to TRIPS-plus Implications of IPRs for the Arab World", *J. World Intell. Prop.* , Vol. 8, No. 1, 2005.

六　网络资料

[219] Global Exchange, *Top Reasons to Oppose the WTO*, http://www. globalexchange. org/campaigns/wto/OpposeWTO. html.

[220] *Human Development Report*, *1999*, *2000*, *2001*, *2002*, *2003*, *2004*, *2005*, http://hdr. undp. org/en/reports/global/hdr1999, 2000, 2001, 2002, 2003, 2004, 2005/.

[221] *The Capacity Building Project on Intellectual Property Rights*

(*IPRs*) *and Sustainable Development*, http：//www. iprsonline. org/uncta-dictsd/description. htm.

[222] Globalization, *TRIPS and Access to Pharmaceuticals*, *WHO Policy Perspectives on Medicines*, No. 3, March 2001, http：//www. who. int/medicines/publications/policyperspectives/en/.

[223] Chakravarthi Raghavan, *The Return of the " Green Room "*, *South-North Development Monitor* (*SUNS*), http：//www. twnside. org. sg/title/green2-cn. htm.

[224] Kwa, Aileen, *Power Politics in the WTO* (Updated Second Edition), http：//online. forumsyd. se/web/Arkiv/0000F3FB – 80000002/00386268 – 000F6CFB. – 1/power-politics-in-the-WTO. pdf.

[225] Oxfam Briefing Paper, *Patents Versus Patients*：*Five Years after the Doha Declaration*, 2006, http：//www. oxfam. org. uk/what_ we_ do/issues/health/downloads/bp95_ patents. pdf.

[226] *Pharmaceutical Research and Manufacturers of America* (*2004*), *Special 301 Submission*, http：//www. phrma. org/international/resources/2004 – 02 – 12. 582. pdf.

[227] Peter Drahos, *Expanding Intellectual Property's Empire*：*the Role of FTAs*, http：//ictsd. org/i/ip/24737/.

[228] Sisule F. Musungu and Graham Dutfield, *Multilateral Agreements and a TRIPS-plus World*：*The World Intellectual Property Organization* (*WIPO*), http：//www. iprsonline. org/ictsd/docs/WIPO _ Musungu _ Dutfield. pdf.

[229] Susan Villanueva, *Intellectual Property-Related Technical Assistance*：*The Philippine Experience*, http：//www. iprsonline. org/ictsd/docs/2005 – 07 – 11_ Villanueva. pdf.

[230] Frederick M. Abbott, *WTO TRIPS Agreement and Its Implications for Access to Medicines in Developing Countries*, http：//www. ballchair. org/downdocs/wto trips. pdf.

[231] South Centre Research Paper 41, *Pharmaceutical Innovation*, *Incremental Patenting and Compulsory Licensing*, September, 2011, ht-

tp：//www. southcentre. org.

[232] General Comment No. 14, *The Right to the Highest Attainable Standard of Health*, E/C. 12/2000/4, http：//documents. un. org/mother. asp.

[233] Savita Mullapudi Narasimhan, *Towards a Balanced "Sui Generis" Plant Variety Regime*：*Guidelines to Establish a National PVP Law and an Understanding of TRIPS-plus Aspects of Plant Rights*, http：// www. undp. org/content/dam/aplaws/publication/en/publications/poverty-reduction/poverty-website/toward-a-balanced-sui-generis-plant-variety-regime/ TowardaBalancedSuiGenerisPlantVarietyRegime. pdf.

[234]《拒绝基改　守护农业——推动台湾"无基改岛"2011 年度报告》，http：//gmo. agron. ntu. edu. tw/noGM/2011 report. pdf。

[235] 英国知识产权委员会：《知识产权与发展政策相结合》，伦敦，2002，http：//www. iprcommission. org/papers/pdfs/Multi_ Lingual_ Documents/Multi_ Lingual_ Main_ Report/DFID_ Main_ Report_ Chinese_ RR. pdf。

[236] 世界银行：《2002 年全球经济展望与发展中国家》（第五章：知识产权：动力与竞争手段相平衡），http：//www. worldbank. org/ prospects/gep2002/full. htm。

[237] Lehman B. :《牙买加知识产权制度现代化》，国际知识产权协会，2000，http：//www. iipi. org/activities/research. htm。

[238] Monika Ermert, "European Commission on ACTA：TRIPS Is Floor Not Ceiling", *Intell. Prop. Watch*, Apr. 22, 2009, http：//www. ipwatch. org/weblog/2009/04/22/european-commission-on-acta-trips-is-floornot-ceiling.

[239] Philip Thorpe, *Study on the Implementation of the TRIPS Agreement by Developing Countries 16*, Study Paper No. 7, 2002, http：// www. iprcommission. org/papers/ pdfs/study papers/sp7 thorpe study. pdf.

[240] Frederick M. Abbott, *Intellectual Property Provisions of Bilateral and Regional Trade Agreements in Light of U. S. Federal Law*, http：// www. iprsonline. org/unctadictsd/dialogue/2006 – 05 – 03/Frederick％20abb-

ott％2012％20final. pdf.

［241］ H. Waxman, *Statement*, *Subcommittee on Trade*, *Hearing on Implementation of U. S. Bilateral Free Trade Agreements with Chile and Singapore*, Tuesday, June 10, 2003, http：//waysandmeans. house. gov/hearings. asp? formmode = view&id = 1107.

［242］ 国家知识产权局：《1994 年中国知识产权保护状况（白皮书）》，http：//www. sipo. gov. cn。

［243］ 2007/2008/2009/2010/2011/2012 Special 301 Report, http：//www. ustr. gov/about-us/press-office/reports-and-publications/.

［244］ 国家知识产权局：《关于印发〈2012 年知识产权执法维权"护航"专项行动方案〉的通知》，http：//www. sipo. gov. cn/ztzl/zxhd/2012convoy/yw/201203/t20120327_ 660175. html。

［245］ 国家知识产权局：《2004/2005/2006/2007/2008/2009/2010/2011 年中国知识产权保护状况》，国家知识产权战略网（http：//www. nipso.. cn/）。

［246］ Annual Report of the Commissioner of Patents for 1858, http：//www. myoutbox. net/poar1858. htm.

［247］ 朱建华：《知识产权保护水平越高越好吗?》，http://www. 66wen. com/03fx/faxue/faxue/061114/28254. html。

［248］ *Declaration of the South Summit*；*Havana Programme of Action*, http：//www · g77 · org/summit/Declaration；summit/Programme of Action.

［249］ 姜奇平：《为印度对抗知识霸权的宣言叫好》，http：//www. ccmedu. com/bbs8_ 45763. html。

［250］ 张志铭：《信访的法律定位》，http：//www. legalinfo. gov. cn/index/content/2012 – 05/16/content_ 3577488. htm? node = 7879。

［251］ Human Development Report 2001, *Global Initiatives to Create Technologies for Human Development*, pp. 107 – 108, http：//www. undp. org/hdr2001/chapterfivee. pdf.

［252］ J. Love, *Check List for Fast Track Compulsory Licensing*, http：//www. cptech. rog/ip/health/cl/recommendedstatepractice. html.

［253］ Chroeng Sokhan, *Cambodia Experiences on WTO Accessvon*,

TRIPS and Access to Medicines，http：//www. who. int/trade/en/3. 4 _ C _ Sokhan_ Cambodia_ experience. pdf.

　　[254]《〈知识产权人才"十二五"规划〉解读》，http://www. si-po. gov. cn/zcfg/zcjd/201111/t20111110_ 630095. html。

后　　记

本书是在我的博士学位论文的基础上修改完成的。此时，我不由回想起山城重庆，回想起在重庆大学几年的读书生活。从西北转战到西南，从家乡漂泊到异乡，彷徨过、苦闷过、惆怅过、煎熬过，所幸一路挺了过来。这一路走来，让我明白，人生不是百米冲刺，而是一场马拉松。在人生旅程中，听从我们内心的呼唤，找准我们真实的需要，集腋成裘，水滴石穿，也是人生的一种欢喜。这一路走来，也与身边很多人的关心、支持和帮助是分不开的。

首先要感谢我的导师齐爱民教授！承蒙恩师惠允，将我收至门下，并在入学伊始就指导我确定了毕业论文的大致选题方向，这使我能够早日摆脱刚入学时的迷茫，尽早进入了研究状态。四年中，恩师不仅引领我在研究领域不断探索、迈进，传授其治学经验，还时时关心我的生活。恩师对人的宽容、豁达、大度，做事的严谨、认真、细致都是我在今后的工作、生活中学习的榜样。

重庆大学法学院的陈忠林教授、许明月教授、程燎原教授、黄锡生教授、胡光志教授等诸位老师在课堂、讲座中给予了诸多的教诲和点拨，张舫教授、杨春平教授、杨署东教授等几位老师在预答辩中提出了宝贵的意见和建议，在此一并表达谢意！

永远忘不了我曾经供职的陕西省户县人民法院经济庭那些正直、朴实、可敬的老师们：张引学庭长，陈坛坛副庭长，还有刘忠信、宋战省、高晓青等六位法官。他们想方设法为我创造各种便利条件，分担我的工作，让我安心考研。这十几年间，张引学庭长、刘忠信老师、高晓青老师一直关注着我每一步的成长。每次想到这些老师们，我的心里总是很温暖。没有他们的鼓励和支持，我走不到今天！遇到他们，是我一生的幸运！

感谢我的同门陈琛博士在我论文修改过程中提出宝贵意见！感谢我的硕士同学陈菲给予我的帮助！感谢陪伴我度过漫漫求学历程的峥嵘、陈娟丽、葛庆敏等各位博士同学！

感谢我的母亲给予我生命和爱！我的公公、婆婆，他们虽然文化程度不高，但是他们对我求学给予了全力的理解和支持，不辞辛劳，帮我照顾年幼的女儿。感谢我的丈夫喻松，他辛勤工作，养家糊口，才使我得以安心享受宁静的校园生活。在女儿咿呀学语的重要时刻，我这个母亲却不能陪伴她，总觉得亏欠她的太多。所以，每当我心存懈怠之时，女儿就是我最大的动力。感谢我的女儿小丑鱼！

最心痛、最遗憾的事情是最疼爱我的父亲没有等到我博士毕业的那一刻。2010 年冬天，患病十余年的父亲离世，从此天人永隔。谨将此书献给我的父亲，愿父亲在天堂一切安好！

本书能够出版，要特别感谢西藏民族大学法学院领导的关心，感谢中国社会科学出版社梁剑琴女士的辛勤付出和大力支持。

雷朝霞

2016 年 5 月 28 日于古城咸阳

1